高等职业教育系列教材

机械设计基础课程设计

第 2 版

主　编　闵小琪　陶松桥

副主编　欧阳全会

参　编　张孝发　代　恒　胡玮婧

机 械 工 业 出 版 社

本书是与闵小琪、陶松桥主编的《机械设计基础 第 3 版》(ISBN：978-7-111-65422-3)配套的教材,主要作为高职高专"机械设计基础"课程设计指导用书。

本书共分 3 篇:第 1 篇为减速器拆装实训,共有 5 章,内容包括概述、减速器的结构认知与拆装、轴系的结构分析与测绘、传动零件的测绘与装配、箱体零件的结构分析与测绘;第 2 篇为减速器课程设计,共有 6 章,内容包括课程设计综述、传动装置的总体设计、传动零件的设计计算、装配图的设计与绘制、零件图的设计与绘制、编写计算说明书和准备答辩,较详细地介绍了"机械设计基础"课程设计的全过程;第 3 篇为设计资料,共有 7 章,内容包括一般标准与规范,公差配合、几何公差及表面粗糙度,电动机,常用联接标准件,滚动轴承,联轴器,常用工程材料。附录中提供了课程设计所需的各种图例。

本书可作为高等职业院校相关专业"机械设计基础"课程设计的教材,也可供有关工程技术人员参考。

图书在版编目（CIP）数据

机械设计基础课程设计/闵小琪,陶松桥主编. —2 版. —北京:机械工业出版社,2020.10 (2024.8 重印)
高等职业教育系列教材
ISBN 978-7-111-66410-9

Ⅰ.①机… Ⅱ.①闵… ②陶… Ⅲ.①机械设计-课程设计-高等职业教育-教材 Ⅳ.①TH122-41

中国版本图书馆 CIP 数据核字(2020)第 160846 号

机械工业出版社(北京市百万庄大街 22 号 邮政编码 100037)
策划编辑:曹帅鹏 责任编辑:曹帅鹏 章承林
责任校对:李 杉 责任印制:单爱军
北京虎彩文化传播有限公司印刷
2024 年 8 月第 2 版第 6 次印刷
184mm×260mm·10.75 印张·264 千字
标准书号:ISBN 978-7-111-66410-9
定价:45.00 元

电话服务 网络服务
客服电话:010-88361066 机 工 官 网:www.cmpbook.com
　　　　　010-88379833 机 工 官 博:weibo.com/cmp1952
　　　　　010-68326294 金 书 网:www.golden-book.com
封底无防伪标均为盗版 机工教育服务网:www.cmpedu.com

前言

随着科技的迅速发展和设计水平的不断提高，近年来我国修订了大量的国家标准和行业标准，更新了技术规范和设计资料。为了适应这些标准、技术规范和设计资料更新的情况，在总结第 1 版使用经验的基础上对本书进行了修订。本次修订工作的特点如下：

1）保持了原有的特色，第 1 篇和第 2 篇内容基本没有变化，仅对个别错字进行了修改。

2）更新了陈旧的设计标准、规范和资料。

3）增加了第 3 篇设计资料，即第 12 章~第 18 章。

4）删去了第 1 版书中的附录 A~附录 E。

5）编写了两套单级圆柱齿轮减速器设计说明书范文和一套减速器课程设计教学课件，以及相关教学资源，以便老师辅导学生。读者可以按封底的下载地址获取。

本书具体的编写分工是：第 1 篇由欧阳全会编写，第 2 篇由闵小琪编写，第 3 篇由陶松桥编写，附录由张孝发、代恒、胡苇婧编写。

本书可与闵小琪、陶松桥主编的《机械设计基础 第 3 版》配套使用，也可单独使用。

由于编者水平有限，书中难免会有不妥和错误之处，恳请广大读者批评指正。

编　者

目 录

第1篇

减速器拆装实训

第1章

概　　述

1.1　减速器拆装的目的和意义

机械类专业的学生在学习了机械制图、工程力学、几何精度测量、机械原理、机械设计、机械 CAD 等课程以后，为了培养学生的基本职业技能，使学生巩固、深化所学的知识和技能，还要进行 2~3 周的机械零部件拆装技能实训。减速器是一种常用的通用机械设备，其结构包括了传动零件（直齿轮、斜齿轮、锥齿轮、蜗杆等）、支承零件（轴、轴承等）、箱体零件、标准零件及密封装置等典型机械零件。因此，进行减速器的拆装测绘及设计，对培养学生综合运用所学专业知识、逐步掌握分析和解决工程实际问题的能力有极其重要的作用。机械零部件拆装技能实训是一个重要的实践性教学环节，也是工程技术人员应该具备的基本技能。

由于学生是首次独立进行机械设计，对齿轮的结构、材料选择、加工过程、安装形式，轴的结构、加工工艺、选材、热处理，箱体的结构、铸造（焊接）过程不熟悉；对轴承型号选择、密封形式选择、联接件选择与安装没有经验，因此让学生亲自动手进行减速器实物拆装很有必要。通过减速器拆装实训，可以使学生对减速器各个零部件有直观的认识，能进一步了解和掌握各零部件的结构、加工工艺和安装方法，尤其是运动件与运动件之间的安装要求、运动件与固定件之间的安装要求、轴承的拆装与调整、箱体箱盖的拆装等。

减速器拆装测绘的目的如下：

1）复习和巩固已学知识，并在拆装测绘中得到综合应用。

2）掌握测绘的基本方法和步骤，培养初步的部件和零件的测绘能力。

3）可以为后续专业课程的学习、课程设计、毕业设计以及将来的实际工作打下良好的基础。

1.2　减速器拆装实训的要求、工作任务和进度安排

1. 减速器拆装实训的要求

1）熟悉减速器的基本结构，了解常用减速器的用途及特点。

2）了解减速器各组成零件的结构及功用，分析其结构工艺性。

3）了解减速器中各零件的装配关系及安装、调整过程。

4）了解轴承和齿轮的润滑方式。

5）掌握减速器各零件基本参数和尺寸的测定方法，了解齿轮传动精度的检测方法。

6）加深巩固机械制图中标准件和常用件的表达方法，以及零件图和装配图的绘制。

2．减速器拆装实训的工作任务

（1）减速器的结构认知与拆装　拆卸、装配减速器；测量、记录相关尺寸；徒手绘制减速器装配示意图；分析减速器及附件结构，绘制减速器装配图、附件及非标准零件的零件图。

（2）轴系零件的结构分析与测绘　拆卸轴上全部零件，分析轴系结构；测量、记录零件尺寸；徒手绘制零件示意图；绘制轴、齿轮轴、蜗杆、轴承端盖、轴套、调整环等零件的零件图。

（3）传动零件的结构分析与测绘　分析齿轮、蜗轮、锥齿轮结构；测量、记录零件尺寸；徒手绘制零件示意图；绘制齿轮、蜗轮、锥齿轮的零件图。

（4）箱体零件的结构分析与测绘　分析箱体、箱盖结构；测量、记录零件尺寸；徒手绘制零件示意图；绘制箱体、箱盖的零件图。

3．减速器拆装实训的进度安排

减速器拆装实训的进度安排见表1-1。

表 1-1　减速器拆装实训的进度安排

序号	任务及内容	课时分配
1	（1）讲授 1）拆装实训的要求及安排 2）减速器拆装的方法和步骤 3）注意事项 （2）实训准备　分组，领取工具，布置场地	0.5 天
2	减速器的结构认知与拆装	0.5 天
3	测绘减速器，画传动示意图	0.5 天
4	绘制减速器装配图及附件的零件图	1.5 天
5	轴系的结构分析与测绘	0.5 天
6	测绘圆柱齿轮	0.5 天
7	绘制齿轮、轴及轴上零件的零件图	1 天
8	测绘锥齿轮、蜗杆蜗轮	1 天
9	绘制锥齿轮、蜗杆蜗轮的零件图	1 天
10	写实训总结、答辩	1 天

1.3　拆　装　准　备

1）拆装设备：单级圆柱齿轮减速器、二级圆柱齿轮减速器、锥齿轮圆柱齿轮减速器、蜗杆减速器。

2）拆装测绘工具：活扳手、套筒扳手、锤子、铜棒、游标卡尺、钢直尺、内卡钳、外卡钳、铅丝、涂料、轴承拆卸器等。

3）煤油若干，分装零件的盘、盒若干。

1.4 注意事项

1）拆卸前要仔细观察减速器零、部件的结构及位置，考虑好拆装顺序后再动手。切勿盲目拆卸，以免损坏机器零件或影响精度。

2）拆卸后的零件要按类统一放在盘、盒中，并妥善保管，防止混乱和丢失。

3）将所有零件进行编号、登记并注写零件名称。在每一个零件上贴挂一个标签。

4）注意操作安全，小心仔细拆装，爱护工具、仪器及设备，避免损坏。

5）每次拆装任务完成后，要整理场地、清点工具，并将设备、仪器归还原地。

第2章

减速器的结构认知与拆装

2.1 减速器的功用

减速器是一种由封闭在箱体内的齿轮、蜗杆蜗轮等传动零件组成的传动装置。减速器的主要作用是降低速度和增大转矩。

动力源（发动机或柴油机）的转速一般和工作机所需要的转速有差异，输出转速都很高，为了得到需要的转速和转矩，需将动力源的转速降低、转矩增大，通常在机械的原动机与工作机之间设置传动装置，即齿轮减速器、蜗杆减速器等。减速器在原动机和工作机或执行机构之间起匹配转速和传递转矩的作用，同时还有改变运动方向、实现不同转速等多种用途。由于减速器结构紧凑、传动效率高、使用维护方便，因而在现代机械中应用极为广泛。

2.2 减速器的类型

减速器的种类很多，分类方式也不同，常见的分类方式如下：

1）按照传动类型，可分为齿轮减速器、蜗杆减速器和行星减速器以及由它们组合而成的减速器。

2）按照齿轮传动的级数，可分为单级减速器、二级减速器和多级减速器。

3）按照齿轮形状，可分为圆柱齿轮减速器、锥齿轮减速器和锥齿轮-圆柱齿轮减速器。各类减速器的简图如图 2-1 所示。

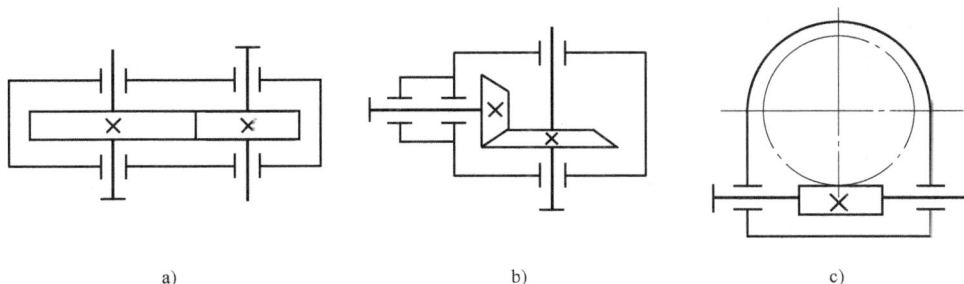

图 2-1　各类减速器的简图

a）单级圆柱齿轮减速器　b）锥齿轮减速器　c）蜗杆减速器

4）按照传动的布置形式，可分为二级展开式齿轮减速器、分流式齿轮减速器和同轴式齿轮减速器，如图2-2所示。

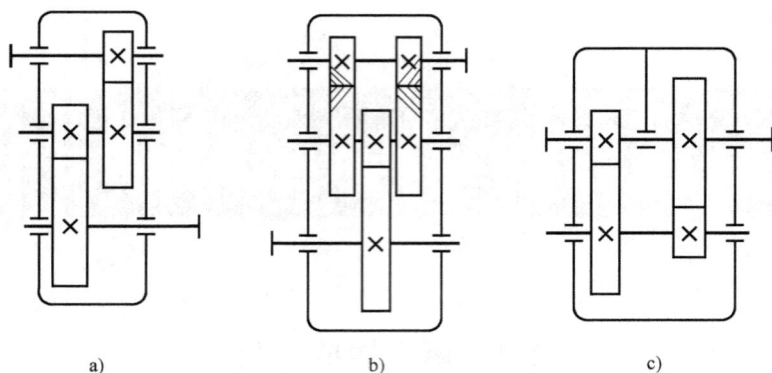

图 2-2　减速器传动的布置形式

a）二级展开式齿轮减速器　b）分流式齿轮减速器　c）同轴式齿轮减速器

2.3　减速器的组成

减速器的结构随其类型和要求的不同而异，一般由以下几部分组成：

（1）传动零件　圆柱齿轮、锥齿轮、蜗杆蜗轮、行星轮等。

（2）支承零件　转轴组件、滚动轴承、轴承密封件等。

（3）箱体零件　箱体、箱盖。

（4）联接零件　螺栓、键、销等。

（5）减速器附件　定位销、观察孔盖板、通气器、油面指示器、放油螺塞、起盖螺钉、起吊装置等。

图2-3所示为单级圆柱齿轮减速器的结构图。

2.4　减速器的拆装过程

1. 观察

1）开箱盖前首先观察减速器外部形状，判断传动方式、级数、输入轴和输出轴，并观察减速器有哪些附件。用手来回转动减速器的输入轴和输出轴，体会轴向窜动。

2）打开观察孔盖，转动高速轴，观察齿轮的啮合情况。注意观察孔开设的位置及尺寸，以及通气器的结构和特点。

3）观察螺栓凸台位置，并注意扳手空间是否合理。观察轴承座加强肋的位置及结构，吊耳及吊钩的形式，减速器箱体的铸造工艺特点以及加工方法。特别要注意观察箱体与轴承盖接合面的凸台结构。

4）观察定位销的位置，分析定位销的作用；观察箱体与箱盖的联接方式及螺栓的尺寸；观察起盖螺钉，分析其作用。

5）减速器箱盖打开后，观察箱体内轴及轴系零件的结构，各零、部件之间的相互位置，分析传动零件所受的径向力和轴向力以及向机体基础的传递过程。

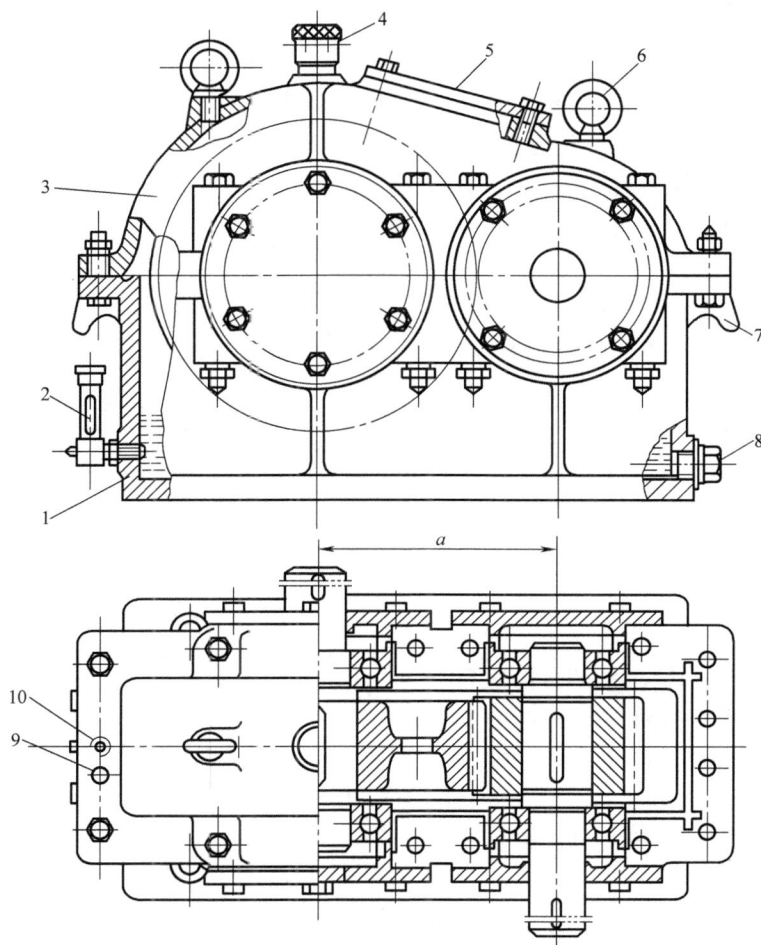

图 2-3 单级圆柱齿轮减速器的结构图

1—下箱体 2—油面指示器 3—上箱体 4—透气孔 5—观察孔盖板
6—吊环螺钉 7—吊钩 8—放油螺塞 9—定位销 10—起盖螺钉

6）观察滚动轴承的类型及润滑方式，观察滚动轴承的密封装置。

2. 拆卸

1）用扳手拆下观察孔盖板。

2）取出定位销，再用扳手旋下箱盖上的联接螺栓，借助起盖螺钉将箱盖与箱体分离。利用起吊装置取下箱盖，将箱盖翻转180°平稳放置一旁，以免损坏接合面。将拆下的定位销、螺栓、螺钉、垫片、螺母等放入零件盘中，以免丢失。

3）卸下轴承盖，将轴和轴上零件一起从箱体内取出，按合理顺序拆卸轴上零件。

4）零件拆卸后用打钢印、扎标签或写件号等方法对每一个零件编上件号，分区分组放置在规定的位置。

3. 测绘

1）画出减速器装配示意图。装配示意图是机器或部件拆卸过程中所画的记录图样，是绘制装配图和重新进行装配的依据。它所表达的内容主要是各零件之间的相互位置、装配与连接关系以及传动路线等。装配示意图的画法没有严格的规定，通常用简单的线条画出零件的大致轮廓，有些零件可参考有关资料的机构运动简图符号画出。图 2-4 所示是减速器的装配示意图。

2）测量减速器的中心距、中心高、箱座下凸缘及箱盖上凸缘的宽度和厚度、肋板厚度、齿轮端面与箱体内壁的距离、大齿轮齿顶圆与箱体底壁之间的距离、轴承内端面至箱内壁之间的距离。在传动示意图中注明必要的参数和尺寸。

3）测量大齿轮、小齿轮的齿顶圆直径、齿根圆直径、齿宽、齿数等有关齿轮的参数。

4）测量输入轴和输出轴的各段直径和长度。徒手绘制高速轴、低速轴及其支承部件的结构草图，标注尺寸，便于设计画图时参考和使用。

5）将各零件尺寸、参数的测量结果记录在表 2-1 和表 2-2 中。

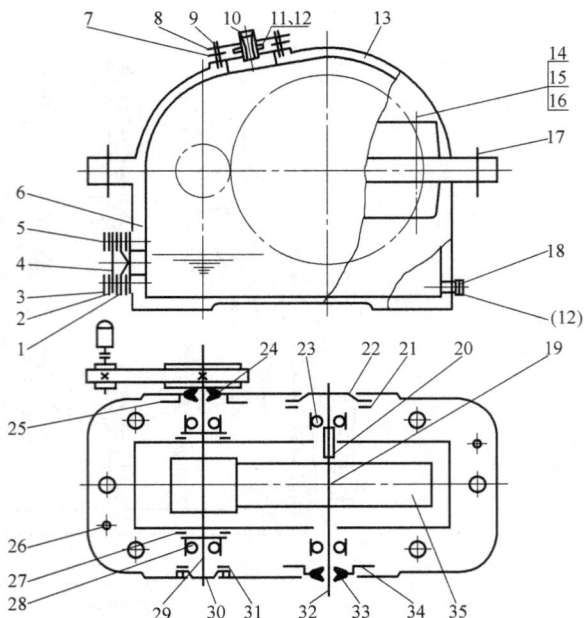

图 2-4　减速器的装配示意图

1—反光镜　2、7—垫片　3—油面指示器　4—小盖
5、9—螺钉　6—箱座　8—视孔盖　9—通气孔　11、16—螺母
12—平垫圈　13—箱盖　14、17—螺栓　15—垫圈　18—螺塞
19—键　20—挡圈　21、31—调整环　22—大闷盖
23、28—滚动轴承　24、33—毡圈　25—小透盖　26—圆
锥销　27—挡油环　29—齿轮轴　30—小闷盖　32—轴
34—大透盖　35—齿轮

6）在装配示意图上按顺序编写零件序号，并在图样的适当位置按序号注写出零件的名称及数量。

表 2-1　减速器箱体尺寸测量结果

序号	名　　称	尺寸/mm
1	地脚螺栓孔直径	
2	轴承旁联接螺栓直径	
3	箱盖与箱座联接螺栓直径	
4	轴承压盖螺钉直径	
5	观察孔螺钉直径	
6	箱座壁厚	
7	箱盖壁厚	
8	箱座凸缘厚度	
9	箱盖凸缘厚度	
10	箱座底部凸缘厚度	
11	轴承旁凸台高度	
12	轴承旁联接螺栓距离	
13	地脚螺栓间距	

表 2-2　传动零件的主要参数

齿数		小齿轮	大齿轮
	高速级	$z_1 =$	$z_2 =$
	低速级	$z_3 =$	$z_4 =$

传动比 $i=i_1 i_2$	高速级 i_1	低速级 i_2	总传动比 i

模数 $m(m_n)$/mm	高速级	低速级

齿宽 b/mm 及齿宽系数 φ_d	高速级			低速级		
	小齿轮 $b=$	大齿轮 $b=$	$\varphi_d =$	小齿轮 $b=$	大齿轮 $b=$	$\varphi_d =$

轴承		第一根轴	第二根轴	第三根轴
	型　号			
	安装方式			

4. 装配

1）装配前首先要对各零件进行清洗，去除零件表面的油污和杂质。

2）按原样将减速器装好复原。装配时按先内部后外部的合理顺序进行，装配轴套和滚动轴承时，应注意方向和滚动轴承的合理装配方法。经指导教师检查合格后才能合上箱盖，注意退回起盖螺钉，并在装配上、下箱盖联接螺栓之前先安装好定位销，最后拧紧各个螺栓。

2.5　减速器传动精度的检测

1. 接触精度测量

将互相啮合的一对齿轮的每一个轮齿仔细擦净，在主动轮的 3~4 个轮齿上均匀地涂上红铅油，然后在轻微制动下运转，则从动齿轮面上将印出接触斑点，如图 2-5 所示。接触精度通常用接触斑点大小占齿面大小的百分数来表示，即用沿齿宽方向接触斑点的宽度 b''（若未接触部分 c 大于齿轮模数 m 时，b'' 应减去 c 值，否则 c 值不减）与工作齿宽 b' 之比

图 2-5　齿面接触斑点

$$\frac{b''}{b'} \times 100\%$$

和沿齿高方向接触斑点的平均高度 h'' 与工作齿高 h' 之比

$$\frac{h''}{h'} \times 100\%$$

来表示，检查是否符合国家标准中所规定的接触精度要求。

2. 齿侧间隙的测量

在互相啮合的轮齿间，插入直径稍大于齿侧间隙的铅丝，转动主动轴，使两齿面间的铅

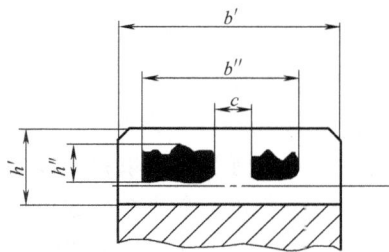

丝被辗压，然后取出铅丝，用游标卡尺测出被辗压后铅丝的厚度，以检验该对齿轮的齿侧间隙是否符合国家标准中的规定。

2.6 减速器附件结构分析

（1）观察孔和孔盖 观察孔是为了观察齿轮的啮合情况，以及润滑状态而设置的，也可由此注入润滑油。一般将观察孔开在箱盖顶部（为减少油中杂质可在孔口装一过滤器）。为了减少加工面，观察孔口处应设置凸台。观察孔平时用观察孔盖板盖住，下面垫有纸质封油垫以防漏油。观察孔盖板常用钢板或铸件制成，用一组螺钉与箱盖联接。

（2）通气器 由于传动件工作时产生的热量会使箱体内温度升高，压力增大，因此必须采用通气器连通箱体内外的气流，以平衡内外气压。通气器内一般制成轴向和径向垂直贯通的孔，既保证内外通气，又不会使灰尘进入箱内。

（3）起吊装置 起吊装置通常有吊环螺钉、吊耳和吊钩，用于减速器的拆卸和搬运。为保证吊运安全，吊环螺钉拧入螺孔的旋合长度不能太短。吊耳是在箱盖上直接铸出的弯钩形结构。吊环螺钉或吊耳，一般只限吊装箱盖用。为了吊运整台减速器，一般应在箱座两端凸缘下面铸出吊钩。

（4）油面指示器 油面指示器用来指示油面高度，设置在便于检查及油面较稳定之处。油面指示器结构形式多样，其中以油标尺为最简单，其上有刻线，用以测知油面，看油面是否在最高、最低限度之内。

（5）螺塞和排油孔 为将箱内的废油排出，在箱座底面的最低处设置有排油孔，箱座的内底面也常做成向排油孔方向倾斜的平面，并在螺塞前端制作一凹坑，以便攻螺纹及油污的汇集和排放。平时排油孔用螺塞加密封垫封住。为保证密封性，螺塞上一般加工有细牙普通螺纹。

（6）定位销 在精加工轴承座孔前，在箱盖和箱座的联接凸缘上配装定位销，以保证箱盖和箱座的装配精度，同时也保证了轴承座孔的精度。两定位销应设在箱体纵向两侧联接凸缘上，且不宜对称布置，以加强定位效果。

（7）起盖螺钉 为保证上、下箱体剖分面的密封性，剖分面上常常涂密封胶或水玻璃，不允许塞入任何垫片或填料，以免影响轴承座孔与轴承的配合精度。为便于起盖，可在箱盖侧边的凸缘上装1个或2个起盖螺钉，开起箱盖时，拧动起盖螺钉，迫使箱盖与箱座分离。

（8）上、下箱体联接用螺栓 螺栓应有足够长度，螺母拧入紧固后，螺栓应高出1.5倍螺距，以保证螺母不松动。

2.7 思 考 题

1）试说明减速器由哪几部分组成。说出各零件的名称及作用。

2）减速器的附件如吊钩、定位销、起盖螺钉、油面指示器、螺塞、观察孔和通气器（孔）等各起什么作用？其结构如何？应如何合理布置？

3）试述减速器的拆装步骤。

4）大齿轮齿顶圆距箱底壁间为什么要留一定距离？这个距离如何确定？

5）如何确定观察孔的位置和大小？

6）箱盖上的吊耳与箱座上的吊钩有何不同？

7）齿轮传动方式（展开式或同心式）减速器和蜗杆传动方式（下置式或上置式）减速器的确定与什么因素有关？各有何优点？

8）齿轮、蜗杆蜗轮是如何润滑的？

Chapter **3**

第3章

轴系的结构分析与测绘

轴、轴承和轴上零件的组合构成了轴系，它是机器的重要组成部分，对机器运转的正常与否有着重大影响。

3.1 轴系组件的结构分析

1. 轴的结构

轴的主要功能是支承旋转零件和传递转矩。它主要由三部分组成：安装传动零件轮毂的轴段，称为轴头；与轴承配合的轴段，称为轴颈；连接轴头和轴颈的部分，称为轴身。轴颈和轴头表面都是配合表面，其余则是自由表面。配合表面的轴段直径通常应取标准值，且需确定相应的加工精度和表面粗糙度。

轴的设计一方面要根据使用条件，合理地选择材料，确定主要尺寸，保证轴具有足够的工作能力，满足强度、刚度和振动稳定性等要求；另一方面要综合考虑轴上零件的装拆、定位、固定、加工工艺以及维修保养等要求，合理地确定轴的结构形状和尺寸。因此，轴一般都制作成阶梯形。

2. 轴系的固定

为保证轴系能承受轴向力而不发生轴向窜动，同时考虑轴运转时的受热伸长，需要合理地设计轴系的轴向支承和固定结构，常用的轴系支承和固定形式如下：

（1）两端固定（双支点单向固定）　轴系两端由两个轴承支承，每个轴承分别承受一个方向的轴向力。这种结构较简单，适用于工作温度不高、支承跨距较小（跨距 $l \leqslant$ 400mm）的轴系。为补偿轴的受热伸长，在装配时，轴承应留有 0.25~0.4mm 的轴向间隙。间隙的大小常用轴承盖下的调整垫片或拧在轴承盖上的调节螺钉调整。

（2）一端固定、一端游动（单支点双向固定）　轴系由双向固定端的轴承承受轴向力并控制间隙，由游动端轴承保证轴伸缩时支承能自由移动。为避免松动，游动端轴承内圈应与轴固定。这种结构适用于工作温度较高、支承跨距较大的轴系。

（3）两端游动　轴系两端的支承轴承（采用圆柱滚子轴承）轴向均可游动，以适应人字形齿轮传动工作时，主、从动轮需对正的要求。当然这种结构形式用得较少，仅用于特殊场合。

上述的常见结构中，轴上零件和轴承在轴上的轴向位置多采用轴肩或套筒定位，定位端面应与轴线保持良好的垂直度；轴肩圆角半径必须小于相应的轴上零件或轴承的圆角半径或倒角宽度。对于滚动轴承的定位，轴肩高度应小于轴承内圈高度的 3/4，以便于拆卸轴承。

3. 轴系轴向位置的调整

为了实现传动零件（如锥齿轮、蜗杆蜗轮等）在轴系中具有准确的工作位置，要考虑轴系的轴向位置的调整。

4. 轴承的配合

由于轴承的配合关系到回转零件的回转精度和轴系支承的可靠性，因此在选择轴承配合时要注意：

1）由于滚动轴承是标准件，轴承内圈与轴采用基孔制过渡配合，轴承外圈与轴承座采用基轴制过渡配合。

2）一般转速较高、负载较大、振动较严重或工作温度较高的场合，应采用较紧的配合。当载荷方向不变时，转动套圈的配合应比固定套圈的紧一些。经常拆卸的轴承以及游动支承的轴承外圈，应采用较松的配合。

5. 轴承的润滑和密封

（1）轴承的润滑　轴承润滑的目的是减少轴承的摩擦和磨损，另外润滑还兼有冷却、吸振、缓蚀、密封等作用。润滑类型可按速度因数 dn 值（d 为轴承内径；n 为轴的转速）来确定。当 $dn \leq (2\sim3) \times 10^5 \mathrm{mm \cdot r/min}$ 时，通常采用脂润滑，超出此范围时采用油润滑。

（2）轴承的密封　密封的目的是防止灰尘或水分的侵入，同时防止润滑剂流失。轴伸端的密封方式分为接触式和非接触式两种，具体结构可查阅《机械设计手册》进行选用。

3.2　轴系零件的拆装与测绘

1. 轴系零件的分析

减速器类型不同，轴系结构及零件也不同，以单级圆柱齿轮减速器为例，轴系主要由以下零件组成：

（1）主动齿轮轴　因齿轮径向尺寸较小，为便于加工制造，可将齿轮与轴制成一体。齿轮轴上轮齿部分应按传动比要求做精确计算。齿轮轴的各段轴径和长度由轴上零件形状、尺寸和相对位置来决定。轴上常有倒角、圆角、轴肩、退刀槽、键槽等结构。这些标准化结构，测出尺寸后应查相应标准，复核后正确标注。

（2）大齿轮　大齿轮的结构形式可分为实体式、辐板式、轮辐式等。闭式传动多采用辐板式，常在辐板上设有均布的减轻孔。齿轮在轮毂处有轴向贯通的键槽，用平键与从动轴实现周向固定，从而将运动和动力传给从动轴。

（3）从动轴　从动轴是支承大齿轮的零件，其各段直径及轴向长度根据轴上零件的结构形状大小和相对位置来确定。轴上常有倒角、圆角、轴环、轴肩、退刀槽、键槽、中心孔等结构。

（4）滚动轴承　直齿圆柱齿轮传动时无轴向力作用，一般采用一对深沟球轴承。在装配图上可采用规定画法、通用画法或特征画法。

（5）挡油环　因大齿轮采用浸油润滑，通过大齿轮飞溅作用将润滑油带入与小齿轮啮合得到润滑，而滚动轴承通常采用脂润滑，为避免油池中的润滑油飞溅至滚动轴承内稀释润滑脂，降低润滑效果，故在轴承内侧加一挡油环。挡油环在轴向定位下，与主动齿轮轴及轴承内圈一起转动。

（6）定位套筒　由于轴向定位和拆装的需要，大齿轮端面一侧以轴环定位，另一侧则以套筒定位。定位套筒的一侧与滚动轴承内圈接触。

（7）调整环　为使轴上零件轴向定位和调整滚动轴承的轴向间隙，利用调整环进行调整。调整环的厚度在装配时确定。

（8）透盖　轴的输入、输出端应伸出箱体外，以便与原动机或工作机相连，故此处的轴承端盖应制成透盖。透盖加调整垫片后用一组螺钉联接在上、下箱体凸台上。透盖的环槽内用毡圈（浸油后装入）密封，以防灰尘侵入磨损轴承；也可加密封盖，在密封盖与透盖间制槽装入毡圈来密封。

（9）闷盖　在轴的末端设置的轴承端盖为闷盖。闷盖与箱体接触处也设有调整垫片，用一组螺钉联接在上、下箱体上。

2. 轴系零件的拆卸

1）拆卸轴系时，需拿掉箱盖，仔细观察轴系的整体结构，观察轴上共有哪些零件，以及每一根轴上零件采用的是哪种定位方式。

2）观察分析轴上每一个轴肩的作用，确定哪些为定位轴肩，哪些为非定位轴肩，并分析非定位轴肩的作用。

3）观察轴系结构所选用滚动轴承的类型，以及每个轴承的轴向定位和固定方式；观察轴系采用的轴承间隙调整方式、轴承的密封装置、润滑方式，并判断是否合理。

4）观察分析轴上的每一个结构及应用；观察轴、轴上零件以及与其他零件的装配关系。

5）将整个轴系取出，顺序拆下轴上各个零件。

单级圆柱齿轮减速器主动轴轴系零件分解图如图3-1所示；主动轴轴系装配图如图3-2所示。

图 3-1　主动轴轴系零件分解图

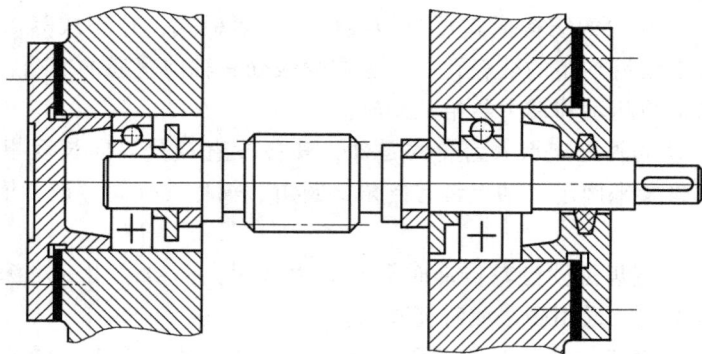

图 3-2　主动轴轴系装配图

单级圆柱齿轮减速器从动轴系零件分解图如图3-3所示；从动轴轴系装配图如图3-4所示。

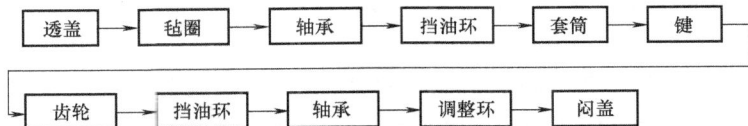

图 3-3　从动轴轴系零件分解图

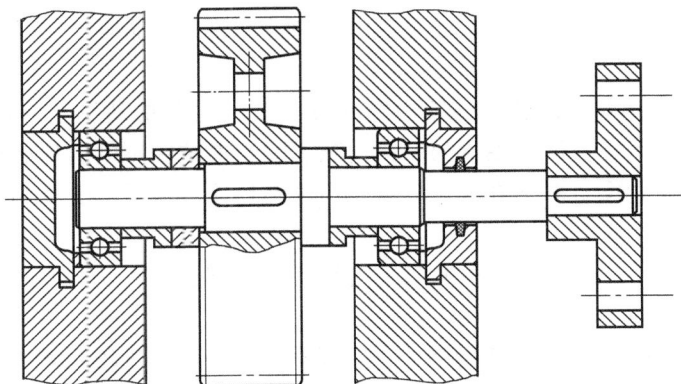

图 3-4　从动轴轴系装配图

3. 轴的测绘与装配

1）测量阶梯轴上每个轴段的直径和长度，判断各轴段的直径是否符合要求；判断每个定位轴肩、非定位轴肩的高度是否合适。

2）测量键槽的形状尺寸和位置尺寸，并检测是否符合国家标准规定。

3）观察轴上是否有砂轮越程槽、退刀槽等，判断其位置是否合适，测量结构尺寸，并检测是否符合国家标准规范。

4）测量轴上每个零件的轴向长度，并与阶梯轴上对应的轴段长度相比较，判断每个轴段长度是否合理，是否能够保证每个零件的定位与固定。

5）确定轴系中所用轴承的型号，测量出有关尺寸，并查手册进行核实。测量出轴承盖与箱体的有关尺寸。

6）测量完成后，将有关数据记录于表3-1中。

表 3-1　轴系结构测绘记录

轴系名称			
轴上传动零件	定位方式		
	固定方式		
轴承	型号	（左）	（右）
	定位与固定方式		
	轴承间隙调整方式		
轴承组合	轴向固定方式		
	轴向位置调整方式		
	轴承的润滑方式		
	密封方式		

7）用棉纱将零件、部件擦净，然后按照与拆卸相反的顺序装配、调试，使轴系结构恢复原状。

8）拟定视图的表达方案，确定主视图、视图数量以及视图的表达方法，绘制齿轮轴、传动轴、轴承端盖、轴套、挡油环、调整环等零件的零件图。

4. 滚动轴承的装配与调整

（1）轴承装配　滚动轴承常用的装配方法是敲入法和压力法。配合过紧的轴承可以加热后利用压力机将轴承压到轴上，装配轴承时应注意将压力施加于轴承内圈端面上，否则会损坏轴承。

（2）轴承间隙测量与调整　安装固定好百分表，用手推动轴至一端，然后将轴推动至另一端。百分表上的读数即为轴承的轴向间隙。适当增减轴承端盖处调整垫片厚度进行间隙的调整，直至符合要求。对于嵌入式轴承盖用调整环或调整螺钉进行调整。

3.3　思　考　题

1）轴上各段的直径及长度是怎样确定的？确定轴上各段过渡部位的结构时应注意什么？

2）轴系中是否采用了挡圈、紧定螺钉、压板、定位套筒等零件？它们的作用是什么？其结构形状有何特点？

3）轴承的类型是什么？它们的布置、安装方式和固定有什么特点？

4）试述你所拆装的减速器中轴承的轴向是如何固定的？间隙应如何调整？

5）你所拆装的减速器中齿轮和轴承采用的是什么润滑方式？轴承采用的是什么密封装置？为什么？

6）为了使润滑油经油沟后进入轴承，轴承盖的结构应如何设计？

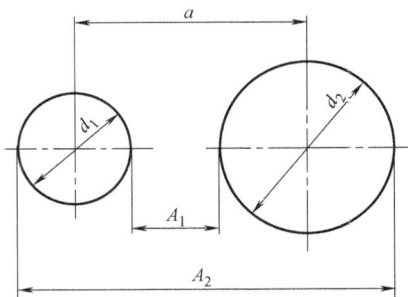

第4章

传动零件的测绘与装配

4.1 齿轮的测绘与装配

齿轮测绘是一项比较复杂的工作,要在没有或缺少技术资料的情况下,根据齿轮实物测量出部分数据,然后根据这些数据推算出原设计参数,确定制造时所需的尺寸,绘制齿轮零件图。由于机械设备的制造时间、地点的差异,造成机械零件的标准不统一,因此给零件测绘带来很多麻烦,为使测绘工作顺利进行,齿轮测绘一般应按下列步骤:

1)了解被拆设备的名称、型号、产地、出厂日期和生产厂家,以获得准确的齿轮参数。

2)判断齿轮类别,获得基本参数值,如压力角、齿顶高系数、顶隙系数等,还需判断是标准齿轮还是变位齿轮。

3)进行齿轮精度等级、材料和热处理分析。

4)测绘、推算齿轮参数和尺寸,绘制齿轮零件图。

1. 直齿圆柱齿轮的测绘

1)测定齿数 z 和齿宽 b。被测齿轮的齿数可直接数出,齿宽可用游标卡尺测出。

2)测量中心距 a。用游标卡尺测量箱体两孔间的距离,再测出孔的直径,通过换算得到中心距。即测量 A_1 和 A_2,孔径 d_1 和 d_2,如图 4-1 所示,然后按下式计算:

$$a = A_1 + \frac{d_1 + d_2}{2} \quad 或 \quad a = A_2 - \frac{d_1 + d_2}{2}$$

3)测量公法线长度 W_k 和基圆齿距 p_b。测量时应尽可能使游标卡尺切于分度圆附近,避免游标卡尺接触齿尖或齿根圆角。如图 4-2 所示,跨齿数 k 值可按下式计算:

图 4-1　中心距的测量

$$k = \frac{1}{9}z + 0.5$$

基圆齿距 p_b 为

$$p_b = W_{k+1} - W_k$$

4)测量齿顶圆直径 d_a 和齿根圆直径 d_f。偶数齿齿轮直接用游标卡尺测量齿顶圆和齿根圆直径；奇数齿轮不能直接测量，可先测 H_1 和 H_2 值，如图 4-3 所示，通过计算求得齿顶圆直径 d_a 和齿根圆直径 d_f，计算公式为

$$d_a = d + 2H_1, \qquad d_f = d + 2H_2$$

5）测量全齿高 h。如图 4-3 所示，全齿高 h 为

$$h = H_1 - H_2$$

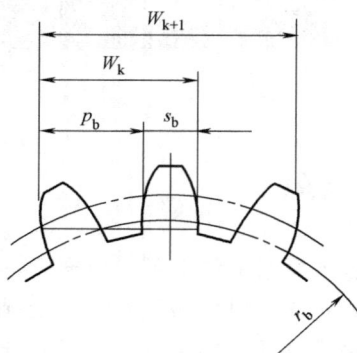

图 4-2　公法线长度 W_k 的测量

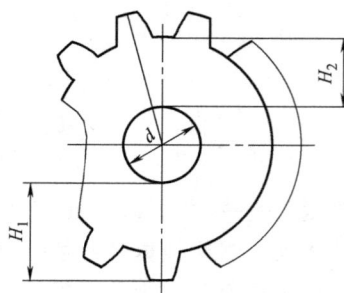

图 4-3　用精密游标卡尺测量 d_a 和 d_f

6）测量完成后，推算齿轮参数尺寸，将测量结果记录于表 4-1 中，绘制齿轮零件图。

表 4-1　一级直齿圆柱齿轮减速器齿轮参数

参　　数	实测数据	
中心距 a	$a =$	
齿数 z_1、z_2	$z_1 =$;	$z_2 =$
齿顶圆直径 d_{a1}、d_{a2}	$d_{a1} =$;	$d_{a2} =$
齿根圆直径 d_{f1}、d_{f2}	$d_{f1} =$;	$d_{f2} =$
全齿高 h_1、h_2	$h_1 =$;	$h_2 =$
齿宽 b_1、b_2	$b_1 =$;	$b_2 =$
传动比 i_{12}	$i_{12} =$	
模数 m	$m =$	
分度圆直径 d_1、d_2	$d_1 =$;	$d_2 =$

2. 斜齿圆柱齿轮的测绘

斜齿圆柱齿轮测绘步骤与直齿圆柱齿轮大致相同，主要是增加了齿顶圆螺旋角 β_a 的测量和分度圆螺旋角 β 的计算。

（1）齿顶圆螺旋角 β_a 的测量　在齿轮的齿顶圆上涂上一层较薄的红丹，将齿轮端面紧贴直尺，顺一个方向在白纸上滚动，可得到较为清晰的压痕，如图 4-4 所示，用量角器量出齿顶圆螺旋角 β_a，计算公式为

$$\tan \beta_a = \frac{\pi d_a}{T_z}$$

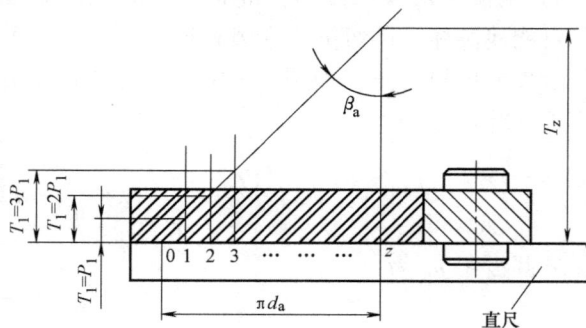

图 4-4　滚印法测量螺旋角

（2）分度圆螺旋角 β 的计算　根据齿顶圆螺旋角 β_a 和齿顶圆直径 d_a 等参数计算分度圆螺旋角 β，计算公式为

$$\tan\beta = \frac{d}{d_a}\tan\beta_a$$

（3）斜齿轮基本参数的确定

1）法向齿顶高系数 h_{an}^* 和法向顶隙系数 c_n^*：斜齿轮一般采用标准齿形，我国标准斜齿轮的法向齿顶高系数 $h_{an}^* = 1$，法向顶隙系数 $c_n^* = 0.25$。

2）法向压力角 α_n：取标准值 $\alpha_n = 20°$。

3）法向模数 m_n：依据测定的中心距 a、齿数 z_1、z_2 和分度圆螺旋角 β 确定 m_n，计算公式为

$$m_n = \frac{2a\cos\beta}{z_1 + z_2}$$

然后查相关手册取标准值。

3. 锥齿轮的测绘

锥齿轮的测绘过程较复杂，测量、计算、分析应互相交叉并反复进行，测绘步骤如下：

1）确定齿数 z。

2）测量外锥距 R。用一对钢直尺竖立在顶锥面上，从两钢直尺交叉点到大端背锥读出 R 值来。测量时应注意使钢直尺通过锥齿轮的回转轴线。若锥齿轮大端倒角，则应在大端补齐成尖角后测量，如图4-5所示。

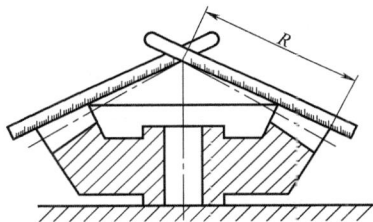

3）测量齿宽 b，如图4-6所示。

4）测量齿顶圆直径 d_a。偶数齿时，在与齿轮轴线相互垂直的直径方向上量取 d_a，如图4-7所示。奇数齿测量略。

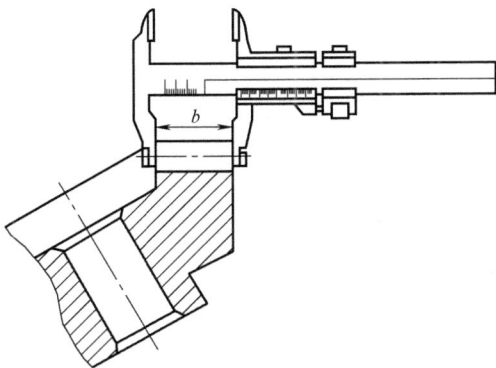

图 4-5　外锥距 R 的测量

图 4-6　齿宽 b 的测量

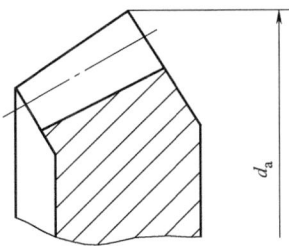

图 4-7　锥齿轮齿顶圆直径 d_a 的测量

5）齿高 h。测量齿顶圆直径 d_a 和齿根圆直径 d_f 后，通过推算得出：

$$h = \frac{d_a - d_f}{2\cos\delta}$$

式中，δ 为分度圆锥角。

6）顶锥角 δ_a 和根锥角 δ_f。测量出齿顶宽 b_a、齿根宽 b_f、大端齿顶圆直径 d_a、小端齿顶

圆直径 d_{a1}、大端齿根圆直径 d_f、小端齿根圆直径 d_{f1} 后，按直角三角形关系求出顶锥角 δ_a 和根锥角 δ_f，如图 4-8 所示。其计算公式为

$$\delta_a = \arctan \frac{d_a - d_{a1}}{2b_{a1}} \approx \arcsin \frac{d_a - d_{a1}}{2b_a}, \qquad \delta_f = \arctan \frac{d_f - d_{f1}}{2b_{f1}} \approx \arcsin \frac{d_f - d_{f1}}{2b_f}$$

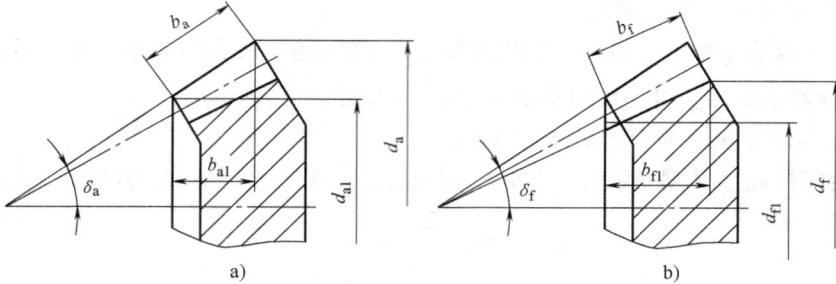

图 4-8 顶锥角 δ_a 和根锥角 δ_f

a）顶锥角 δ_a b）根锥角 δ_f

7）测量完成后，将测量结果记录于表 4-2 中，绘制锥齿轮工作图。

表 4-2 锥齿轮圆柱齿轮减速器参数

高速级：锥齿轮		低速级：圆柱齿轮	
齿数	$z_1 =$	齿数	$z_3 =$
	$z_2 =$		$z_4 =$
齿顶圆直径	$d_{a1} =$	齿顶圆直径	$d_{a3} =$
	$d_{a2} =$		$d_{a4} =$
齿根圆直径	$d_{f1} =$	齿根圆直径	$d_{f3} =$
	$d_{f2} =$		$d_{f4} =$
齿高	$h_1 =$	齿高	$h_3 =$
	$h_2 =$		$h_4 =$
齿宽	$b_1 =$	齿宽	$b_3 =$
	$b_2 =$		$b_4 =$
传动比	$i_{12} =$	传动比	$i_{34} =$
分锥角	$\delta_1 =$	法向模数	$m_{n2} =$
	$\delta_2 =$	端面模数	$m_{t2} =$
模数	$m_1 =$	螺旋角	$\beta =$
外锥距	$R =$	分度圆直径	$d_3 =$
齿顶角	$\theta_{a1} = \qquad \theta_{a2} =$		$d_4 =$
齿根角	$\theta_{f1} = \qquad \theta_{f2} =$		

4. 齿轮的装配

1）将齿轮装配到传动轴上，应符合轴孔的配合要求，不得有偏心和歪斜现象。

2）将齿轮轴装到箱体内，应保证齿轮副正常啮合，保证正确的安装中心距和适当的齿侧间隙。

3）齿面接触部位正确，接触面积符合规定要求；保证齿轮在轴上定位准确，固定可

靠，一对齿轮在齿宽方向不允许发生过量错位。

4）装配锥齿轮时，需对锥齿轮的轴向位置进行调整，以保证两锥齿轮的正确啮合。

4.2 蜗轮蜗杆的测绘与装配

1. 蜗轮蜗杆的测绘

蜗轮蜗杆的测绘比较复杂，要想获得准确的测绘数据，就必须具备较全面的蜗杆传动方面的知识。同时应合理选择测量工具及必要的检测仪器，掌握正确的测量方法，并对所测量的数据进行合理的分析处理。

测绘蜗轮蜗杆时，主要是确定蜗杆轴向模数 m_x（即蜗轮端面模数 m_t），蜗杆的直径系数 q 和导程角 γ（即蜗轮的螺旋角 β）。下面以普通圆柱蜗轮蜗杆测绘为例，说明标准蜗轮蜗杆的基本测绘步骤。

1）对要测绘的蜗轮、蜗杆进行结构和工艺分析。

2）数出蜗杆头数 z_1 和蜗轮齿数 z_2。

3）测量蜗杆齿顶圆直径 d_{a1} 和蜗轮齿顶圆直径 d_{a2}。

蜗杆齿顶圆直径用游标卡尺直接测出。为使蜗轮滚刀标准化，蜗杆直径 d_1 值必须标准化，测绘时应该注意这一点。具体系列请参看有关手册。

蜗轮齿顶圆直径 d_{a2} 的测量方法如图4-9所示。测量时，可在3个或4个不同直径位置上进行，取其中的最大值。当蜗轮齿数为偶数时，齿顶圆直径就是将卡尺的读数减去两端量块高度之和；当蜗轮的齿数为奇数时，可按圆柱齿轮奇数齿所介绍的方法进行。

4）测量蜗杆齿高 h_1。用游标卡尺的深度尺测量，如图4-10所示。

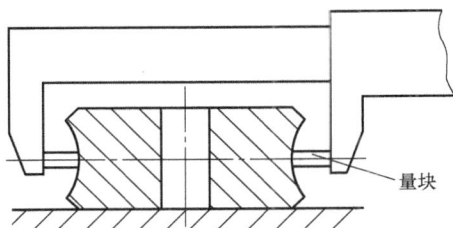

图4-9 蜗轮齿顶圆直径 d_{a2} 的测量

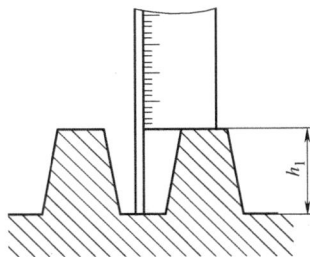

图4-10 蜗杆齿高 h_1 的测量

5）测量蜗杆轴向齿距 p_x，如图4-11所示。为了精确起见，最好多跨几个轴向齿距，然后将所测得的数除以跨齿数，就是蜗杆的轴向齿距。

6）测量蜗杆副中心距 a。测出两轴外侧间的距离 L 和两轴直径 D_1、D_2，如图4-12所示，再按下式计算中心距：

$$a = L - \frac{D_1 + D_2}{2}$$

7）确定模数。用测量的蜗杆轴向齿距 p_x，根据

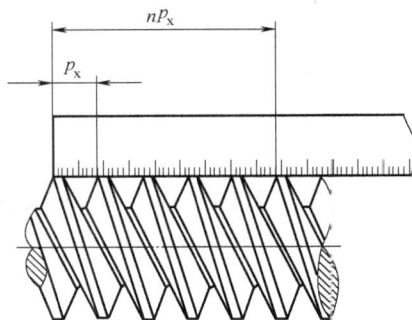

图4-11 蜗杆轴向齿距的测量

计算公式 $p_x = m_x \pi$，则

$$m_x = \frac{p_x}{\pi}$$

再按标准模数系列选取与其相近的标准模数。

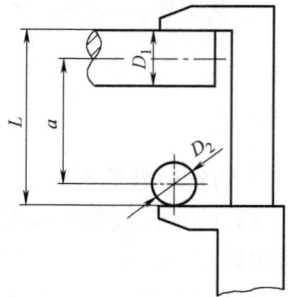

图 4-12　测蜗杆蜗轮轴
外侧间的距离 L

8）蜗杆类型的判别。蜗杆类型可以用直廓样板进行试配。

① 当蜗杆轴向齿形是直线齿廓时，该蜗杆为阿基米德蜗杆。

② 当蜗杆法向齿形是直线齿廓时，该蜗杆为法向直廓蜗杆传动。

③ 当蜗杆在某一基圆柱的切面上剖切齿形是直线齿廓时，该蜗杆为渐开线蜗杆传动。

9）变位蜗杆的判断。

① 由中心距判别。若理论中心距与实测中心距不相等则为变位蜗杆传动。

② 由蜗轮齿顶圆直径判别。若蜗轮齿顶圆直径计算值与蜗轮齿顶圆直径实测值不相等则为变位蜗杆传动。

10）测量完成后，将参数尺寸记录于表 4-3 中，绘制蜗杆、蜗轮工作图。

表 4-3　蜗杆减速器参数

参　　数		实测数据	
蜗杆顶圆直径	d_{a1}	$d'_{a1} =$	
蜗轮顶圆直径	d_{a2}	$d'_{a2} =$	
蜗杆头数	z_1	$z_1 =$	
蜗轮齿数	z_2	$z_2 =$	
模数	m	$m' =$	
蜗杆直径系数	q	$q' =$	
全齿高	h	$h' =$	
分度圆直径	$d_1 、 d_2$	$d'_1 =$	$d'_2 =$
中心距	a	$a' =$	

2. 蜗轮蜗杆的装配

蜗轮蜗杆装配的方法和要求与圆柱齿轮相同，装配步骤如下：

1）将蜗轮装到轴上，再将蜗轮组件装入箱体。

2）装入蜗杆，蜗杆的轴线位置由箱体安装孔保证，蜗轮的轴线位置通过改变垫片厚度调整，装配时，需保证蜗杆轴线与蜗轮轴线相互垂直，且蜗杆轴线应在蜗轮轮齿的对称平面内。

3）保证蜗杆蜗轮有适当的啮合侧隙和正确的接触斑点。

4.3　思　考　题

1）测量偶数与奇数齿齿轮的齿顶圆直径时，所用的方法有什么不同？为什么？

2）为什么测量公法线长度时应尽可能使游标卡尺切于分度圆附近？

3）在锥齿轮传动中，如何调整两齿轮使两齿轮锥顶重合？

4）为什么在测量蜗轮齿顶圆直径时，要在3个或4个不同直径位置上进行，并取其中的最大值？

5）变位蜗杆传动是如何判断的。

6）蜗杆类型是如何判别的？

第5章

箱体零件的结构分析与测绘

5.1 箱体结构分析

1. 箱体结构形式

箱体是减速器的主要零件,它用来支承和固定轴系零件,并在其上装设其他附件,保证传动零件的正确啮合,使传动零件具有良好的润滑和密封。

箱体通常用灰铸铁(HT150 或 HT200)铸造成形,对于受冲击载荷的重型减速器也可采用铸钢箱体。单件生产时为了简化工艺,降低成本,可采用钢板焊接箱体。

箱体结构形式有剖分式和整体式。为了便于轴系零件的安装和拆卸,齿轮减速器箱体通常制成剖分式,剖分面一般取在轴线所在的水平面内(即水平剖分),以便于加工。蜗杆减速器为使结构紧凑,常采用整体箱体,但拆装、调整不方便。单级圆柱齿轮减速器采用剖分式箱体,即有箱盖和箱座两个零件,如图 5-1 所示。

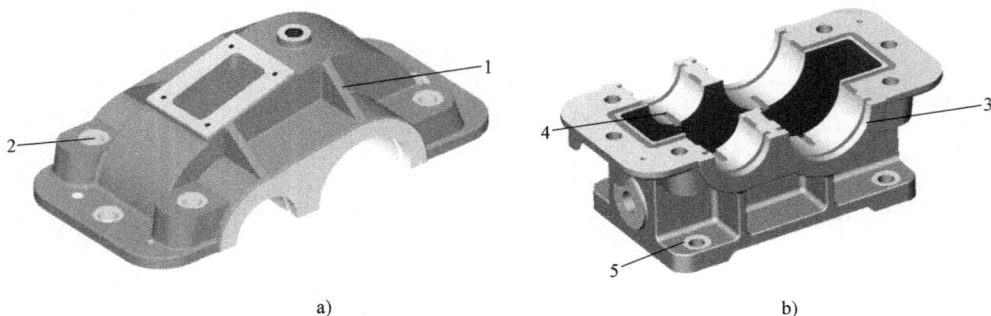

图 5-1 箱体

a)箱盖 b)箱座

1—加强肋 2—箱体凸缘 3—凸台 4—油沟 5—底板

2. 箱体各部分结构分析

(1) 加强肋 铸造箱体在箱盖和箱座的轴承座处,因对轴和轴承起支承作用,故此处应有足够的刚度,一般要设加强肋。

(2) 箱体凸缘 为保证箱盖和箱座的联接刚度,其联接部分应有较厚的联接凸缘,上面钻有螺栓孔和定位销孔。

(3) 凸台 对于剖分式箱体,轴承座旁的联接螺栓应尽量靠近,以增加轴承支座的刚性,但不能和端盖螺钉孔及箱内输油沟发生干涉,为此应在轴承座旁制出凸台,凸台高度应保证拧动螺母时有足够的扳手空间。

（4）箱体内腔空间 箱体的内腔尺寸由轴系零件排布空间来决定。为保证润滑和散热的需要，箱内应有足够的润滑油量和深度。为避免油搅动时沉渣泛起，一般大齿轮齿顶到油池底面的距离不得小于30mm。

（5）油沟 当滚动轴承采用脂润滑时，为了提高箱体的密封性，有时在箱体的剖分面上制出回油沟，以使飞溅的润滑油能通过回油沟和回油道流回油池。

（6）底板 箱体底板是用于安装减速器的，在底板上设有螺栓安装孔，由于底板面积较大，为使其与安装基面接触良好并减少加工面积，底面设有凹坑。

箱体壁厚应尽量均匀，壁厚变化处应有过渡圆弧，铸造箱体应有起模斜度和铸造圆角。为减少加工面、增大被联接件的接触面，箱体的轴承座外端面、螺栓联接处、观察孔、通气塞、吊环螺钉、油面指示器和放油塞等接合处应具有凸台或凹坑。

5.2 箱体零件的测绘与装配

1. 箱体零件的测绘

箱体零件是形状比较复杂的零件，需要测量的部位尺寸比较多。测绘时主要注意的问题如下：

1）对零件进行结构分析，理解各结构的功能。

2）对箱体零件进行工艺分析。因为同一箱体类零件可以按不同的加工顺序制造，故其结构形状的表达、基准的选择和尺寸的标注也不一样。

3）测量箱体底座底板尺寸、底板上安装孔的定位尺寸、安装孔的沉孔尺寸，确定安装螺钉的规格。

4）测量箱盖轴承座孔旁的凸台高度，判断是否有足够的扳手空间，确定联接螺栓、垫圈和螺母的规格。

5）测量箱座轴承孔的回转直径、肋板的厚度，判断是否满足轴承支承的刚度。

6）测量箱体壁厚、凸缘宽度，确定定位销及起盖螺钉的规格。

7）将箱体、箱盖零件测量的主要参数尺寸记录于表2-1中。拟定箱体、箱盖零件的表达方案，确定主视图、视图数量和表达方法，绘制箱体、箱盖零件工作图。

2. 箱盖箱座的装配

1）装配前，用煤油清洗箱盖、箱座，不许有任何杂物存在。内壁涂上可以防止机油腐蚀的涂料两次。

2）装配时，在拧紧箱体螺栓前，应使用0.05mm的塞尺检查箱盖和箱座接合面之间的密封性，各接触面及密封处不许漏油。剖分面允许涂密封油漆或水玻璃，不允许使用任何填料。

3）在拆装轴承座旁的螺栓组联接时，拧紧或拧松螺钉或螺母应大致按对角的顺序进行，以免螺栓与螺钉孔产生偏斜发生卡死现象。

5.3 思 考 题

1）如何减轻箱体的重量和减少箱体的加工面积？

2）箱座底板上的孔具有锪平结构，为什么设计成这种结构？孔的作用是什么？

3）如何保证箱体支承具有足够的刚度？

4）箱盖与箱座的联接凸缘宽度的确定受何种因素影响？

5）轴承座两侧上下箱联接螺栓应如何布置？支承该螺栓凸台高度应如何确定？

6）若箱座的接合面上有油沟，箱盖应取怎样的相应结构才能使箱盖上的油进入油沟？油沟有几种加工方法？加工方法不同，油沟的形状有何异同？

7）拆装螺栓组联接时，拧紧或拧松螺母的顺序是怎样的？为什么？

8）箱盖、箱座上的两轴承座孔是如何保证同轴度精度的？

第 2 篇

减速器课程设计

Chapter 6

第6章

课程设计综述

6.1 课程设计目的

机械零件课程设计是"机械设计基础"课程的最后一个重要教学环节，也是工科类学校对学生进行的第一次设计训练。其目的如下：

1）初步培养学生树立正确的设计思想和分析、解决工程实际问题的能力；掌握通用机械零件、机械传动装置设计的一般方法。

2）复习巩固以前所学的机械制图、工程力学、工程材料、公差与配合等课程的理论知识，并在实际设计中应用和深化这些知识。

3）培养学生设计的基本技能，如计算、绘图、查阅资料、熟悉标准和规范等能力，为专业设计和将来从事技术工作打下基础。

6.2 课程设计要求

机械零件课程设计对学生总的要求是保质、保量、按时完成设计任务。具体要求如下：

1）做好设计准备工作，包括收集、准备设计资料、绘图工具及用品。

2）设计之前要认真研究课程设计任务书，分析题目，了解工作条件，明确设计要求和内容。

3）设计中要认真复习所遇到的课程内容。如 V 带传动，齿轮传动，轴、轴承、联轴器和有关的联接件等。在教师的指导下，提倡独立思考、计算、绘图、完成课程设计，反对不求甚解、照抄数据、照搬图样、敷衍了事的行为。

4）课程设计必须在规定教室进行，遵守学习制度和作息时间，按设计计划循序进行，以便指导教师随时掌握每个学生的情况，发现问题及时解决。

5）注意掌握设计进度，按预订计划完成阶段性的目标。在底图设计阶段，注意设计计算与结构设计画图交替进行，采用"边计算、边画图、边修改"的正确设计方法。另外，在整个设计过程中应注意对设计资料和计算数据的保存和积累，保持记录的完整性。

6）为了提高设计质量和降低设计成本，必须注意采用各种标准和规范，这也是评价设计质量的一项重要指标。在设计中，应严格遵守和执行国家标准、部颁标准及行业规范。对于非标准的数据，也应尽量修整成标准系列或选用优先系列。

7）为使每个学生均能拿出一份较高质量的图样，在装配底图画出后，应呈交指导教师审查，修改无误后，再加工完成装配图。

8) 设计图样（包括装配图和零件图）和设计说明书完成之后，在有所准备的基础上参加设计答辩。

6.3 课程设计题目的选择与设计规划

1. 选题原则

课程设计的题目应当与生产实际紧密联系，应具有代表性和典型性，能充分反映机械零件课程的基本内容且分量适当。只要满足上述要求的机械部件都可以作为课程设计的题目。

目前，工科类院校的机械零件课程设计题目多选齿轮减速器，这是因为齿轮减速器广泛应用于机械制造和各行业的机械传动中，是具有代表性、典型性的通用部件，能充分反映机械零件课程的教学内容，使学生能够受到本课程知识范围内较全面的技能训练。

2. 设计任务书

课程设计的题目是以任务书的形式下达给学生的，设计题目可参见 6.4 节。

3. 设计工作量

1) 减速器装配工作图 1 张（A0 或 A1 图纸）。

2) 零件工作图 1 张或 2 张（A2 或 A3 图纸），具体零件由指导教师指定。

3) 按规定格式编写设计说明书 1 份（5000～6000 字）。

4) 写出课程设计小结和准备答辩。

4. 设计内容及进程安排

课程设计内容及进程安排见表 6-1。

表 6-1 课程设计内容及进程安排

序号	设 计 内 容	时间/天
1	查阅、收集资料，传动方案的分析	0.5
2	选择电动机，分配传动比，计算运动参数及动力参数	0.5
3	传动零件的设计——V 带传动、齿轮传动的设计计算等	1
4	轴系零件的设计——轴设计，联轴器、轴承和键联接的选择与计算	1.5
5	传动零件和支承零件结构设计	1
6	箱体结构及其附件设计	1.5
7	完成装配工作图	1.5
8	绘制零件工作图	1
9	编写设计计算说明书	1
10	写设计小结，准备答辩	0.5

6.4 课程设计题

题 1 设计某带式输送机传动装置中的一级圆柱齿轮减速器

1) 运动简图（见图 6-1）。

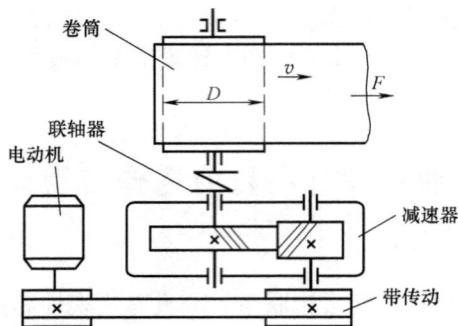

图 6-1　某带式输送机运动简图

2）工作条件：单向转动，轻微振动，连续工作，每天两班制，使用期限 5 年，卷筒转速允许误差为±5%。

3）设计数据（见表 6-2）。

表 6-2　设计数据

已知条件	题　号				
	1	2	3	4	5
卷筒切向力 F/N	3000	3400	4000	4200	4200
卷筒直径 D/mm	350	300	400	380	420
卷筒转速 n/(r/min)	60	60	40	40	36

题 2　设计某链式输送机传动装置中的一级锥齿轮减速器

1）运动简图（见图 6-2）。

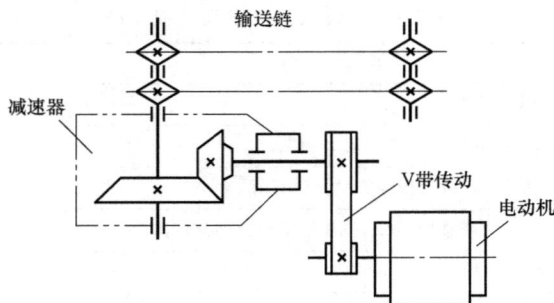

图 6-2　某链式输送机运动简图

2）工作条件：输送机连续工作，单向提升，载荷平稳，每天两班制工作，使用年限 10 年，输送带速度允许误差为±5%。

3）设计数据（见表 6-3）。

表 6-3　设计数据

已知条件	题　号				
	1	2	3	4	5
输送链拉力 F/N	2100	2400	2700	3200	2200
输送链速度 v/(m/s)	0.7	0.8	0.9	0.9	0.9
输送链链轮直径 D/mm	100	125	150	140	170

题 3　设计某带式输送机传动装置中的一级蜗杆减速器

1）运动简图（见图 6-3）。

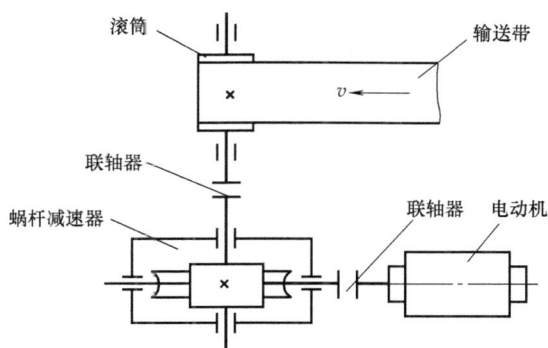

图 6-3　某带式输送机运动简图

2）工作条件：单向运转，连续工作，空载起动，载荷平稳，每天三班制工作，减速器工作寿命不低于 10 年，输送带速度允许误差±5%。

3）设计数据（见表 6-4）。

表 6-4　设计数据

已知条件	题　号				
	1	2	3	4	5
输送带拉力 F/N	2000	2200	2500	3000	4100
输送带速度 $v/(\text{m/s})$	0.8	0.9	1.0	1.1	0.85
滚筒直径 D/mm	350	320	300	275	380

题 4　设计某带式输送机传动装置中的二级圆柱齿轮减速器

1）运动简图（见图 6-4）。

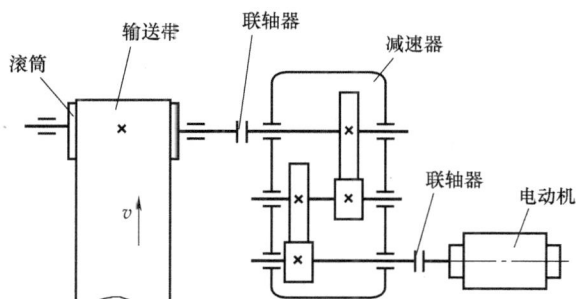

图 6-4　某带式输送机运动简图

2）工作条件：单向运转，有轻微振动，经常满载空载起动，每天单班制工作，使用年限 5 年，输送带速度允许误差为±5%。

3）设计数据（见表 6-5）。

表 6-5　设计数据

已知条件	题　号				
	1	2	3	4	5
输送带拉力 F/N	1600	1800	2000	2400	2600
输送带速度 v/(m/s)	1.5	1.1	0.9	1.2	1.2
滚筒直径 D/mm	400	350	300	300	300

Chapter 7

第7章

传动装置的总体设计

7.1 确定传动方案

传动方案一般用机构简图表示，它反映运动和动力传递路线和各部件的组成和连接关系。

合理的传动方案首先要满足机器的功能要求，例如，传递功率的大小，转速和运动形式；此外，还要适应工作条件（工作环境、场地、工作制度等），满足工作可靠、结构简单、尺寸紧凑、传动效率高、使用维护便利、工艺性和经济性合理等要求。要同时满足这些要求是比较困难的，因此要通过分析比较多种方案，选择能保证重点要求的较好传动方案。

图 7-1 所示为电动绞车的三种传动方案。图 7-1a 所示方案采用二级圆柱齿轮减速器，适合于繁重及恶劣条件下长期工作，使用维护方便，但结构尺寸较大；图 7-1b 所示方案采用蜗杆减速器，结构紧凑，但传动效率较低，在长期连续使用时就不经济；图 7-1c 所示方案采用一级圆柱齿轮减速器和开式齿轮传动，成本较低，但使用寿命较短。由此可见，这三种方案虽然都能满足电动绞车的功能要求，但结构、性能和经济性都不同，要根据工作条件要求去确定较好的方案。

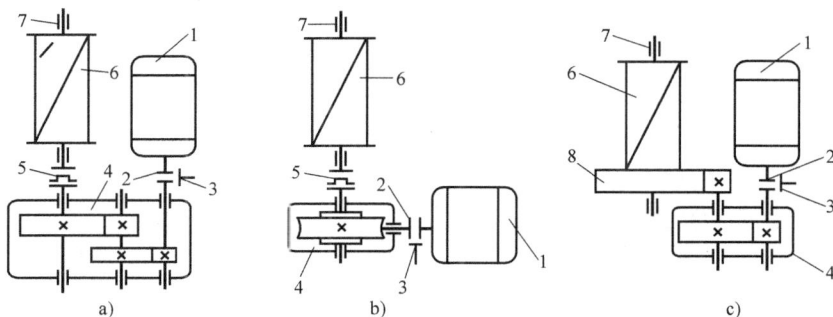

图 7-1 电动绞车的三种传动方案

常用传动机构的性能及适用范围见表 7-1，常用减速器的类型及特点见表 7-2。初步选定的传动方案，在设计过程中还要不断修改完善。

表 7-1 常用传动机构的性能及适用范围

传动机构 选用指标	平带传动	V 带传动	圆柱摩擦轮传动	链传动	齿轮传动	蜗杆传动
功率/kW	小 （≤20）	中 （≤100）	小 （≤20）	中 （≤100）	大 （最大达 50000）	小 （≤50）

（续）

选用指标＼传动机构		平带传动	V带传动	圆柱摩擦轮传动	链传动	齿轮传动		蜗杆传动
单级传动比	常用值	2~4	2~4	2~4	2~5	圆柱齿轮 3~5	锥齿轮 2~3	10~40
	最大值	5	7	5	6	8	5	80
传动效率		见表7-3						
许用的线速度/(m/s)		≤25	≤25~30	≤15~25	≤40	6级精度直齿≤18,非直齿≤36;5级精度达100		≤15~35
外廓尺寸		大	大	大	大	小		小
传动精度		低	低	低	中等	高		高
工作平稳性		好	好	好	较差	一般		好
自锁能力		无	无	无	无	无		可有
过载保护作用		有	有	有	无	无		无
使用寿命		短	短	短	中等	长		中等
缓冲吸振能力		好	好	好	中等	差		差
要求制造及安装精度		低	低	中等	中等	高		高
要求润滑条件		不需	不需	一般不需	中等	高		高
环境适应性		不能接触酸、碱、油类、爆炸性气体	一般	好	一般		一般

表 7-2　常用减速器的类型及特点

类型	简图及特点
一级圆柱齿轮减速器	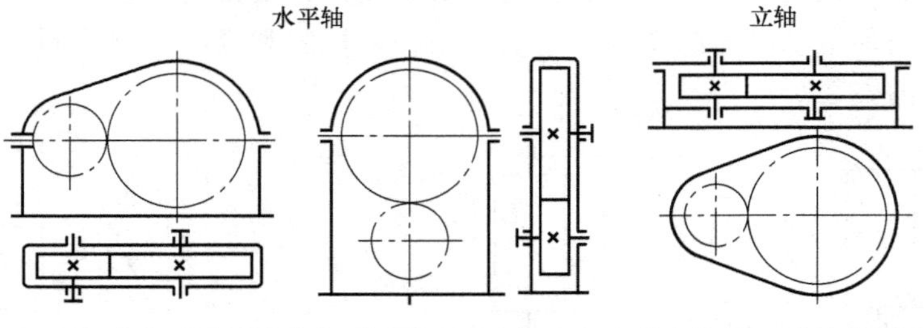 水平轴　　　　　　立轴 传动比一般小于5,可用直齿、斜齿或人字齿,传递功率可达数万千瓦、效率较高,工艺简单,精度易于保证,一般工厂均能制造,应用广泛。轴线可以水平布置、上下布置或铅垂布置
二级圆柱齿轮减速器	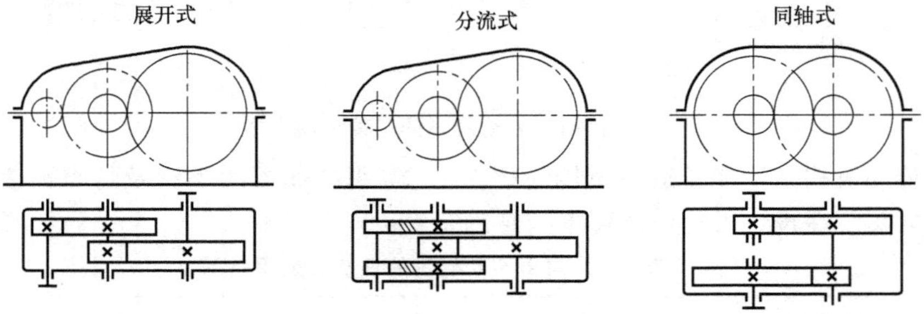 展开式　　　　分流式　　　　同轴式 传动比一般为8~40,可用斜齿、直齿或人字齿。结构简单,应用广泛。展开式减速器由于齿轮相对于轴承为不对称布置,因而沿齿载荷分布不均,要求轴有较大刚度。分流式减速器的齿轮相对于轴承布置,常用于较大功率、变载荷场合。同轴式减速器长度方向尺寸较小,但轴向尺寸较大,中间轴较长,刚度较差,两级大齿轮直径接近,有利于浸油润滑。轴线可以水平、上下或铅垂布置

（续）

类型	简图及特点
一级锥齿轮减速器	水平轴 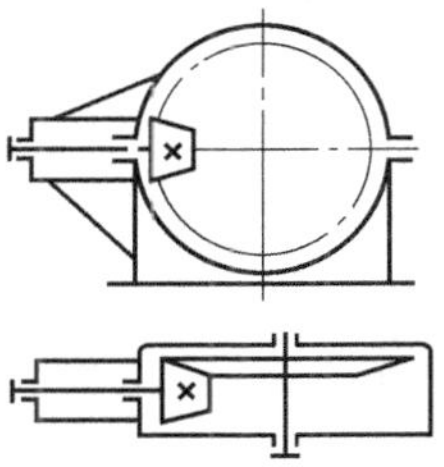　　　　　　立轴 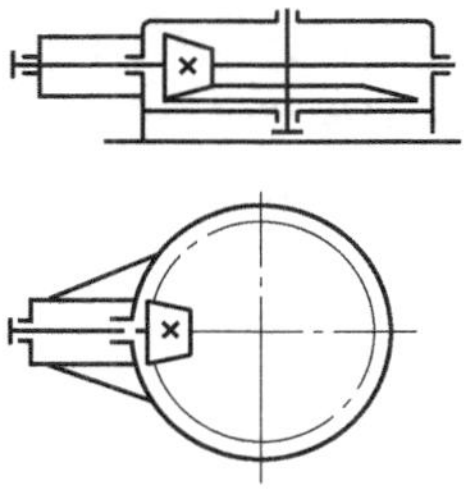 传动比一般小于3,可用直齿、斜齿或螺旋齿
二级锥齿轮减速器	水平轴 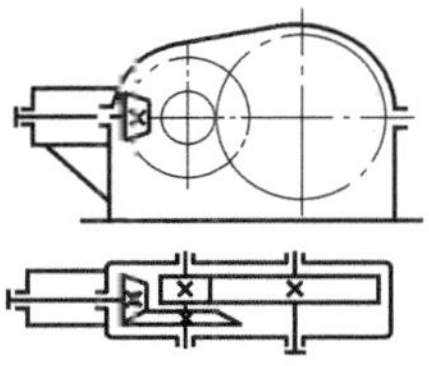　　　　　　立轴 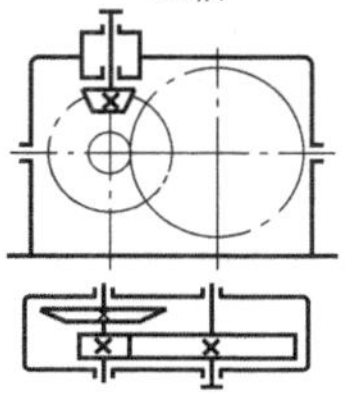 锥齿轮应布置在高速级,使其直径不要过大,便于加工

7.2　选择电动机

1. 选择电动机的类型和结构形式

电动机的类型和结构形式要根据电源（交流或直流）、工作条件（温度、环境、空间尺寸等）和载荷特点（性质、大小、起动性能和过载情况）来选择。

没有特殊要求时均应选用交流电动机，其中以三相笼型异步电动机用得最多。第14章中表14-1所列Y系列三相异步电动机为我国推广采用的设计产品，适用于不易燃、不易爆、无腐蚀性气体的场合，以及要求具有较好起动性能的机械。在经常起动、制动和反转的场合（如起重机），若要求电动机具有转动惯量小和过载能力大等特点，则应选用起重及冶金用三相异步电动机YZ型（笼型）或YZR型（绕线型）。

电动机结构有开启式、防护式、封闭式和防爆式等，可根据防护要求选择。同一类型的电动机又具有几种安装形式，应根据安装条件确定。

2. 选择电动机的容量

标准电动机的容量由额定功率表示。所选电动机的额定功率应等于或稍大于工作要求的功率。若容量小于工作要求，则不能保证工作机正常工作，或使电动机长期过载、发热大而过早损坏；若容量过大，则增加成本，并且由于效率和功率因数低而造成浪费。

电动机的容量主要由运行时发热条件限定，在不变或变化很小的载荷下长期连续运行的机械，只要其电动机的负载不超过额定值，电动机便不会过热，通常不必校验发热和起动力矩。

所需电动机功率为

$$P_0 = \frac{P_W}{\eta} \tag{7-1}$$

式中　P_0——工作机要求的电动机输出功率（kW）；

　　　P_W——工作机所需输入功率（kW）；

　　　η——电动机至工作机之间传动装置的总效率。

工作机所需功率 P_W 应由机器工作阻力和运动参数计算求得，例如

$$P_W = \frac{Fv}{1000\eta_W} \tag{7-2}$$

或

$$P_W = \frac{Tn_W}{9500\eta_W} \tag{7-3}$$

式中　F——工作机的阻力（N）；

　　　v——工作机的线速度（m/s）；

　　　T——工作机的阻力矩（N·m）；

　　　n_W——工作机的转速（r/min）；

　　　η_W——工作机的效率。

总效率 η，按下式计算

$$\eta = \eta_1 \eta_2 \eta_3 \cdots \eta_n \tag{7-4}$$

式中　η_1、η_2、η_3、$\cdots$、η_n——传动装置中每一传动副（齿轮、蜗杆、带或链）、每对轴
　　　　　　　　　　　　　承、每个联轴器的效率，其概略值见表7-3。

选用表7-3中的数值时，一般取中间值，如果工作条件差、润滑维护不良时应取低值，反之取高值。

表 7-3　机械传动效率的概略值

类别	传动形式	效率 η	类别	传动形式	效率 η
圆柱齿轮传动	很好磨合的6级精度和7级精度齿轮传动（油润滑）	0.98~0.995	带传动	平带无压紧轮的开式传动	0.98
	8级精度的一般齿轮传动（油润滑）	0.97		平带有压紧轮的开式传动	0.97
	9级精度的齿轮传动（油润滑）	0.96		平带交叉传动	0.90
	加工齿的开式齿轮传动	0.94~0.96		V带传动	0.95
	铸造齿的开式齿轮传动	0.90~0.93	链传动	焊接链	0.93
锥齿轮传动	很好磨合的6级和7级精度齿轮传动（油润滑）	0.97~0.98		片式关节链	0.95
	8级精度的一般齿轮传动（油润滑）	0.94~0.97		滚子链	0.96
	加工齿的开式齿轮传动（脂润滑）	0.92~0.95		齿形链	0.98
	铸造齿的开式齿轮传动	0.88~0.92	润滑轴承	润滑不良	0.94
蜗杆传动	自锁蜗杆	0.40~0.45		润滑正常	0.97
	单头蜗杆	0.70~0.75		润滑特好（压力润滑）	0.98
	双头蜗杆	0.75~0.62		液体摩擦	0.99
	三头和四头蜗杆	0.82~0.92	滚动轴承	球轴承（油润滑）	0.99
	四弧面蜗杆传动轴	0.85~0.95		滚子轴承（油润滑）	0.98

（续）

类别	传动形式	效率 η	类别	传动形式	效率 η
联轴器	浮动联轴器（滑块联轴器等）	0.97~0.99	减（变）速器	一级圆柱齿轮减速器	0.97~0.98
	齿轮联轴器	0.99		二级圆柱齿轮减速器	0.95~0.96
	弹性联轴器	0.99~0.995		一级行星圆柱齿轮减速器（NGW 类型负号机构）	0.95~0.98
	万向联轴器（轴间角 $\alpha \leqslant 3°$）	0.97~0.98		一级行星摆线针轮减速器	0.90~0.97
	万向联轴器（轴间角 $\alpha > 3°$）	0.95~0.97		一级锥齿轮减速器	0.95~0.96
				二级锥齿轮圆柱齿轮减速器	0.94~0.95
				无级变速器	0.92~0.95
复合滑轮组	滑动轴承（传动比 $i = 2~6$）	0.98~0.90	丝杠传动	滑动丝杠	0.30~0.60
	滚动轴承（传动比 $i = 2~6$）	0.99~0.95		滚动丝杠	0.85~0.90

3. 确定电动机的转速

同一类型的电动机，相同的额定功率有多种转速可供选用。如选用低转速电动机，因极数较多而外廓尺寸及质量较大，故价格较高，但可使传动装置总传动比及尺寸减小；高转速电动机则相反。因此应全面分析比较其利弊来选定电动机转速。

按照工作机转速要求和传动机构的合理传动比范围，可以推算电动机转速的可选范围，如

$$n = (i_1 i_2 \cdots i_n) n_W \tag{7-5}$$

式中　　　　n——电动机可选转速范围（r/min）；

i_1、i_2、$\cdots$、i_n——各级传动机构的合理传动比范围。

通常多选用同步转速为 1 500 r/min 或 1000 r/min 的电动机，如果无特殊需要，不选用低于 750 r/min 的电动机。

根据选定的电动机类型、结构、容量和转速，查出电动机型号，并记录其型号、额定功率、满载转速、外形尺寸、中心高、轴伸尺寸、键联接尺寸、地脚尺寸等参数备用。

设计传动装置时，一般按实际需要的电动机输出功率 P_0 计算，转速则取满载转速。

7.3　计算总传动比和分配各级传动比

传动装置的总传动比 i 要求应为

$$i = \frac{n_M}{n_W} \tag{7-6}$$

式中　n_M——电动机满载转速（r/min）；

　　　n_W——工作机主轴转速（r/min）。

多级传动中，总传动比 i 应为

$$i = i_1 i_2 \cdots i_n \tag{7-7}$$

式中　i_1、i_2、i_3、i_n——各级传动机构的传动比。

在已知总传动比要求时，如何合理选择和分配各级传动比，要考虑以下几点：

1）各级传动机构的传动比应尽量在推荐范围内选取。

2）应使传动装置结构尺寸较小、重量较轻。如图 7-2 所示，二级减速器总中心距和总传动比相同时，粗、细实线所示两种传动比分配方案中，粗实线所示方案因低速级大齿轮直径减小而使减速器外廓尺寸较小。

3）应使各传动件尺寸协调，结构匀称合理，避免干涉碰撞。在二级减速器中，两级的大齿轮直径尽量相近，以利于浸油润滑。

一般展开式二级圆柱齿轮减速器推荐高速级传动比 $i_1 = (1.3 \sim 1.5) i_2$，同轴式则为 $i_1 \approx i_2$。锥齿轮圆柱齿轮减速器中，锥齿轮传动比可取为 $i_1 \approx 0.25i$。蜗杆齿轮减速器中，齿轮传动比可取为 $i_2 \approx (0.03 \sim 0.06) i$，二级蜗杆减速器可取 $i_1 \approx i_2$。

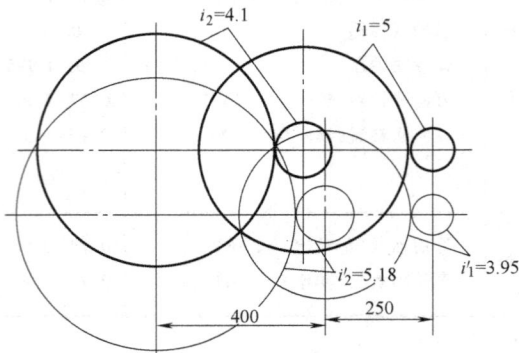

图 7-2　二级减速器传动比的分配

传动装置的实际传动比要由选定的齿数或标准带轮直径准确计算，因而与原设计要求的传动比可能有一定误差。通常传动装置总传动比的误差应限制在 ±(3% ~ 5%) 范围内。

7.4　计算传动装置的运动参数和动力参数

设计计算传动件时，需要知道各轴的转速、转矩或功率，因此应将工作机上的转速、转矩或功率推算到各轴上。

1. 各轴转速

$$n_1 = \frac{n_M}{i_0} \tag{7-8}$$

$$n_2 = \frac{n_1}{i_1} = \frac{n_M}{i_0 i_1} \tag{7-9}$$

$$n_3 = \frac{n_2}{i_2} = \frac{n_M}{i_0 i_1 i_2} \tag{7-10}$$

式中　　n_M——电动机满载转速（r/min）；

n_1、n_2、n_3——Ⅰ、Ⅱ、Ⅲ轴转速（r/min），Ⅰ轴为高速轴，Ⅲ轴为低速轴；

i_1、i_2、i_3——由电动机轴至高速轴Ⅰ、Ⅰ轴至Ⅱ轴、Ⅱ轴至Ⅲ轴间的传动比。

2. 各轴功率

$$P_1 = P_0 \eta_{01} \tag{7-11}$$

$$P_2 = P_1 \eta_{12} = P_0 \eta_{01} \eta_{12} \tag{7-12}$$

$$P_3 = P_2 \eta_{23} = P_0 \eta_{01} \eta_{12} \eta_{23} \tag{7-13}$$

式中　　P_0——电动机输出功率（kW）；

P_1、P_2、P_3——Ⅰ、Ⅱ、Ⅲ轴输入功率（kW）；

η_{01}、η_{12}、η_{23}——电动机轴与Ⅰ轴、Ⅰ与Ⅱ轴、Ⅱ与Ⅲ轴间的传动效率。

3. 各轴转矩

$$T_1 = T_D i_0 \eta_{01} \tag{7-14}$$

$$T_2 = T_1 i_1 \eta_{12} = T_D i_0 i_1 \eta_{01} \eta_{12} \tag{7-15}$$

$$T_3 = T_2 i_2 \eta_{23} = T_D i_0 i_1 i_2 \eta_{01} \eta_{12} \eta_{23} \tag{7-16}$$

式中　　　T_D——电动机轴的输出转矩（N·m）；

T_1、T_2、T_3——Ⅰ、Ⅱ、Ⅲ轴的输入转矩（N·m）。

运动参数和动力参数的计算数值一般应整理列表备查。

下面以图 7-3 所示输送机运动简图中二级圆柱齿轮减速器为例，说明其运动参数和动力参数的计算。

设 n_1、n_2、n_3 分别为Ⅰ、Ⅱ、Ⅲ轴的转速（r/min）；P_1、P_2、P_3 分别为Ⅰ、Ⅱ、Ⅲ轴的输入功率（kW）；T_1、T_2、T_3 分别为Ⅰ、Ⅱ、Ⅲ轴的输入转矩（N·m）；P_M 为电动机的额定功率（kW）；P_0 为电动机实际所需的输出功率（kW）；P_W 为工作机所需的功率（kW）；n_M 为电动机满载转速（r/min）；n_W 为工作机转速（r/min）；T_W 为工作机上的转矩（N·m）。若按电动机轴至工作机主动轴的方向进行推算，各轴运动参数和动力参数的计算公式见表 7-4。

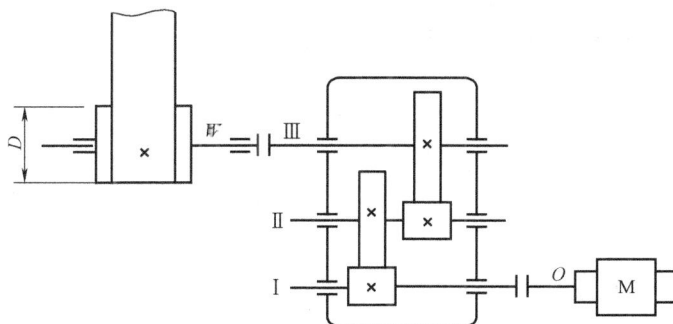

图 7-3　输送机运动简图

表 7-4　各轴运动参数和动力参数的计算公式

名　　称	通用减速器	专用减速器
各轴转速	$n_1 = \dfrac{n_M}{i_{01}}$ $\quad$ $n_2 = \dfrac{n_1}{i_{12}} = \dfrac{n_M}{i_{01} i_{12}}$ $\quad$ $n_3 = \dfrac{n_2}{i_{23}} = \dfrac{n_M}{i_{01} i_{12} i_{23}}$ $\quad$ $n_W = \dfrac{n_3}{i_{3W}} = \dfrac{n_M}{i_{01} i_{12} i_{23} i_{3W}}$	
各轴功率	$P_1 = P_M \eta_{01}$ $\quad$ $P_2 = P_1 \eta_{12}$ $\quad$ $P_3 = P_2 \eta_{23}$	$P_1 = P_0 \eta_{01}$ $\quad$ $P_2 = P_1 \eta_{12}$ $\quad$ $P_3 = P_2 \eta_{23}$
工作机功率	$P_W = P_3 \eta_{3W}$	$P_W = P_3 \eta_{3W}$

（续）

名　　称	通用减速器	专用减速器
各轴转矩	$T_1 = \dfrac{9550P_1}{n_1}$ $T_2 = 9550\dfrac{P_2}{n_2}$ $T_3 = 9550\dfrac{P_3}{n_3}$ $T_W = 9550\dfrac{P_W}{n_W}$	$T_1 = \dfrac{9550P_1}{n_1}$ $T_2 = 9550\dfrac{P_2}{n_2}$ $T_3 = 9550\dfrac{P_3}{n_3}$ $T_W = 9550\dfrac{P_W}{n_W}$

注：i_{01}、i_{12}、i_{23}、i_{3w} 分别为电动机轴至Ⅰ轴、Ⅰ轴至Ⅱ轴、Ⅱ轴至Ⅲ轴、Ⅲ轴至工作机主动轴之间的传动比；η_{01}、η_{12}、η_{23}、η_{3w} 分别为电动机轴至Ⅰ轴、Ⅰ轴和Ⅱ轴、Ⅱ轴至Ⅲ轴、Ⅲ轴至工作机主动轴之间的传动效率。

【例】 图 7-4 所示为带式输送机传动装置的运动简图，已知输送带的有效拉力 $F_W = 3000N$，输送带速度 $v_W = 1.4m/s$，滚筒直径 $D = 400mm$，连续工作，载荷平稳，单向运转，按所给运动简图和条件，试：

1）选择合适的电动机。

2）计算传动装置的总传动比，并分配各级传动比。

3）计算传动装置的运动参数和动力参数。

解： 1）选择电动机。

① 选择电动机容量（所需的额定功率）。工作机所需的功率 P_W 按式（7-2）计算，即

$$P_W = \frac{F_W v_W}{1000\eta_W}$$

式中，$F_W = 3000N$，$v_W = 1.4m/s$，带式输送机的效率取 $\eta_W = 0.94$，代入上式得

$$P_W = \frac{3000 \times 1.4}{1000 \times 0.94}kW = 4.47kW$$

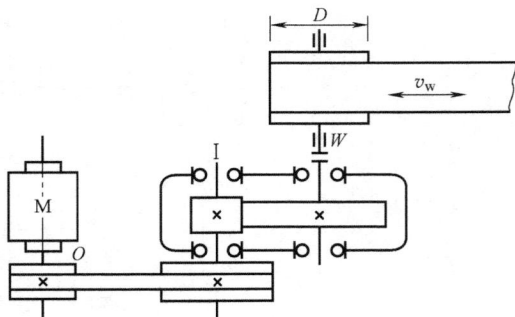

图 7-4　带式输送机传动装置的运动简图

电动机的输出功率 P_0 按式（7-1）计算，即

$$P_0 = \frac{P_W}{\eta}$$

式中，η 为电动机至滚筒主动轴传动装置的总效率（包括 V 带传动、一对齿轮传动，两对滚动球轴承及联轴器等的效率），η 值按式（7-4）计算，即

$$\eta = \eta_b \eta_g \eta_r^2 \eta_e$$

由表 7-3 查得：V 带传动效率 $\eta_b = 0.95$，一对齿轮（8 级精度、油润滑）传动效率 $\eta_g = 0.97$，一对滚动球轴承传动效率 $\eta_r = 0.99$，（滑块）联轴器传动效率 $\eta_e = 0.98$，因此

$$\eta = 0.95 \times 0.97 \times 0.99^2 \times 0.98 = 0.885$$

所以

$$P_0 = \frac{P_W}{\eta} = \frac{4.47}{0.885}kW = 5.05kW$$

② 选取电动机的额定功率，使 $P_M = (1 \sim 1.3)P_0$，并由第 14 章中表 14-1 中 Y 系列三相异步电动机的技术数据中取电动机的额定功率 $P_M = 5.5\text{kW}$。

③ 确定电动机的转速。

滚筒轴的转速为

$$n_W = \frac{60v_W}{\pi D} = \frac{60 \times 10^3 \times 1.4}{\pi \times 400}\text{r/min} = 66.88\text{r/min}$$

按表 7-1 推荐的各种传动机构传动比范围，取 V 带传动比 $i_b = 2 \sim 4$，单级圆柱齿轮传动比 $i_g = 3 \sim 5$，则总传动比范围为

$$i = (2 \times 3) \sim (4 \times 5) = 6 \sim 20$$

电动机可选择的转速范围相应为

$$n' = in_W = (6 \sim 20) \times 66.88\text{r/min} = 401 \sim 1338\text{r/min}$$

电动机同步转速符合这一范围的有 750r/min 和 1000r/min 两种。为降低电动机的重量和价格，由第 14 章表 14-1 中选取常用的同步转速为 1000r/min 的 Y 系列电动机，型号为 Y132M2，满载转速 $n_M = 960\text{r/min}$。

2）计算传动装置的总传动比并分配各级传动比。

① 传动装置的总传动比，由式（7-6）有

$$i = \frac{n_M}{n_W} = \frac{960}{66.88} = 14.35$$

② 分配各级传动比，由式（7-7）有

$$i = i_b i_g$$

为使 V 带传动的外廓尺寸不致过大，取传动比 $i_b = 3$，则齿轮传动比为

$$i_g = \frac{i}{i_b} = \frac{14.35}{3} = 4.78$$

3）计算传动装置的运动参数为动力参数（按通用减速器计算）。

① 各轴的转速由表 7-4 可得

Ⅰ轴
$$n_1 = \frac{n_M}{i_b} = \frac{960}{3}\text{r/min} = 320\text{r/min}$$

Ⅱ轴
$$n_2 = \frac{n_1}{i_g} = \frac{320}{4.78}\text{r/min} = 66.95\text{r/min}$$

滚筒轴
$$n_W = n_2 = 66.95\text{r/min}$$

② 各轴的功率由表 7-4 可得

Ⅰ轴　$P_1 = P_M\eta_b = 5.5 \times 0.95\text{kW} = 5.23\text{kW}$

Ⅱ轴　$P_2 = P_1\eta_r\eta_g = 5.23 \times 0.99 \times 0.97\text{kW} = 5.02\text{kW}$

滚筒轴　$P_W = P_2\eta_r\eta_0 = 5.02 \times 0.99 \times 0.98\text{kW} = 4.87\text{kW}$

③ 各轴的转矩由表 7-4 可得

电动机轴　$T_0 = 9550\dfrac{P_M}{n_M} = 9550 \times \dfrac{5.5}{960}\text{N·m} = 54.7\text{N·m}$

Ⅰ轴　$T_1 = 9550\dfrac{P_1}{n_1} = 9550 \times \dfrac{5.23}{320}\text{N·m} = 156.1\text{N·m}$

Ⅱ轴 $$T_2 = 9550\frac{P_2}{n_2} = 9550 \times \frac{5.02}{66.95}\text{N} \cdot \text{m} = 716.1\text{N} \cdot \text{m}$$

滚筒轴 $$T_W = 9550\frac{P_W}{n_W} = 9550 \times \frac{4.87}{66.95}\text{N} \cdot \text{m} = 694.7\text{N} \cdot \text{m}$$

将以上算得的运动参数和动力参数列于表7-5中。

表7-5 运动参数和动力参教

参 数	轴 号			
	电动机	Ⅰ轴	Ⅱ轴	滚筒轴
转速 $n/(\text{r/min})$	960	320	66.95	66.95
功率 P/kW	5.5	5.23	5.02	4.87
转矩 $T/\text{N} \cdot \text{m}$	54.7	156.1	716.1	694.7
传动比 i	3	4.79		1.00
传动效率 η	0.95	0.96		0.97

Chapter **8**

第8章

传动零件的设计计算

传动装置主要包括传动零件、支承零部件和连接零件，其中决定其工作性能、结构和尺寸的主要是传动零件，支承零部件和连接零件都要根据传动零件的要求来设计。因此，一般应在传动方案选择妥当后先设计计算传动零件，确定其结构尺寸、参数和材料等，为设计减速器装配草图做好准备。

由传动装置计算得出的运动参数和动力参数以及设计任务书给定的工作条件，即为传动零件设计的原始数据。

各传动零件的设计计算方法，均按"机械设计"或"机械设计基础"课程中所述方法进行，本书不再重复。下面仅就传动零件设计计算的要求和应注意的问题做简要说明。

8.1　减速器外部传动零件的设计计算要点

传动装置除减速器外，还有其他传动零件，如带传动、链传动和开式齿轮传动等。通常先设计计算这些零件，在这些传动零件的参数确定后，外部传动的实际传动比便可确定。然后修改减速器内部的传动比，再进行减速器内部传动零件的设计。这样，会使整个传动装置的传动比累积误差更小。

课程设计时，对减速器外部传动零件只需确定其主要参数和尺寸，而不必进行详细的结构设计。

1. 普通 V 带传动

设计普通 V 带传动需确定的内容是：带的型号、长度、根数，带轮的直径、宽度和轴孔直径，中心距，初拉力及作用在轴上的力的大小和方向等。

在确定带轮轴孔直径时，应根据带轮的安装情况来考虑。当带轮直接装在电动机轴或减速器轴上时，应取带轮轴孔直径等于电动机轴或减速器轴的直径；当带轮装在其他轴（如滚筒轴等）上时，则应根据该轴直径来确定。带轮轮毂长度与带轮轮缘宽度不一定相等，一般轮毂长度按轴孔直径来确定，而轮缘宽度则由带的型号和根数来确定。

设计时，应检查带轮尺寸与传动装置外廓尺寸的相互关系。例如，电动机轴上的小带轮半径是否小于电动机的中心高；小带轮轴孔直径、长度是否与电动机外伸轴径、长度相对应；大带轮外圆是否与其他零件（如机座）相碰。

带轮直径确定后，应根据该直径和滑动率计算带传动的实际传动比和从动轮的转速，并以此修正减速器所要求的传动比和输入转矩。

2. 链传动

设计链传动需确定的内容是：链的型号、节距、链节数和排数，链轮齿数、直径、轮毂宽度，中心距及作用在轴上的力的大小和方向等。

为了使磨损均匀，链轮齿数最好选为奇数或不能整除链节数的数。为了防止链条因磨损而易脱链，大链轮齿数不宜过多。为了使传动平稳，小链轮齿数又不宜太少。为避免使用过渡链节，链节数应取偶数。

当选用单排链使链的尺寸太大时，应改选双排链或多排链，以尽量减小节距。

3. 开式齿轮传动

设计开式齿轮传动需确定的内容是：齿轮材料和热处理方式，齿轮的齿数、模数、分度圆直径、齿顶圆直径、齿根圆直径、齿宽，中心距及作用在轴上的力的大小和方向等。

在计算和选择开式齿轮传动的参数时，应考虑开式齿轮传动的工作特点。由于开式齿轮的失效形式主要是轮齿弯曲折断和磨损，故设计时应按轮齿弯曲疲劳强度计算模数，考虑齿面磨损的影响，应将求出的模数加大 10%~15%，并取标准值。然后计算其他几何尺寸，而不必验算齿面接触疲劳强度。

由于开式齿轮常用于低速传动，一般采用直齿。由于工作环境较差、灰尘较多、润滑不良，为了减轻磨损，选择齿轮材料时应注意材料的配对，使其具有减摩和耐磨性能。当大齿轮的顶圆直径大于 400mm 时，应选用铸钢或铸铁来制造。

由于开式齿轮的支承刚性较差，齿宽系数应选小些，以减小载荷沿齿宽分布不均。

齿轮尺寸确定后，应检查传动中心距是否合适。例如，带式输送机的滚筒是否与小开式齿轮轴相干涉，若有干涉，则应将齿轮参数进行修改重新计算。

8.2　减速器内部传动零件的设计计算要点

在减速器外部传动零件完成设计计算之后，应检查传动比及有关运动和动力参数是否需要调整。若需要，则应进行修改。待修改好后，再设计减速器内部的传动零件。

1. 齿轮传动

设计齿轮传动需确定的内容是：齿轮材料和热处理方式，齿轮的齿数、模数、变位系数、齿宽、分度圆螺旋角、分度圆直径、齿顶圆直径、齿根圆直径、结构尺寸等；对圆柱齿轮传动还有中心距；对锥齿轮传动还有锥距、分锥角、顶锥角和根锥角等。

齿轮材料及热处理方式的选择，应考虑齿轮的工作条件、传动尺寸的要求、制造设备条件等。若传递功率大，且要求尺寸紧凑，可选用合金钢或合金铸钢，并采用表面淬火或渗碳淬火等热处理方式；若为一般要求，则可选用碳钢、铸钢或铸铁，采用正火或调质等热处理方式。当齿轮齿顶圆直径 $d_a<400$mm 时，可采用锻造或铸造毛坯；当 $d_a≥400$mm 时，因受锻造设备能力的限制，应采用铸铁或铸钢铸造。当齿轮直径与轴径相差不大时，对于圆柱齿轮，若齿轮的齿根至键槽的距离 $x<2.5m$；对于锥齿轮，若 $x<1.6m_n$，则齿轮和轴做成一体，称为齿轮轴。同一减速器中的各级小齿轮（或大齿轮）的材料尽可能相同，以减少材料牌号和简化工艺要求。

齿轮传动的计算准则和方法，应根据齿轮工作条件和齿面硬度来确定。对于软齿面齿轮传动，应按齿面接触疲劳强度计算齿轮直径或中心距，验算齿根弯曲疲劳强度；对于硬齿面齿轮传动，应按齿根弯曲疲劳强度计算模数，验算齿面接触疲劳强度。

对齿轮传动的参数和尺寸有严格的要求。对于大批生产的减速器，其齿轮中心距应参考标准减速器的中心距；对于中、小批生产或专用减速器，为了制造、安装方便，其中心距应圆整，最好使中心距的尾数为 0 或 5。模数应取标准值，齿宽应圆整；而分度圆直径、齿顶圆直径、齿根圆直径等不允许圆整，应精确计算到小数点后三位数；分度圆螺旋角、分锥角、顶锥角、根锥角应精确计算到 "″"；直齿锥齿轮的锥距 R 不必圆整，应计算到小数点后三位数。齿轮的结构尺寸按经验公式计算确定，但尽量圆整，以便于制造和测量。

2. 蜗杆传动

设计蜗杆传动需确定的内容是：蜗杆和蜗轮的材料，蜗杆的热处理方式，蜗杆的头数和模数，蜗轮的齿数和模数、分度圆直径、齿顶圆直径、齿根圆直径、导程角，蜗杆螺纹部分长度，蜗轮轮缘宽度和轮毂宽度以及结构尺寸等。

由于蜗杆传动的滑动速度大，摩擦和发热剧烈，因此要求蜗杆蜗轮副材料具有较好的耐磨性和抗胶合能力。一般是根据初步估计的滑动速度来选择材料。当蜗杆传动尺寸确定后，要检验相对滑动速度和传动效率与估计值是否相符，并检查材料选择是否恰当。若与估计有较大出入，应修正重新计算。

蜗杆模数 m 和分度圆直径 d_1 应取标准值，且 m、d_1 与直径系数三者之间应符合标准的匹配关系。

连续工作的闭式蜗杆传动因发热大，易产生胶合，应进行热平衡计算，但应在蜗杆减速器装配草图完成后进行。

8.3 初算轴的直径

联轴器和滚动轴承的型号是根据轴端直径确定的，而且轴的结构设计是在初步计算轴径的基础上进行的，故先要初算轴径。轴的直径可按扭转强度法进行估算，即

$$d = C\sqrt[3]{P/n}$$

式中　P——轴传递的功率（kW）；

　　　n——轴的转速（r/min）；

　　　C——由轴的材料和受载情况确定的系数。

若轴的材料为 45 钢，通常取 $C = 106 \sim 117$。C 值应考虑轴上弯矩对轴强度的影响，当只受转矩或弯矩相对转矩较小时，C 取小值；当弯矩相对转矩较大时，C 取大值。在多级齿轮减速器中，高速轴的转矩较小，C 取较大值；低速轴的转矩较大，C 应取较小值；中间轴取中间值。对其他材料牌号的轴，其 C 值参阅有关教材。

初算轴径还要考虑键槽对轴强度的影响。当该轴段截面上有一个键槽时，轴径 d 增大 5%；有两个键槽时，d 增大 10%。然后将轴径圆整为标准值。

上述计算出的轴径，一般作为输入、输出轴外伸端最小直径；对中间轴，可作为最小直径，即轴承处的轴径；若作为装齿轮处的轴径，则 C 应取大值。

若减速器高速轴外伸端用联轴器与电动机相连，则外伸端轴径应考虑电动机轴及联轴器毂孔的直径尺寸，外伸端轴径和电动机轴直径应相差不大，它们的直径应在所选联轴器毂孔最大、最小直径的允许范围内。若超出该范围，则应重选联轴器或改变轴径。此时推荐减速器高速轴外伸端轴径 d，用电动机轴直径 D 估算，$d = (0.8 \sim 1.2)D$。

8.4 选择联轴器

选择联轴器包括选择联轴器的类型和型号。

联轴器的类型应根据传动装置的要求来选择。在选用电动机轴与减速器高速轴之间联接用的联轴器时，由于轴的转速较高，为减小起动载荷，缓和冲击，应选用具有较小转动惯量和具有弹性的联轴器，如弹性套柱销联轴器等。在选用减速器输出轴与工作机之间联接用的联轴器时，由于轴的转速较低，传递转矩较大，又因减速器与工作机常不在同一机座上，要求有较大的轴线偏移补偿，因此常选用承载能力较高的刚性可移式联轴器，如鼓形齿式联轴器等。若工作机有振动冲击，为了减小振动，缓和冲击，避免影响减速器内传动件的正常工作，则可选用弹性联轴器，如弹性柱销联轴器等。

联轴器的型号按计算转矩、轴的转速和轴径来选择，要求所选联轴器的许用转矩大于计算转矩，还应注意联轴器毂孔直径范围是否与所联接两轴的直径大小相适应。若不适应，则应重选联轴器的型号或改变轴径。

8.5 初选滚动轴承

滚动轴承的类型应根据所受载荷的大小、性质、方向，轴的转速及其工作要求进行选择。若只承受径向载荷而轴向载荷较小，轴的转速较高，则选择深沟球轴承；若轴承承受径向力和较大的轴向力或需要调整传动（如锥齿轮、蜗杆蜗轮等）的轴向位置，则应选择角接触球轴承或圆锥滚子轴承。由于圆锥滚子轴承装拆调整方便，价格较低，故应用最多。

根据初算轴径，考虑轴上零件的轴向定位和固定，估计出装轴承处的轴径，再选用直径系列为轻系列或中系列的轴承，这样可初步定出滚动轴承型号。至于选择得是否合适，则有待于在减速器装配草图设计中进行寿命验算后再行确定。

第9章

装配图的设计与绘制

装配图是表达各零部件之间相互位置、尺寸关系和各零件结构形状的图样，也是绘制零件工作图，进行机械的组装、调试、维修的依据。因此，绘制装配图是整个设计过程的重要环节，必须认真地绘制且用足够的视图和剖面将减速器结构表达清楚。

9.1 装配图设计的准备阶段

在画装配图之前，应查阅有关资料，参观或装拆实际减速器，弄懂各零部件的功用，做到对设计内容心中有数。此外，还要根据任务书上的技术数据，设计出有关零部件的结构和主要尺寸。其具体内容如下：

1) 确定各类传动零件的中心距、最大圆直径和宽度（轮毂和轮缘）。其他详细结构可暂不确定。

2) 确定电动机的类型和型号、外伸轴直径、中心高等。

3) 按工作情况和转矩选择联轴器类型和型号、两端轴孔直径和孔宽，确定有关装配尺寸要求。

4) 确定滚动轴承类型，如深沟球轴承或角接触球轴承等，具体型号暂不确定。

5) 根据轴上零件的受力、固定和定位等要求，初步确定轴的阶梯段，具体尺寸暂不定。

6) 确定机体的结构方案（剖分式、整体式等）。

7) 按表 9-1 与表 9-4 逐项计算和确定机体结构和有关零件的尺寸，并列表备用。

绘图时，应选好比例尺，尽量优先采用 1∶1 的比例，以加强真实感，用 A0 号或 A1 号图纸绘制三个视图，合理布置图面。一般减速器选用三个视图（主视图、俯视图和左视图）并辅以必要的局部视图来表达。绘制装配图时，应根据传动装置的运动简图和由计算得到的减速器内部齿轮的直径、中心距，参考同类减速器图样（可参阅减速器装配图图例），估算减速器的外形尺寸，合理布置三个主要视图。同时，还要考虑标题栏、明细栏、技术要求、尺寸标注等的图面位置。

9.2 装配图设计的第一阶段

这一阶段主要进行轴的结构设计，确定轴承的型号和位置，找出轴承支点和轴系上作用力的作用点，从而对轴和轴承进行验算。

1. 确定各传动件的轮廓及其相对位置

先在主视图中画出齿轮的中心线，然后再画俯视图中齿轮的中心线，如图9-1所示。

2. 确定齿轮的轮廓位置

先在主视图上画出齿轮的齿顶圆 d_a（$r_a = d_a/2$），然后在俯视图上画出齿轮的齿顶圆和齿宽。为了保证啮合宽度和降低安装精度，通常小齿轮宽度 b_1 比大齿轮宽度 b_2 要宽 $5 \sim 10$mm。

3. 箱体内壁位置的确定

（1）在主视图上画出箱体内壁线　在距大齿轮齿顶圆 $\Delta_1 \geq 1.2\delta_1$（$\delta_1$ 为箱盖壁厚，见表9-4）的位置上画出箱体的内壁线，画出部分外壁线，作为外廓尺寸（见图9-1中的主视图）。

（2）在俯视图上画出箱体内壁线

1）箱体宽度方向。在俯视图上，按小齿轮面与箱体内壁间的距离 $\Delta_2 \geq \delta$（δ 为箱体壁厚，见表9-4）的要求，画出沿箱体宽度方向的两条内壁线。

2）箱体长度方向。在俯视图上，沿箱体长度方向，先画出距低速级大齿轮齿顶圆 $\Delta_1 \geq 1.2\delta_1$ 的一侧内壁线（见图9-1中的俯视图右侧）。高速级小齿轮一侧的内壁线（见图9-1中的俯视图左侧）及箱体结构，暂不画出，要留到在主视图上画箱体结构时再完成。

表9-1为减速器各零部件之间的位置尺寸，供设计者设计时使用。

4. 确定箱体轴承座孔宽度，画出箱体轴承座孔端面线

轴承座孔宽度 L_1 一般取决于轴承旁联接螺栓所需的扳手空间 c_1 和 c_2，$c_1 + c_2$ 为轴承凸台宽度。轴承座孔需要加工，为了减少加工面，凸台还需向外凸出 $5 \sim 8$mm。因此，轴承座孔总宽度 $L_1 = \delta + c_1 + c_2 + (5 \sim 8)$mm。由此，可画出箱体轴承座孔端面线，如图9-1所示。

表9-1　减速器各零部件之间的位置尺寸　　　　　　　（单位：mm）

代号	名称	荐用值
Δ_1	齿轮顶圆至箱体内壁的距离	$\geq 1.2\delta$，δ 为箱体壁厚
Δ_2	齿轮端面至箱体内壁的距离	$> \delta$（一般取 ≥ 10）
Δ_3	轴承端面至箱体内壁的距离 轴承用脂润滑时 轴承用油润滑时	 $\Delta_3 = 5 \sim 10$ $\Delta_3 = 3 \sim 5$
Δ_4	大齿轮齿顶圆至箱底内壁的距离	$> 30 \sim 50$
Δ_5	箱底至箱底内壁的距离	≈ 20
e	轴承端盖凸缘厚度	见图9-7
H	减速器中心高	$\geq r_a + \Delta_4 + \Delta_5$
L_1	箱体内壁至轴承座孔端面的距离	$= \delta + c_1 + c_2 + (5 \sim 8)$，$c_1$、$c_2$ 见表9-4
L_2	箱体内壁轴向距离	$L_2 = b_1 + 2\Delta_2$
L_3	箱体内壁轴承座孔端面的距离	$L_3 = b_1 + 2\Delta_2 + 2L_1$

5. 轴径的初步计算

1）选择轴的材料及热处理工艺，确定许用应力。

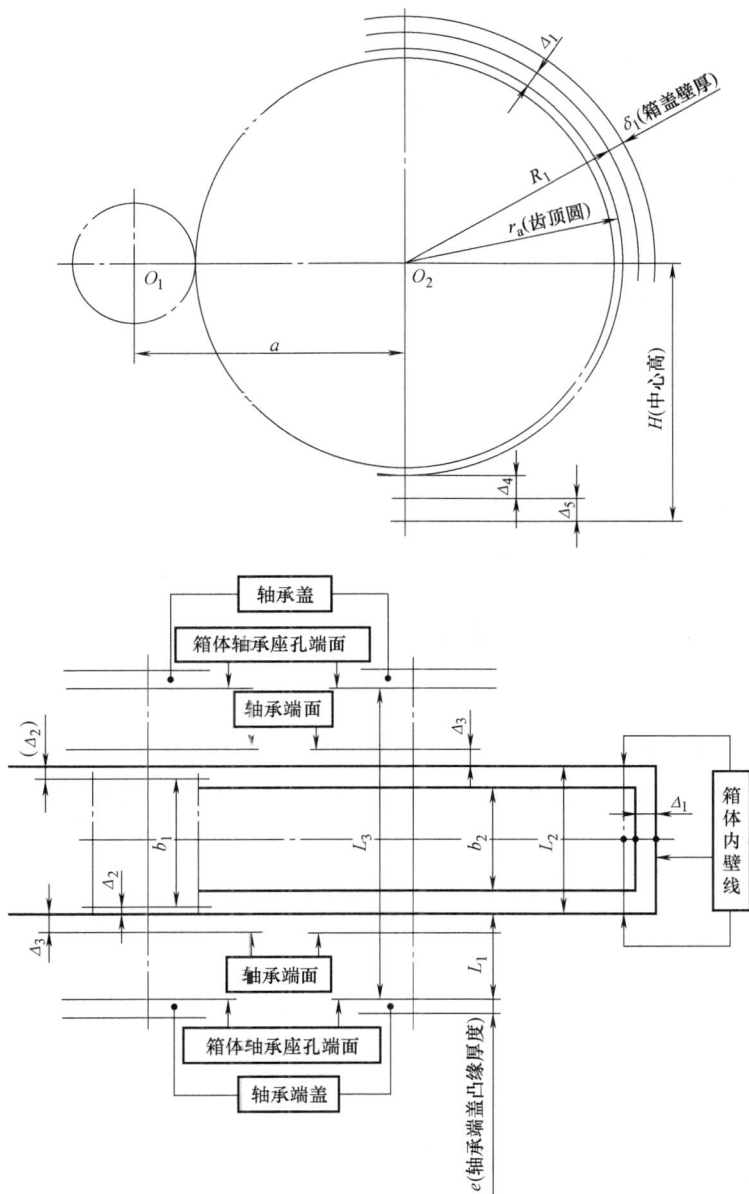

图 9-1　各零件之间的相互位置

2）初步估算轴径。减速器中轴的直径可按扭转切应力计算公式初步估算。

轴的结构设计要综合考虑轴的强度、刚度、加工工艺性和轴上零件的安装、固定、拆卸等各种因素。在确定轴的各段直径和长度的同时，也要确定其他一些零件及箱体的有关尺寸。轴的结构设计可分为两步进行，即先确定轴的各段直径，再确定轴的各段长度。一般情况下，轴常设计成阶梯轴。

6. 轴的结构设计

（1）确定轴的径向尺寸

1）轴头直径尺寸确定。轴与齿轮、带轮和联轴器配合处的轴段直径称为轴头。如图 9-2

中的 d_1 应取标准值。

2）轴颈直径尺寸确定。与滚动轴承配合处的轴段直径称为轴颈。在图 9-2 中，与滚动轴承内圈配合的轴颈 d_3、d_8 应符合滚动轴承标准；装有密封元件处的直径 d_2，应与密封元件的内孔直径尺寸一致。轴上两个支承点的轴承，应采用相同的型号和尺寸，以便轴承座孔的加工。

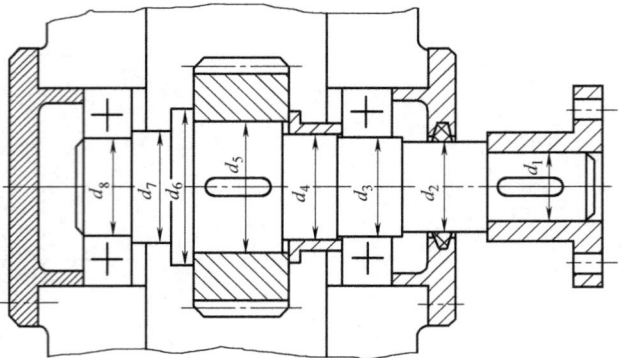

图 9-2 各轴段直径

3）轴肩或轴环尺寸确定。相邻轴段的直径不同即形成轴肩。当轴肩用于轴上零件定位和承受轴向力时，应具有一定的高度，如图 9-2 中 $d_1 \rightarrow d_2$、$d_5 \rightarrow d_6$ 尺寸变化所形成的轴肩或轴环。一般的定位轴肩，当配合处轴的直径小于 80mm 时，轴肩处的直径差可取 7~10mm。用作滚动轴承内圈定位时，如 $d_8 \rightarrow d_7$ 轴肩的直径应按轴承的安装尺寸要求确定。

如果两相邻轴段直径的变化仅是为了轴上零件装拆方便或区分加工表面时，两直径略有差值即可，一般取 1~4mm，如图 9-2 中 $d_2 \rightarrow d_3$、$d_4 \rightarrow d_5$ 的尺寸变化，并尽可能取整数。也可以采用相同公称直径而取不同的公差数值。

4）轴肩处过渡圆角尺寸的确定。为了降低应力集中，轴肩处的过渡圆角不宜过小。零件毂孔的倒角 c 或圆角半径 r' 应大于轴肩处过渡圆角半径 r，以保证定位的可靠，如图 9-3 所示。一般配合表面处轴肩和零件孔的圆角、倒角尺寸见 GB/T 6403.4—2008《零件倒圆与倒角》。装滚动轴承处轴肩的过渡圆角半径应按轴承的安装尺寸要求取值。

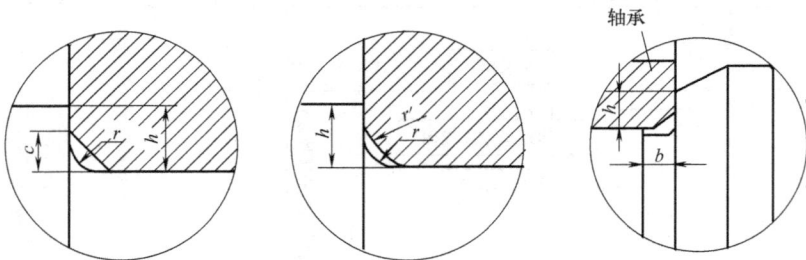

图 9-3 毂段的圆角半径

5）砂轮越程槽、螺纹退刀槽尺寸的确定。对车削或磨削加工的轴表面，应分别留出螺纹退刀槽及砂轮越程槽。相关尺寸可参考设计手册取值。

注意：直径相近的轴段，其过渡圆角、越程槽、退刀槽等尺寸应一致，以便于加工。

（2）确定轴的轴向尺寸　轴的各段长度主要取决于轴上零件（传动件、轴承）的宽度以及相关零件（箱体轴承座、轴承端盖）的轴向位置和结构尺寸。

1）轴头处长度尺寸的确定。对于安装齿轮、带轮、联轴器的轴段，当这些零件靠其他零件（套筒、轴端挡圈等）顶住来实现轴向固定时，该轴段的长度应略短于相配轮毂的宽度 2~3mm，以保证固定可靠，如图 9-2 中安装齿轮和联轴器的轴段。

2）轴颈处长度尺寸确定。轴颈处轴向尺寸由轴承的位置和宽度来确定。根据以上对轴的各段直径尺寸设计和已选的轴承类型，可初选轴承型号和轴承外径等尺寸。轴承内侧端面的位置（轴承端面至箱体内壁的距离 Δ_3）可按表9-1确定。

应注意，轴承在轴承座中的位置与轴承润滑方式有关。当采用油润滑时，轴承应尽量靠近箱体内壁，可只留少许距离。确定了轴承位置和已知轴承的尺寸后，即可在轴承座孔内画出轴承的图形。

3）轴的外伸段长度尺寸确定。轴的外伸段长度尺寸取决于外伸轴段上安装的传动件尺寸和轴承盖的结构。如采用凸缘式轴承盖，应考虑装拆轴承盖螺钉所需的长度 L（L 可参考轴承端盖螺钉长度确定）。当外伸轴装有弹性套柱销联轴器时，应留有装拆弹性套柱销的必要尺寸 A（A 可由联轴器型号确定），如图9-4所示。

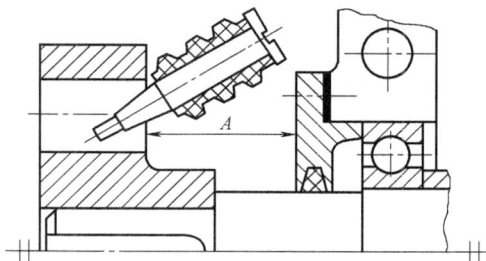

图9-4 装拆弹性套柱销的距离

（3）轴上键槽的尺寸和位置 平键的剖面尺寸根据相应轴段的直径确定，键的长度应比轴段长度短 5~10mm。键槽不要太靠近轴肩处，以避免由于键槽加重轴肩过渡圆角处的应力集中。

当轴上有多个键时，若轴径相差不大，各键可取相同的剖面尺寸；同时，布置在轴的同一方位，以便于轴上键槽的加工。

按照上所述方法，可设计轴的结构，并在图9-1的基础上初步绘出减速器装配图。

图9-5所示为单级圆柱齿轮减速器的初绘装配草图内容。

（4）轴、轴承及键联接的校核计算

1）确定轴上力作用点和轴承支点距离。由初绘装配草图，可确定轴上传动零件受力点的位置和轴承支点间的距离，如图9-5所示。圆锥滚子轴承和角接触球轴承的支点与轴承端面间的距离可参阅所学教材。

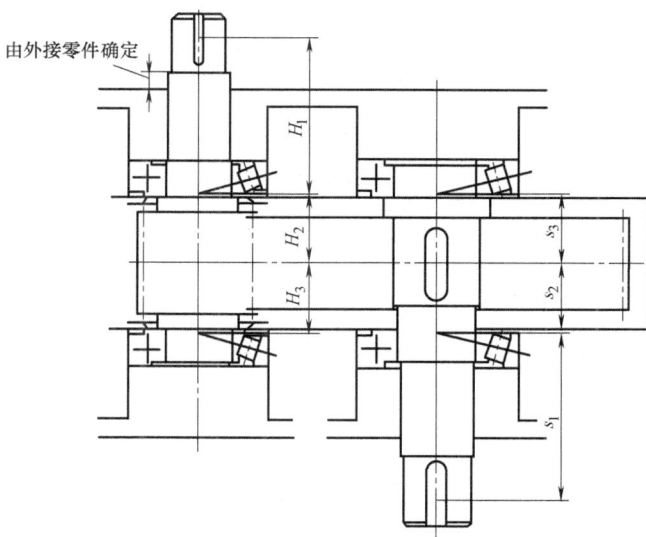

图9-5 单级圆柱齿轮减速器装配草图

2）轴的校核计算。轴的强度校核计算可按照教材中的方法进行。若校核后强度不够，则应采取适当措施提高轴的强度。

3）滚动轴承的寿命计算。滚动轴承的寿命可按减速器的使用寿命或检修期计算，若不满足使用要求，则需改变轴承的型号后再进行计算。

4）键联接强度的校核计算。对键联接主要是校核其挤压强度。若键联接强度不够，应采取必要的修改措施，如增加键长、改用双键等。

9.3　装配图设计的第二阶段

这一阶段的主要工作是进行传动零件的结构设计和轴承的组合设计。

1. 传动件的结构设计

齿轮的结构设计与齿轮的几何尺寸、毛坯材料、加工方法、使用要求和经济性等因素有关。进行结构设计时，必须综合考虑。

表 9-2 列出了圆柱齿轮的结构尺寸及结构形式。

表 9-2　圆柱齿轮的结构尺寸及结构形式

序号	结构形式	结构尺寸
1	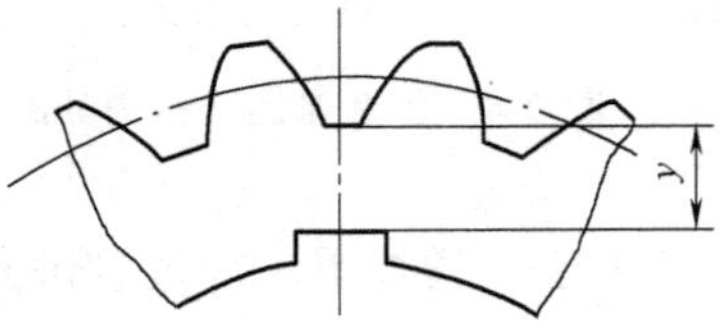	$y \geqslant 2m_n$（钢制） $y \geqslant 2.5m_n$（铸铁）
2	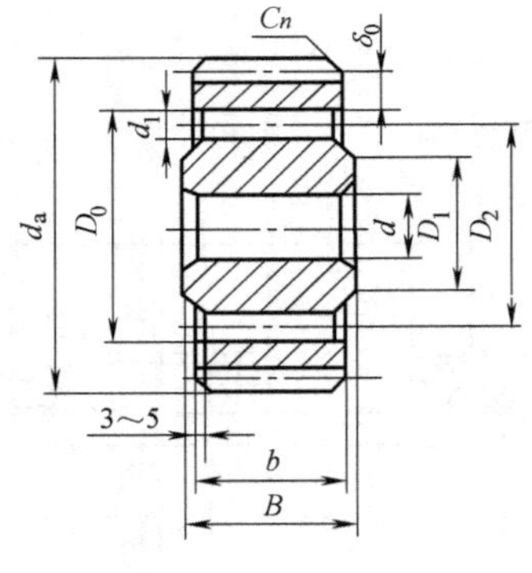	$d_a \leqslant 200mm$ 锻造齿轮 $D_1 = 1.6d$ $B = (1.2 \sim 1.5)d \geqslant b$ $\delta_0 = 2.5m_n$（不小于 8mm） $n = 0.5m_n$ $D_2 = 0.5(D_0 + D_1)$ $d_1 = 12 \sim 20mm$（d_a 较小时可不钻孔） $D_0 = d_a - 10m_n$
3	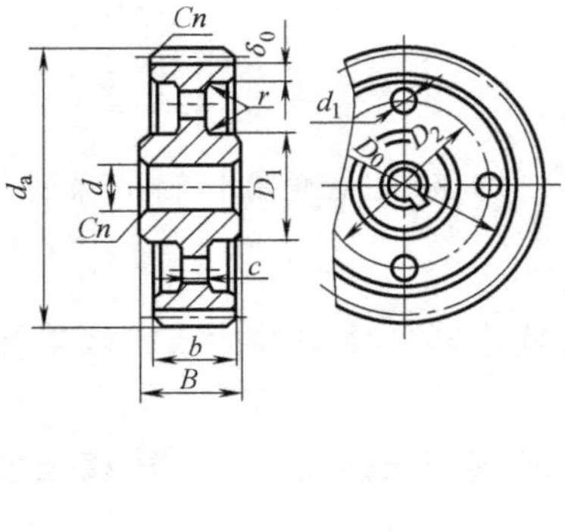	$d_a \leqslant 500mm$ 锻造齿轮 $D_1 = 1.6d$ $B = (1.2 \sim 1.5)d \geqslant b$ $n = 0.5m_n$ $\delta_0 = (2.5 \sim 4)m_n$（但不小于 8mm） $D_2 = 0.5(D_0 + D_1)$ $d_1 = 15 \sim 20mm$ $c = (0.2 \sim 0.3)b$（模锻） $c = 0.3b$（自由锻） $r = 0.5c$

（续）

序号	结构形式	结构尺寸
4	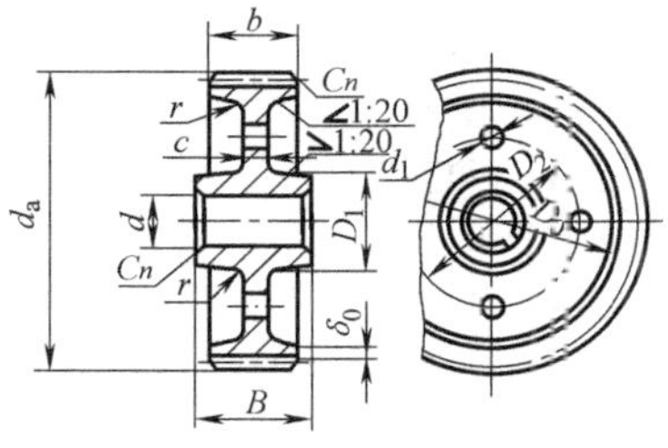	$d_a \leqslant 500mm$ 平辐板铸造齿轮 $D_1 = 1.8d$（铸铁） $D_1 = 1.6d$（铸钢） $B = (1.2 \sim 1.5)d \geqslant b$ $\delta_0 = (2.5 \sim 4)m_n$（但不小于 8mm） $D_2 = 0.5(D_0 + D_1)$ $d_1 = 0.25(D_0 - D_1)$ $c = 0.2b$（但不小于 10mm） $r \approx 0.5c$
5	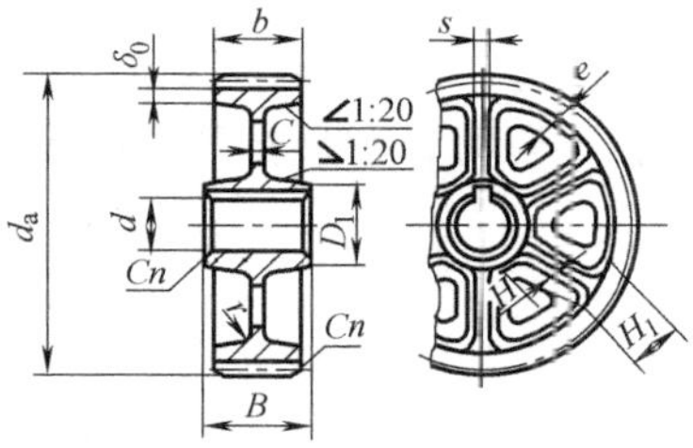	$d_a = 400 \sim 1000mm$ 铸造齿轮 $b \leqslant 1.8d$ $D_1 = 1.8d$（铸铁） $D_1 = 1.6d$（铸钢） $B = (1.2 \sim 1.5)d \geqslant b$ $\delta_0 = (2.5 \sim 4)m_n$（但不小于 8mm） $n = 0.5m_n$ $c = \dfrac{1}{5}b$（但不小于 10mm） $s = \dfrac{1}{6}b$（但不小于 10mm） $e = 0.8\delta_0$ $r \approx 0.5c$ $H = 0.8d$ $H_1 = 0.8H$

2. 滚动轴承的组合设计

（1）轴的支承结构形式和轴系的轴向固定　按照对轴系轴向位置的不同限定方法，轴的支承结构可分为两端固定支承，以及一端固定、一端游动支承。两端固定方式在轴承支点跨距小于 300mm 的减速器中用得最多。当轴上两轴承支点跨距大于 300mm 时，采用一端固定、一端游动支承结构。

普通齿轮减速器轴的支承跨距较小，较常采用两端单向固定支承。轴承内圈在轴上可用轴肩或套筒做轴向定位，轴承外圈用轴承盖做轴向固定。

设计两端单向固定支承时，应留适当的轴向间隙，以补偿工作时轴的热伸长量。对于固定间隙轴承（如深沟球轴承），可在轴承盖与箱体轴承座端面之间（采用凸缘式轴承盖时，见图 9-2）或在轴承盖与轴承外圈之间（采用嵌入式轴承盖时，见图 9-6a）设置调整垫片，在装配时通过调整垫片来控制轴向间隙。

对于可调间隙的轴承（如圆锥滚子轴承或角接触球轴承），则可利用调整垫片或螺钉来调整轴承间隙，以保证轴系的游动和轴承来调整轴承间隙的正常运转。图 9-6b 所示为采用嵌入式轴承盖时利用螺钉来调整轴承游隙。

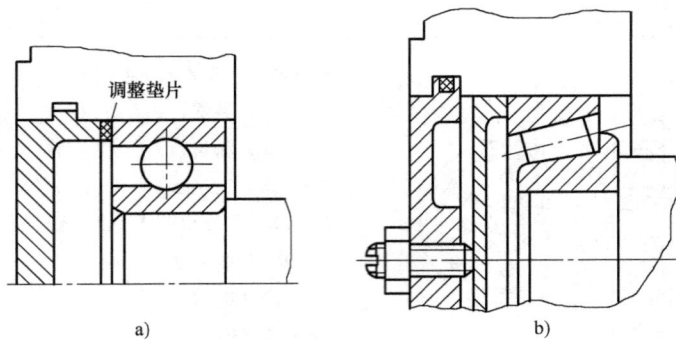

图 9-6 嵌入式轴承盖轴向间隙调整

（2）轴承盖的结构　轴承盖是用来固定轴承的位置、调整轴承间隙并承受轴向力的，轴承盖的结构形式有凸缘式和嵌入式两种类型。

凸缘式轴承盖用螺钉固定在箱体上，调整轴系位置或轴系间隙时不需要开箱盖，密封性也较好。

嵌入式轴承盖不用螺栓联接，结构简单，但密封性差。在轴承盖中设置 O 形密封圈能提高其密封性能，适用于油润滑。另外，采用嵌入式轴承盖时，利用垫片调整轴向间隙要开起箱盖。其结构分别如图 9-7 和图 9-8 所示。

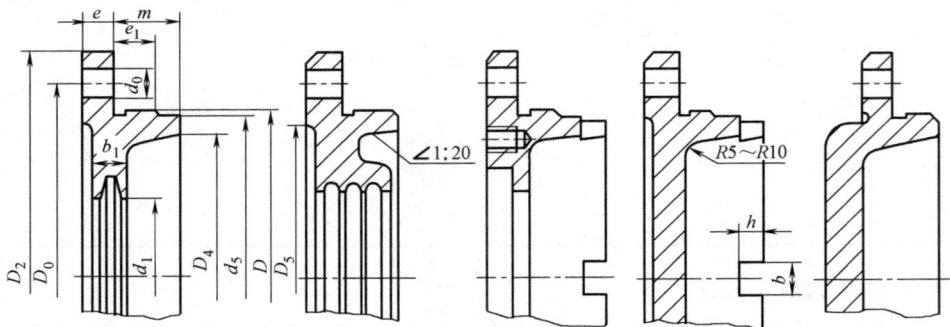

图 9-7 凸缘式轴承盖结构

图 9-7 中，螺栓孔直径 $d_0 = d_3 + 1$mm，d_3 为端盖的螺钉直径（见表 9-3），与箱体上的孔相配合的直径 $d_5 = D - (2 \sim 4)$mm；端盖的螺钉孔的中心距 $D_0 = D + 2.5 d_3$；轴承盖的外圆直径 $D_2 = D_0 + 2.5 d_3$；轴承盖的小端内圆直径 $D_4 = D - (10 \sim 15)$mm；轴承盖大端宽度 $e = 1.2 d_3$；b_1、d_1 由密封尺寸确定；$e_1 > e$；$b = 5 \sim 10$mm；轴承盖大端内圆直径 $D_5 = D_0 - 3 d_3$；m 由结构确定；$h = (0.8 \sim 1) b$。

表 9-3 螺钉直径

轴承外径 D/mm	螺钉直径 d_3/mm	螺钉数	轴承外径 D/mm	螺钉直径 d_3/mm	螺钉数
45~65	6	4	110~140	10	6
70~100	8	4	150~230	12~16	6

图 9-8 中，轴承盖嵌入箱体孔的尺寸 $e_3 = 5 \sim 8$mm；$e_2 = 8 \sim 12$mm；$s_1 = 15 \sim 20$mm；$s_2 = $

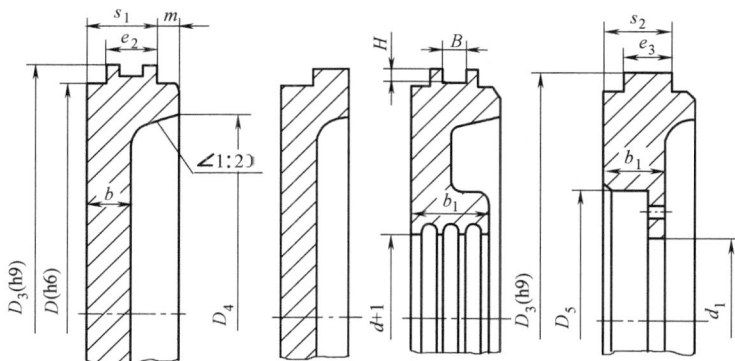

图 9-8　嵌入式轴承盖结构

$10 \sim 15\text{mm}$；m 由结构确定，$D_3 = D + e_2$；$b = 8 \sim 10\text{mm}$，装有 O 形圈的，按 O 形圈的外径取整；D_5、d_1、b_1 等由密封尺寸确定；D_4 由轴承结构确定；H、B 按 O 形圈的沟槽尺寸确定。

当轴承用箱体内的油润滑时，轴承盖的端部直径应略小些并在端部铣出尺寸 $b \times h$ 的径向对称缺口，以便使箱体剖分面上输油沟内的油流入轴承，如图 9-9 所示。

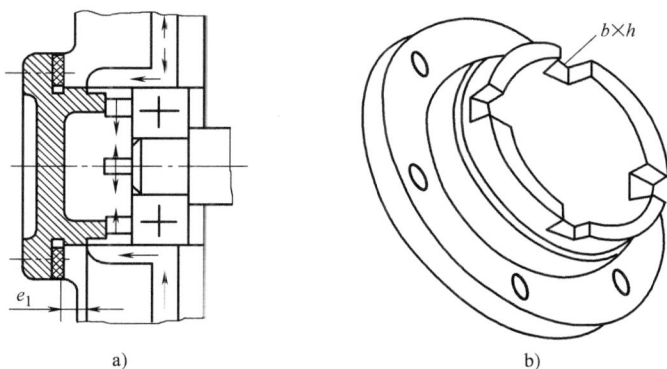

a)　　　　　　　　　　b)

图 9-9　轴承盖端部结构

a）轴承盖装配图　b）轴承盖立体图

9.4　装配图设计的第三阶段

这一阶段的主要工作是进行减速器箱体及其附件的设计。

1. 减速器箱体的结构设计

减速器箱体起着支承和固定轴组件零件，保证传动件的啮合精度和良好润滑以及轴组件的可靠密封等重要作用，其质量占减速器总质量的 30% ~ 50%。设计箱体结构时必须综合考虑传动质量、加工工艺及成本等因素。箱体按其结构形状不同分为剖分式和整体式；按制造方式不同有铸造箱体和焊接箱体。减速器的箱体多采用剖分式结构。

剖分式箱体由箱座与箱盖两部分组成，用螺栓联接起来构成一个整体。剖分面与减速器内传动件轴线平面重合，有利于轴系部件的安装和拆卸。立式大型减速器可采用若干个剖分面。图 9-10 所示为剖分式箱体。剖分接合面必须有一定的宽度，并且要求精细加工。为了保证箱体的刚度，在轴承座处设有加强肋。箱体底座要有一定的宽度和厚度，以保证安装稳定性与刚度。

减速器箱体一般多用 HT150、HT200 制造。铸铁具有良好的铸造性能和切削加工性能，成本低。当承受重载时可采用铸钢箱体。

铸铁减速器箱体结构尺寸见表 9-4。

表 9-4　铸铁减速器箱体结构尺寸　　　　　　　（单位：mm）

名称	符号	尺寸关系		
		齿轮减速器	锥齿轮减速器	蜗杆减速器
箱体壁厚	δ	$\delta = 0.025a+\Delta \geqslant 8$		$0.04a+3 \geqslant 8$
箱盖壁厚	δ_1	$\delta_1 = 0.020a+\Delta \geqslant 8$ 式中：$\Delta=1$（单级），$\Delta=3$（双级）		上置式：$\delta_1 = 0.085\delta \geqslant 8$
箱体凸缘厚度	b、b_1、b_2	箱座 $b=1.5\delta$；箱盖 $b_1=1.5\delta_1$；箱底座 $b_2=2.5\delta$		
加强肋板厚度	m、m_1	箱座 $m=0.85\delta$；箱盖 $m_1=0.85\delta_1$		
地脚螺钉直径	d_f	$0.036a+12$	$0.018(d_{m1}+d_{m2})+1 \geqslant 12$	$0.036a+12$
地脚螺钉数目	n	$n=4,6,8$	$n=\dfrac{\text{箱底座凸缘周长之半}}{200\sim300} \geqslant 4$	
轴承旁联接螺栓直径	d_1	$0.75d_f$		
箱盖/箱体联接螺栓直径	d_2	$(0.5\sim0.6)d_f$		
轴承盖螺钉直径	d_3	$(0.4\sim0.5)d_f$（见表 9-3）		
检视孔盖螺钉直径	d_4	$(0.3\sim0.4)d_f$		

d_f、d_1、d_2 至箱外壁距离；d_f、d_2 至凸缘边缘的距离	c_1、c_2	螺栓直径	M8	M10	M12	M16	M20	M24	M27	M30
		c_{1min}	13	16	18	22	26	34	34	40
		c_{2min}	11	14	16	20	24	28	32	34

轴承旁凸台高度和半径	h、R_1	h 由结构确定；$R_1=c_2$

注：1. 对锥齿轮圆柱齿轮减速器，按双级考虑；a 按低速级圆齿轮传动中心距取值。

2. d_{m1}、d_{m2} 为两锥齿轮的平均直径。

（1）箱体要有足够的刚度　若箱体的刚度不够，在加工和使用过程中会引起变形，使轴承孔中心线过度偏斜而影响传动件的精度。为了保证轴承座的支承刚度，箱体设计应注意以下几点：

1）箱体的壁厚。箱体要有合理的壁厚，轴承座、箱体底座等处承受的载荷较大，其壁厚应更厚些。箱座、箱盖、轴承座、底座凸缘等的壁厚可参照表 9-4 确定。

2）轴承座联接螺栓凸台的设计。为提高剖分式箱体轴承座的刚度，轴承座两侧的联接螺栓应尽量靠近，为此需在轴承座旁设置螺栓凸台，如图 9-11 所示。

轴承座旁联接螺栓凸台的螺栓孔间距 $s \approx D_2$，D_2 为轴承盖外径。若 s 值过小，螺栓孔容易与轴承盖螺钉孔或箱体轴承座旁的输油沟相干涉。

螺栓凸台高度 h 与扳手空间的尺寸有关，如图 9-11 所示。查表确定螺栓直径和 c_1、c_2，

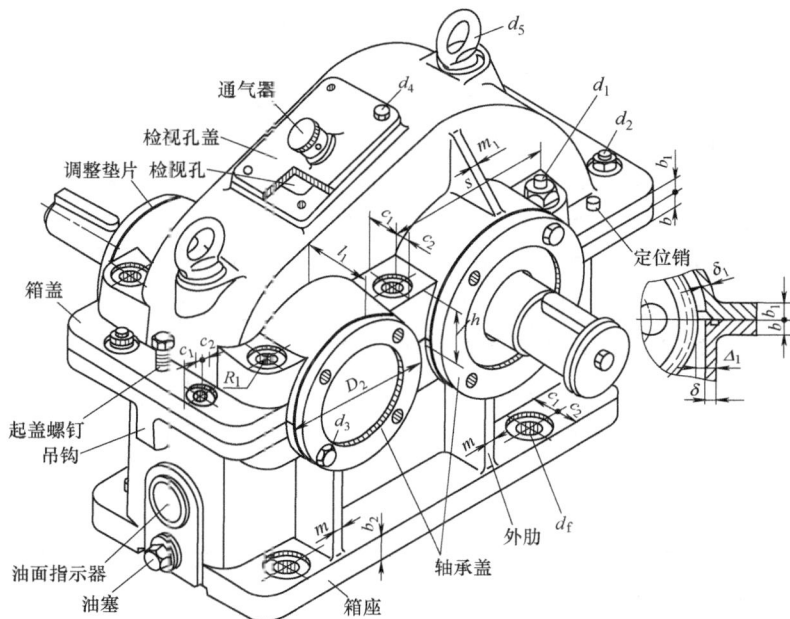

图 9-10 剖分式箱体

根据 c_1，用作图法可确定凸台的高度 H。为了便于制造，应将箱体上各轴承座旁螺栓凸台设计成相同高度。

3）设置加强肋板。为了提高轴承座附近箱体刚度，在平壁式箱体上可适当设置加强肋板。箱体还可设计成凸壁带内肋板的结构。肋板厚度可参照表 9-4。

（2）箱座高度 对于传动件采用浸油润滑的减速器，箱座高度除了应满足齿顶圆到油池底面的距离为 30～50mm 外，还应使箱体能容纳一定量的润滑油，以保证润滑和散热。

对于单级减速器，每传递 1kW 功率所需油量为 350～700cm^3（小值用于低黏度油，大值用高黏度油）。多级减速器需油量按级数成比例增加。

设计时，在离开大齿轮顶圆为 30～50mm 处，画出箱体油池底面线，并初步确定箱座高度 H 为

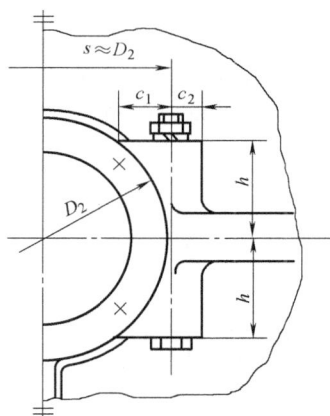

图 9-11 轴承座旁螺栓凸台

$$H \geqslant \frac{d_{a2}}{2} + (30 \sim 50) + \Delta_5$$

式中，d_{a2} 为大齿轮顶圆直径；Δ_5 为箱座底面至箱座油池底面的距离。

根据传动件的浸油深度确定油面高度，即可计算出箱体的贮油量。若贮油量不能满足要求，应适当将箱底面下移，增加箱座高度。

（3）箱盖外轮廓的设计 箱盖顶部外轮廓常以圆弧和直线组成。

大齿轮所在一侧的箱盖外表面圆弧半径 $R_1 = \frac{d_{a2}}{2} + \Delta_1 + \delta_1$。其中，$d_{a2}$ 为大齿轮顶圆直径；δ_1 为箱盖壁厚。通常情况下，轴承座旁螺栓凸台处于箱盖圆弧内侧。

高速轴一侧箱盖外廓圆弧半径应根据结构由作图确定。一般可使高速轴轴承座螺栓凸台位于箱盖圆弧内侧，如图 9-12 所示。轴承座螺栓凸台的位置和高度确定后，取 $R>R'$，画出箱盖圆弧。若取 $R<R'$ 画箱盖圆弧，则螺栓凸台将位于箱盖圆弧外侧。

当在主视图上确定了箱盖基本外廓后，便可在三个视图上详细画出箱盖的结构。

（4）箱体凸缘尺寸　箱盖与箱座联接凸缘、箱底座凸缘要有一定宽度，可参照表 9-4 确定。轴承座外端面应向外凸出 5～10mm（见图 9-12），以便切削加工。箱体内壁至轴承座孔外端面的距离 L_1（轴承座孔长度）为

$$L_1 = \delta + c_1 + c_2 + (5 \sim 10) \text{mm}$$

箱体凸缘联接螺栓应合理布置，螺栓间距不宜过大，一般减速器为 150～200mm。

（5）导油沟的形式和尺寸　当利用箱内传动件溅起来的油润滑轴承时，通常在箱体的凸缘面上开设导油沟，使飞溅到箱盖内壁上的油经导油沟进入轴承。

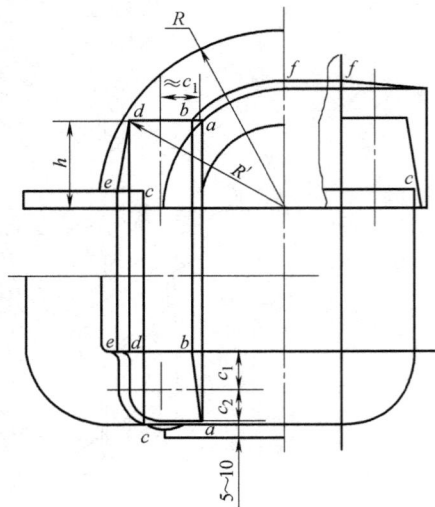

图 9-12　高速轴箱盖外廓圆弧结构

导油沟的布置和油沟尺寸如图 9-13a 所示。导油沟可以铸造，如图 9-13b 所示，也可铣制而成。图 9-13c 所示为用指形铣刀铣制的油沟；图 9-13d 所示为用盘铣刀铣制的油沟。铣制油沟由于加工方便、油流动阻力小，故较常应用。

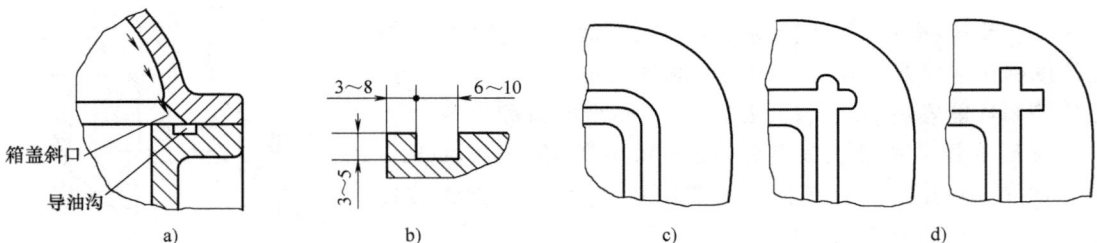

图 9-13　导油沟结构

2. 减速器附件设计

为了检查传动件的啮合情况、注油、排油、指示油面高度、通气以及装拆吊运等，减速器上还常设置各种附件。

（1）检视孔及盖板　检视孔是用来检查传动件的啮合、齿侧间隙、接触斑点及润滑情况等，还可用于注入润滑油。检视孔应开在便于观察传动件啮合区的位置，尺寸大小以便于观察为宜。为了减少油内的杂物进入箱内，可在检视孔口处装一过滤网。

检视孔通常开在箱盖的顶部，且要能看到啮合区的位置。其大小可视减速器的大小而定，但至少应能将手伸入箱内进行检查操作。

检视要有盖板。盖板可用钢板或铸铁制成，用 M8～M12 的螺钉紧固。一般中小型检视孔及盖板的结构尺寸见表 9-5，也可参照减速器有关结构自行设计。

表 9-5 检视孔及盖板　　　　　　　　　　　　　　（单位：mm）

A	B	A₁	B₁	A₂	B₂	h	R	螺钉		
								d	L	个数
115	90	75	50	95	70	3	10	M8	15	4
160	135	100	75	130	105	3	15	M10	20	4
210	160	150	100	180	130	3	15	M10	20	6
260	210	200	150	230	180	4	20	M12	25	8
360	260	300	200	330	230	4	25	M12	25	8
460	360	400	300	430	330	6	25	M12	25	8

（2）通气器 减速器运转时，箱体内温度升高、气压增大，对减速器的密封极为不利，因此多在箱盖顶部或检视孔盖上安装通气孔，热涨的气体可以通过通气器及时排出，使箱体内、外压力平衡，使得密封件不受高压气体的损坏。

表 9-6 为几种通气器的结构及尺寸，可供选用。

表 9-6 通气器　　　　　　　　　　　　　　（单位：mm）

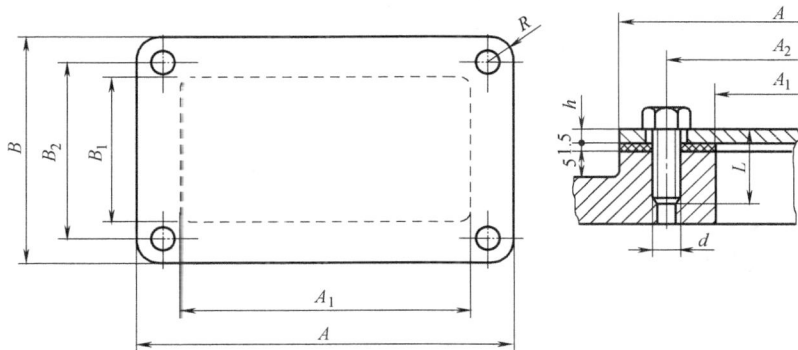

d	D	D₁	L	l	a	d₁
M10×1	13	11.5	16	8	2	3
M12×1.25	18	16.5	19	10	2	4
M16×1.5	22	19.6	23	12	2	5
M20×1.5	30	25.4	28	15	4	6
M22×1.5	32	25.4	29	15	4	7
M27×1.5	38	31.2	34	18	4	8
M30×2	42	36.9	36	18	4	8
M33×2	45	36.9	38	20	4	8
M36×3	50	41.6	46	20	5	8

（3）油面指示器 油面指示器用来指示油面高度，应设置在便于检查及油面较稳定之处（如低速级传动件附近）。

常用的油面指示器有油尺、圆形油面指示器、长形油面指示器、油面指示螺钉等。一般采用带有螺纹部分的油尺。油尺安置的部位不能太低，以防油进入油尺座孔而溢出。另外，箱座油尺座孔的倾斜位置应便于加工和使用。油尺结构见表9-7。

表 9-7 油尺结构　　　　　　　　　　　　　　　　　（单位：mm）

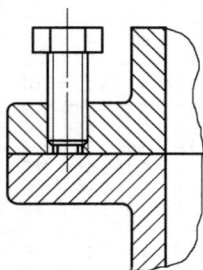

d	d_1	d_2	d_3	h	a	b	c	D	D_1
M12	4	12	6	28	10	6	4	20	16
M16	4	16	6	35	12	8	5	26	22
M20	6	20	8	42	15	10	6	32	26

（4）起盖螺钉　在箱盖上箱座联接凸缘处的接合面上，通常涂有密封胶，拆卸较困难，故应设置起盖螺钉，如图9-14所示，其规格可与减速器箱体两端凸缘处的联接螺栓相同，但起盖螺钉的螺纹长度要大于箱盖的凸缘厚度，且下端应做成圆柱头，以免顶坏箱座凸缘。

（5）定位销　为了保证剖分式箱体轴承座孔的加工和装配精度，在箱盖和箱体连接凸缘长度的对角线方向各设一个圆锥定位销，如图9-15所示。注意两销间距离应尽量远些，并用联接螺栓紧固，然后再加工轴承座孔。在后续的安装中，也用此锥销定位。

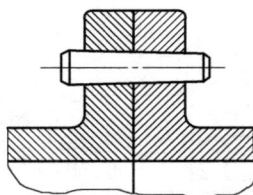

图 9-14　起盖螺钉　　　　　　　　　　　图 9-15　定位销

（6）螺塞　为了换油和清洗箱体时排出油污，应在油池最低处设置排油孔。常将箱体的内底面设计成向放油孔方向倾斜1°～1.5°，并在附近做成一个小凹坑。平时排油孔用加密封圈的螺塞堵住，如图9-16所示。图9-16c所示的工艺性较好。

六角头螺塞和密封圈的结构尺寸见表9-8。

（7）吊环螺钉、吊耳及吊钩　为了拆卸及搬运，应在箱盖上安装吊环螺钉或铸出吊耳（吊耳环）并在箱座上铸出吊钩。

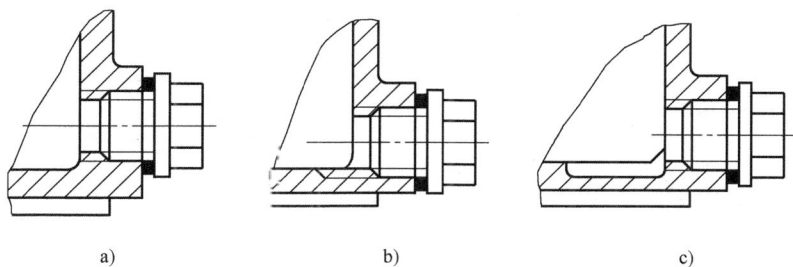

图 9-16 螺塞的结构

吊环螺钉为标准件，可按起重量选用。图 9-17 所示为吊环螺孔尾部结构，其中图 9-17c 所示螺孔的工艺性较好。

表 9-8 六角头螺塞和密封圈的结构尺寸　　　　　　　　　（单位：mm）

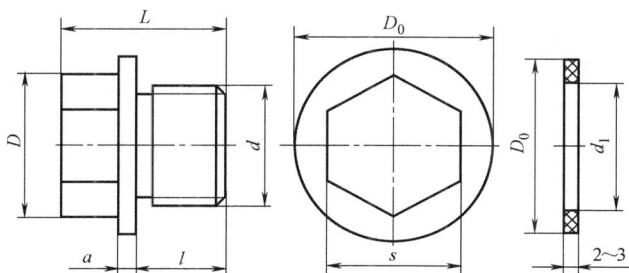

d	D_0	L	l	a	D	s	d_1	材　料
M16×1.5	26	23	12	3	19.6	17	17	
M20×1.5	30	28	15	4	25.4	22	22	螺塞:Q235
M24×2	34	31	16	4	25.4	22	26	油封圈:耐油橡胶、工业
M27×2	38	34	18	4	31.2	27	29	用革、石棉橡胶纸
M30×2	42	36	18	4	36.9	32	32	

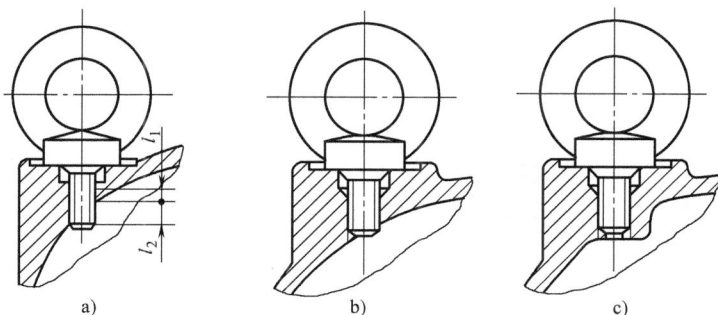

图 9-17 吊环螺钉的螺孔尾部结构
a）不正确　b）可用　c）正确

为了减少机加工工序，可在箱盖上铸出吊耳来替代吊环螺钉。

箱座两端凸缘下部铸出的吊钩，是用来吊运整台减速器或箱体零件的。起重吊耳和吊钩的结构见表9-9。

表 9-9　起重吊耳和吊钩的结构　　　　　　　　　　　　（单位：mm）

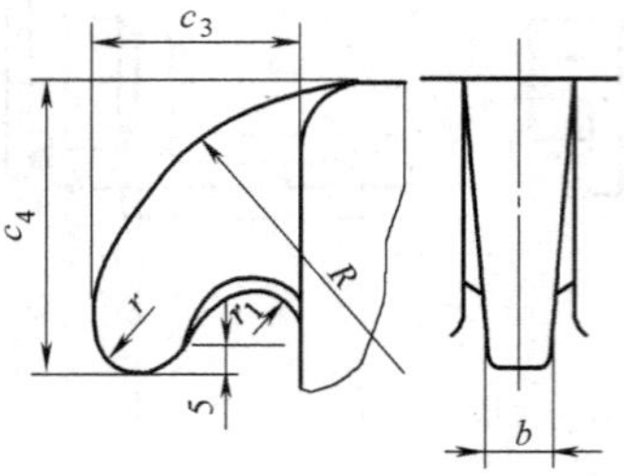

	吊耳（在箱盖上铸出） $c_3 = (4 \sim 5)\delta_1$ $c_4 = (1.3 \sim 1.5)c_3$ $b = (1.8 \sim 2.5)\delta_1$ $R = c_4$ $r_1 = 0.2c_3$ $r = 0.25c_3$
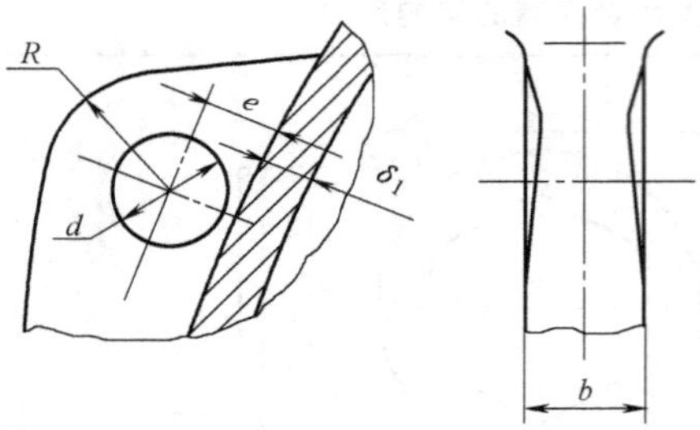	吊耳环（在箱盖上铸出） $d = b \approx (1.8 \sim 2.5)\delta_1$ $R \approx (1 \sim 1.2)d$ $e = (0.8 \sim 1)d$ δ_1 为箱盖壁厚
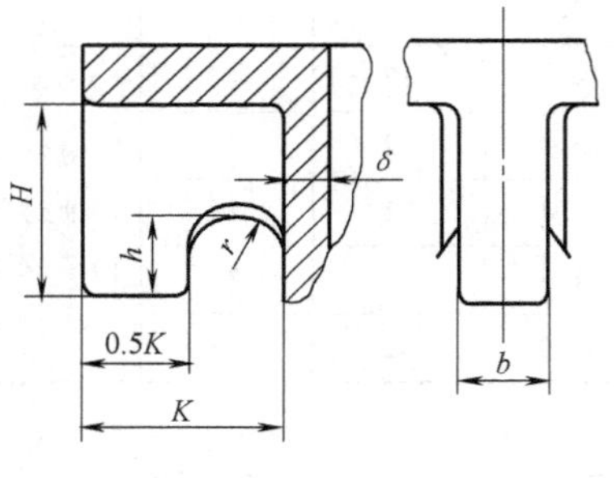	吊钩（在箱座上铸出） $K = c_1 + c_2$（见表9-4） $H \approx 0.8K$ $h \approx 0.5H$ $r \approx 0.25K$ $b \approx (1.8 \sim 2.5)\delta$
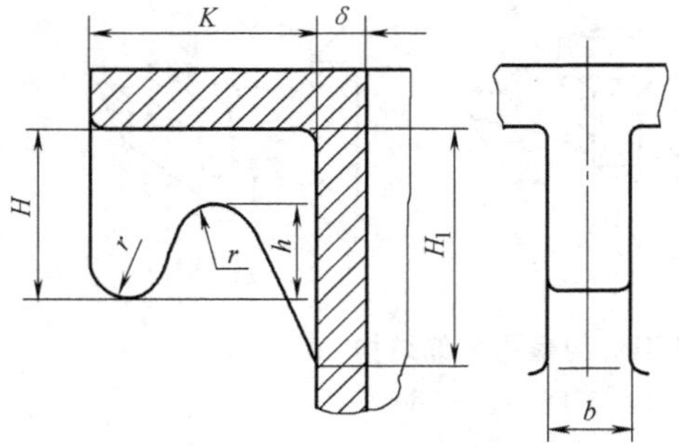	吊钩（在箱座上铸出） $K = c_1 + c_2$（见表9-4） $H \approx 0.8K$ $h \approx 0.5H$ $r \approx K/6$ $b \approx (1.8 \sim 2.5)\delta$ H_1 按结构确定

9.5 减速器的润滑与密封

1. 减速器的润滑

在减速器中，传动件（齿轮）与轴承的润滑是非常重要的，良好的润滑可降低传动件及轴承的摩擦功耗，减少磨损，提高传动效率，降低噪声和改善散热，以及防止零件生锈等。

（1）浸油润滑 减速器内的齿轮传动，大都用油润滑，为了控制搅油的发热量，保护润滑油，降低溅油的功率损耗，提高润滑的效能，对于圆周速度 $v<12$m/s 的齿轮传动用浸油润滑。对于速度虽较高，但工作时间持续不长的齿轮传动，也可采用浸油润滑。浸入油内的零件顶部到箱体内底面的距离 H 应不小于 30mm，如图 9-18 所示，以免浸油零件运转时搅起沉积在箱底的杂质。

用浸油润滑时，以圆柱齿轮的整个齿高 h 浸入油中为适度，但不应小于 10mm，如图 9-18b 所示。

用浸油润滑时，还应该保证足够的油量。一般情况下，单级传动每传递 1kW 的功率，需油量 $Q=(0.35\sim0.7)$L，多级传动所需的油量按级数成比例增加。

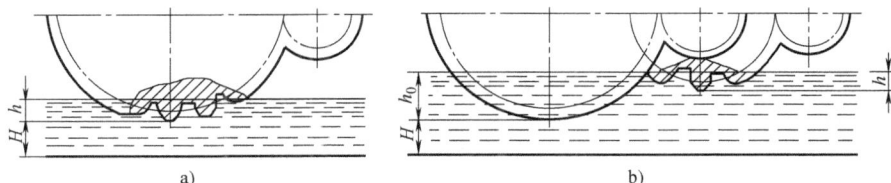

图 9-18 浸油润滑
a）单级齿轮润滑 b）双级齿轮润滑

（2）喷油润滑 当齿轮圆周速度 $v>25$m/s，或上置式蜗杆圆周速度 $v>10$m/s 时，就要采用喷油润滑。这是因为：圆周速度过高时，齿轮上的油大多被甩出去，而达不到啮合区；速度高时搅油激烈，不仅使油温升高，降低润滑油的性能，还会搅起箱底的杂质，加速齿轮的磨损。故应采用喷油润滑，用液压泵将润滑油直接喷到啮合区进行润滑，如图 9-19 所示。

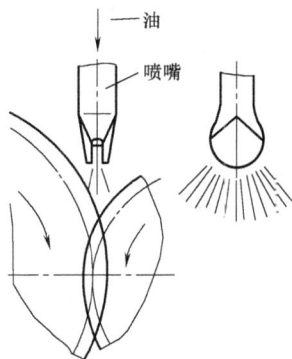

2. 滚动轴承的润滑

滚动轴承润滑的目的主要是减少摩擦、磨损，同时也有冷却、吸振、防锈和减小噪声的作用。

当滚动轴承 dn 值小于 2×10^5mm·r/min 时，一般采用润滑脂润滑。

图 9-19 喷油润滑

当采用润滑脂润滑时，为防止轴承中的润滑脂被箱内齿轮啮合时挤出的油冲刷、稀释而流失，需在轴承内设置封油盘，如图 9-20 所示。

采用润滑脂润滑时，通常在装配时将润滑脂填入轴承座内，每工作 3~6 个月需补充一次润滑脂，每过一年，需拆开清洗更换润滑脂。

当轴颈速度过高时，应采用润滑油润滑，这不仅使摩擦阻力减小，且可起到散热、冷却

63

作用。

当采用油润滑时，若轴承旁小齿轮的齿顶圆小于轴承的外径，为了防止齿轮啮合时（特别是斜齿轮啮合和高速传动）挤出的热油大量冲向轴承内部，增加轴承阻力，常设挡油板，如图9-21所示。挡油板可用薄钢板冲压成形或用钢材车削，也可以铸造成形。

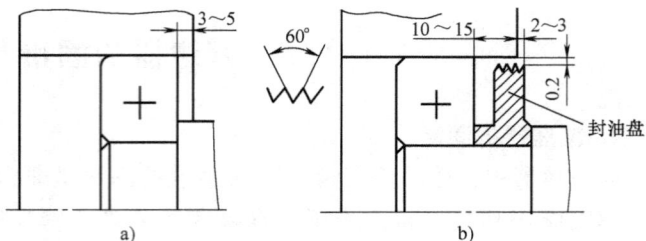

图 9-20　封油盘结构

a）不设封油盘结构　b）设封油盘结构

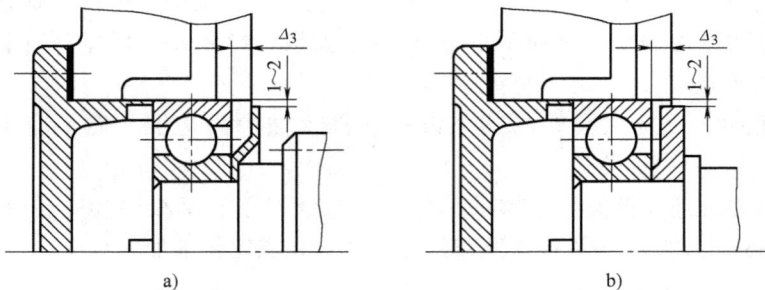

图 9-21　挡油板结构

a）挡油板由薄钢板冲压成形　b）挡油板由铸造成形

3. 减速器的密封

减速器的各接缝面都应确保密封性能，不得渗漏润滑油。

（1）轴外伸端密封　在输入轴和输出轴的外伸端，都必须在轴承端盖孔内安装密封件。密封的作用是使滚动轴承与箱外隔绝，防止润滑剂漏出和箱外杂质、水分与灰尘侵入轴承室。常见的密封形式很多，相应的密封效果也不一样。如常用的毡圈式密封，如图9-22所示。在轴承透盖上的梯形槽内装入毛毡圈，使其与轴在接触径向压紧达到密封。密封处轴颈的速度 $v = 4 \sim 5$m/s。

（2）其他部位的密封　凸缘式轴承端盖、检视孔盖板、放油螺塞、油面指示器等接缝面均需装纸封油垫（或橡胶封油垫），以确保密封性能。但箱体接合面上不得加垫片，而在接合面上涂密封胶或在接合面上开回油沟，使油流回箱内。

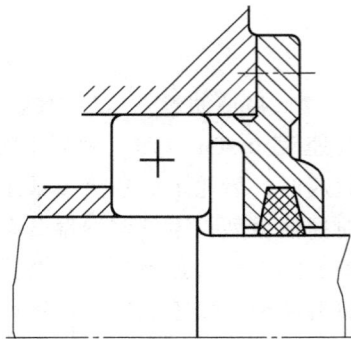

图 9-22　毡圈式密封

9.6　完成装配图

这一阶段是最终完成课程设计的关键阶段，应认真完成其中的每一项内容。这一阶段的主要内容如下：

1. 标注必要的尺寸

（1）性能尺寸　它是表示机器或部件的性能和规格的尺寸，是了解和选用机器的依据。

这些尺寸在设计时就已确定。例如传动零件中心距及偏差。

（2）配合尺寸　表示两零件之间配合性质的尺寸。例如减速器中各轴承和轴、轴承座的配合；齿轮、蜗轮和轴的配合等。装配图中主要零件配合处都应标注配合尺寸。

减速器主要零件的常用配合见表9-10。

（3）外形尺寸　表示机器或部件外形轮廓的尺寸。如减速器总长、总高、总宽等。它是包装、运输机器以及厂房设计和安装机器时需考虑的尺寸。

（4）安装尺寸　箱座底面尺寸（包括底座的长、宽、高），地脚螺栓孔中心的定位尺寸，地脚螺栓孔之间的中心距和地脚螺栓孔的直径及个数，减速器中心高尺寸，外伸轴端的配合长度和直径等。

尺寸标注时应注意布图整齐、清晰、美观。尺寸应尽量集中在反映主要结构的视图上，并尽量布置在视图的外面。

表 9-10　减速器主要零件的常用配合

配合零件	常用配合			装拆方法
一般传动零件与轴、联轴器与轴	$\dfrac{H7}{r6}$、$\dfrac{H7}{s6}$			用压力机或温差法
要求对中性良好及很少拆装的传动零件与轴、联轴器与轴	$\dfrac{H7}{s6}$			用压力机
滚动轴承内圈与轴、联轴器与轴、小锥齿轮与轴	$\dfrac{H7}{m6}$、$\dfrac{H7}{n6}$			用锤子打入
滚动轴承内圈与轴的配合	轻负荷	j6、k6	轴偏差	用温差法或压力机
	中等负荷	k6、m6、n6		
	重负荷	n6、p6、r6		
滚动轴承外圈与机座孔的配合	K7、J7、H7、G7（孔偏差）			用木槌打入
轴承套环与箱座孔	$\dfrac{H7}{h6}$			用木槌或徒手装拆
轴承端盖与箱座孔	$\dfrac{H7}{h8}$、$\dfrac{H7}{f9}$			用木槌或徒手装拆

2. 编写技术要求

装配图上应写明有关装配、调整、润滑、密封、检验、维护等方面的技术要求。技术要求通常包括以下几个方面的内容：

（1）对零件的要求　装配前所有零件均应清除金属屑并用煤油或汽油清洗，箱体内不应有任何杂物存在，内壁应涂上防蚀涂料。

（2）对润滑剂的要求　注明传动件及轴承所用润滑剂的牌号、用量、补充和更换的时间。

（3）对滚动轴承轴向间隙及其调整的要求　对于固定间隙的向心球轴承，一般留轴向间隙（$\Delta = 0.25 \sim 0.4mm$）。对可调滑隙的轴承（如圆锥滚子轴承和角接触球轴承），可查《机械设计手册》，并应注明轴向间隙值。

（4）对减速器密封的要求　箱体剖分面及轴外伸段密封处均不允许漏油，箱体剖分面上不允许使用任何垫片，但允许涂刷密封胶或水玻璃。

（5）传动侧隙和接触斑点的要求　传动侧隙和接触斑点的要求是根据传动件的精度等级确定的，查出后标注在技术要求中，供装配时检查用。

（6）其他要求　如必要时可对减速器试验、外观、包装、运输等提出要求。

在减速器装配图上写出的技术要求和内容可参考附录中的相关部分。

3. 对全部零件进行编号

对零件编号时，可按顺时针或逆时针顺序依次排列引出指引线，各指引线不应相交，并尽量不与剖面线平行。对螺栓、螺母和垫圈这样一组紧固件，可用一条公共的指引线分别编号。独立的组件、部件（如滚动轴承、通气器、油面指示器等）可作为一个零件编号。零件编号时，可以不分标准件和非标准件统一编号，也可将两者分别进行编号。

在装配图上应对所有零件进行编号，不能遗漏，也不能重复，图中完全相同的零件只编一个序号。装配图上零件序号的字体应大于标注尺寸的字体。

4. 编写零件明细栏、标题栏

减速器的所有零件均应列入明细栏中，并应注明每一零件的材料和件数。对于标准件，则应注明名称、件数、材料及标准代号。对齿轮应注明模数 m、齿数 z、螺旋角 β。

标题栏应布置在图样的右下角，用来注明减速器的名称、比例、图号、件数、重量、设计人姓名等。

完成以上工作后即可得到完整的装配图。

5. 检查装配图

装配图完成后，应再仔细地进行一次检查。检查的主要内容如下：

1）视图的数量是否足够，减速器的工作原理、结构和装配关系是否表达清楚。

2）尺寸标注是否正确，各处配合与精度的选择是否适当。

3）技术要求和技术特性是否完整、正确。

4）零件编号是否有遗漏或重复，标题栏及明细栏格式、内容是否符合要求。

5）所有文字是否清晰，是否按制图规定写出。

装配图检查修改之后，待画完零件工作图再加深描粗，应注意保持图纸整洁。

Chapter 10

第10章

零件图的设计与绘制

10.1 零件图设计的基本内容

装配图只是确定了机器或部件中各个部件或零件间的相对位置关系、配合要求及总体尺寸，而每个零件的全部尺寸及加工要求等并没有在装配图上反映出来，因而装配图不能直接作为加工的依据，必须绘制零件图。零件图是制造、检验和制订工艺规程的技术文献。

在课程设计中，主要是锻炼学生的设计能力及掌握零件工作图的内容、要求和绘制方法。由于时间有限，一般只设计绘制其中 1~3 个主要零件图。

绘制零件图时，一般应正确选择视图，合理标注尺寸，标注公差及表面粗糙度，编写技术要求和正确填写标题栏。

1. 正确选择视图

零件视图应选择能清楚而正确地表达出零件各部分的结构形状和尺寸的视图，视图及剖视图的数量应为最少。在可能条件下，除较大或较小的零件外，通常尽可能采用 1∶1 的比例绘制零件图，以直观地反映出零件的真实大小。

2. 合理标注尺寸

在标注尺寸前，应分析零件的制造工艺过程，从而正确选定尺寸基准。尺寸基准尽可能与设计基准、工艺基准和检验基准一致，以利于对零件的加工和检验。标注尺寸时，要做到尺寸齐全，不遗漏，不重复，也不能封闭。标注要合理、明了。在装配图上未绘出的零件的细小部分结构，如零件的圆角，倒角、退刀槽及铸件壁厚的过渡部分等结构，在零件图上要完整、正确地绘制出来并标注尺寸。

3. 标注公差及表面粗糙度

对于配合尺寸或精度要求较高的尺寸，应标注出尺寸的极限偏差，作为零件加工是否达到要求并成为合格品的依据。同时根据不同要求，标注零件的表面几何公差。自由尺寸公差一般可不注出。

零件的所有加工表面，均应注明表面粗糙度的数值。遇有较多的表面采用相同的表面粗糙度数值时，为了简便起见，可集中标注在标题栏附近。

4. 技术要求

凡是用图样或符号不便于表示，而在制造时必须保证的条件和要求，都应以"技术要求"加以注明。它的内容比较广泛多样，需视零件的要求而定。技术要求一般应包括如下内容：

1）对铸件及毛坯件的要求，如要求不允许有氧化皮及毛刺等。

2）对零件表面力学性能的要求，如热处理方法及热处理后表面硬度等。

3）对加工的要求，如是否要求与其他零件一起配合加工。

4）对未注明的圆角、倒角的说明，个别部位修饰的加工要求，例如表面涂色等。

5）其他特殊要求。技术要求中所用的文字应简洁、明确、完整，不应含混，以免引起误会。有关轴、齿轮、蜗轮、箱体等零件应标注的技术要求，均在以下各节中叙述。

5. 填写零件图的标题栏

对零件的名称、零件号、比例、材料和数量等，必须正确无误地在标题栏中填写清楚。

10.2 轴类零件图的设计与绘制

1. 选择视图

轴类零件图一般只需一个主视图，在有键槽的地方，需增加必要的剖面，对于退刀槽等，必要时应绘制局部放大图。

2. 标注尺寸

轴类零件主要是标注直径尺寸和长度尺寸。标注直径尺寸时各段直径都要逐一标注，其配合直径还应标出尺寸偏差。此外，各段之间圆角和倒角也应标注出来，不可遗漏或省略。

在标注轴的长度尺寸时要符合机械加工的工艺过程，需要考虑基准面和尺寸链问题，不允许出现封闭链尺寸。在标注键槽时，除标注键槽长度尺寸外，还应注意标注键槽的定位尺寸。

轴类零件长度尺寸的标注示例如图 10-1 所示。

3. 标注尺寸公差和几何公差

轴的尺寸公差和几何公差标注指示如图 10-2 所示。

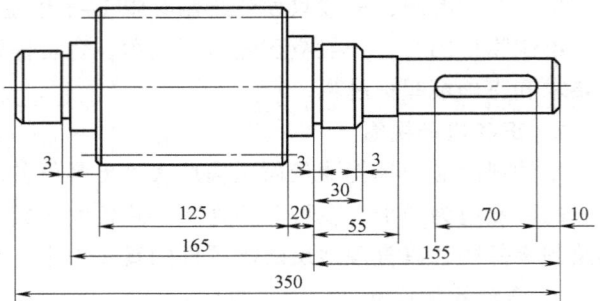

图 10-1 轴类零件长度尺寸的标注示例

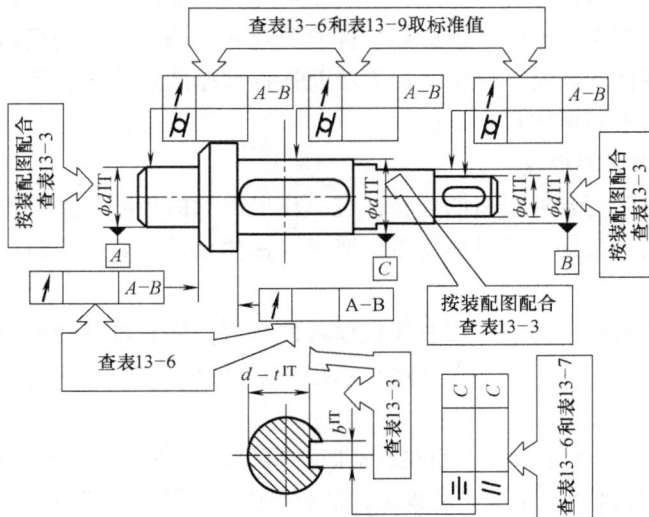

图 10-2 轴的尺寸公差和几何公差标注指示

4. 标注表面粗糙度

轴的各个表面的表面粗糙数值按表 10-1 选用。

表 10-1 荐用的轴加工表面粗糙度数值

加工表面	表面粗糙度 $Ra/\mu m$		
与传动件及联轴器等轮毂相配合的表面	1.6~0.4		
与普通精度等级滚动轴承相配合的表面	0.8(当轴承内径 $d \leqslant 80mm$)		
与传动件及联轴器相配合的轴肩端面	1.6(当轴承内径 $d > 80mm$)		
与滚动轴承相配合的轴肩端面	3.2~1.6		
平键键槽	1.6		
与轴承密封装置相接触的表面	3.2~1.6(工作面),6.3(非工作面)		
	毡封油圈	橡胶油封	间隙或迷宫密封
	与轴接触的圆周速度/(m/s)		3.2~1.6
	≤3	>3~5	>5~10	
	3.2~1.6	0.8~0.4	0.4~0.2	
螺纹牙工作面	0.8(精密精度螺纹),1.6(中等精度螺纹)		
其他表面	6.3~3.2(工作面),12.5~6.3(非工作面)		

10.3 齿轮类零件图的设计与绘制

齿轮类零件包括齿轮、蜗杆和蜗轮等,这类零件图中除了视图和技术要求外,还应有特性表,它一般安置在图样的右上角。表中内容由两部分组成:第一部分是基本参数及精度等级,第二部分是齿部和传动的检验项目以及它的极限偏差或公差值。

1. 选择视图

齿轮类零件图,一般要有两个视图,以表达该零件的直径和宽度的尺寸。齿轮轴、蜗杆轴的视图与轴类零件相似。

2. 标注尺寸

图上的尺寸可按回转件的尺寸标注方法进行标注,即径向尺寸用 φ 表达。其中分度圆直径虽不能直接测量,但也应标注。其主要尺寸可由圆柱齿轮结构设计确定后,再在零件图上标注。

3. 标注尺寸公差和几何公差

对齿轮零件的尺寸公差和几何公差,可参考相关教材的相关知识。

10.4 减速器箱座、箱盖零件图的设计与绘制

1. 选择视图及剖面

减速器的箱底、箱盖是结构较为复杂的零件,通常除用三个视图(主视图、俯视图和左视图)外,还需增加必要的局部剖视图、局部放大图等,以清楚地表达各部分的结构形状和尺寸。

2. 标注尺寸

根据箱座、箱盖的特点，零件图上的尺寸，归纳起来有两类：

（1）形状尺寸　部位的形状尺寸，如壁厚，箱座、箱盖的长、宽、高，孔径及其深度，圆角半径，加强肋的厚度和高度，曲线的曲率半径，槽的宽度和深度，各倾斜部分的斜度，螺纹孔尺寸，凸缘尺寸等，要按机械制图规定的标注方法全部标注出来。

（2）位置尺寸　相对位置尺寸及定位尺寸是确定箱座、箱盖各部分相对于基准的位置尺寸。如曲线的曲率中心，孔的中心线和斜度的起点等与相应基准间的距离及夹角。这些尺寸最易疏忽遗漏，应特别注意。标注时应选择好基准，最好以加工基准作为相对位置尺寸及定位尺寸的基准，以使加工和检验测量基准一致。例如，箱座、箱盖高度方面的相对位置尺寸，常以剖分面作为基准面，同时剖分面也是加工基准面。某些尺寸，当不能以加工面作为设计基准时，则应采用计算上较方便的基准。如箱座（或箱盖）的宽度和长度方向，可分别以纵向对称线和轴承座孔中心线作为基准。

3. 标注尺寸公差和几何公差

标注尺寸公差，应注意到箱座、箱盖上轴间的中心距要求具有较严格的公差，因它直接影响到装配后减速器的性能，同时对轴承座孔直径公差应按装配图中配合性质查出公差值，并标注在图上。

几何公差的要求和标注方法可参阅第13.2节。

4. 标注表面粗糙度

箱座、箱盖各加工表面采用推荐的表面粗糙度数值。

5. 编写技术要求

箱体、箱盖的技术要求应包括下列几个方面：

1）轴承座孔。为了保证轴承座孔的配合要求，箱座、箱盖必须一起配镗。

2）剖分面上的螺栓孔的加工说明。如采用箱座、箱盖一起配钻，或采用样板分别在箱座、箱盖上钻孔等，应做必要的说明。

3）定位销孔。应在镗制轴承座孔前，箱座、箱盖配铰定位销孔，以保证起到定位作用。

4）轴承座孔轴线间的平行度等均按齿轮（或蜗轮）的传动公差标准来决定。

5）选取铸造斜度和圆角尺寸。

6）时效处理及清砂要求。

7）箱座、箱盖内表面需用煤油清洗，并涂漆。

以上要求，均示于箱座、箱盖零件工作图中。

第11章

编写计算说明书和准备答辩

设计计算说明书是图样设计的理论依据，是整个设计计算的整理和总结，同时也是审核设计的技术文件之一。

11.1 设计计算说明书的内容

设计计算说明书的内容针对不同的设计课题而定。机械传动装置设计类的课题，说明书大致包括以下内容：

1）目录（标题、页码）。

2）设计任务书。

3）传动方案的分析与拟定（简要说明、附传动方案简图）。

4）电动机的选择计算。

5）传动装置的运动及动力参数的选择和计算（包括分配各级传动比，计算各轴的转速、功率和转矩）。

6）传动零件的设计计算。

7）轴的设计计算。

8）键联接的选择及计算。

9）滚动轴承的选择及计算。

10）联轴器的选择。

11）润滑和密封方式的选择，润滑油及其牌号的确定。

12）箱体及附件的结构设计和选择（装配、拆卸、安装时的注意事项）。

13）设计小结（简要说明对课程设计的体会、设计的优缺点及改进意见等）。

14）参考资料（资料编号、作者、书名、出版单位、出版时间）。

11.2 设计计算说明书的要求

对设计计算说明书，应在所有计算项目及所有图样完成后进行编号和整理，且应满足以下要求：

1）计算部分只需列出公式，代入有关数据，略去演算过程，最后写下计算结果并标明单位，应有简短的结论或说明。

2）计算公式及重要数据应注明来源。

3）应附有与计算有关的必要简图（如传动方案简图，轴的结构图、受力图、弯矩图、转矩图等）。

4）所有计算中所使用的参量符号和脚标，必须统一。

设计计算说明书一般用 16 开纸按合理的顺序及规定格式用钢笔书写，做到文字简明、计算正确、图形清晰、书写整洁，并标出页码、编好目录，最后加封面装订成册。

11.3 设计计算说明书的书写格式举例

计算与说明	主要结果
…… 七、轴的设计计算 1. 高速轴的设计计算 …… 2. 中间轴的设计计算 轴的受力简图如图 11-1a 所示。 （1）…… …… （2）轴的弯矩 轴的受力图、弯矩图如图 11-1b、c、d、e 所示。 $M_{H2}=100R_{HC}=100\times(-6666.7)\mathrm{N\cdot mm}$ H 平面 $=-666670\mathrm{N\cdot mm}$ $=……$ $M_{V2左}=100R_{VC}=100\times(-668.6)\mathrm{N\cdot mm}$ V 平面：$=-66860\mathrm{N\cdot mm}$ $=……$ 合成弯矩： $M_{2左}=\sqrt{M_{H2}^2+M_{V2左}^2}=\sqrt{666670^2+66860^2}\,\mathrm{N\cdot mm}=670014\mathrm{N\cdot mm}$	$M_{2左}=670014\mathrm{N\cdot mm}$

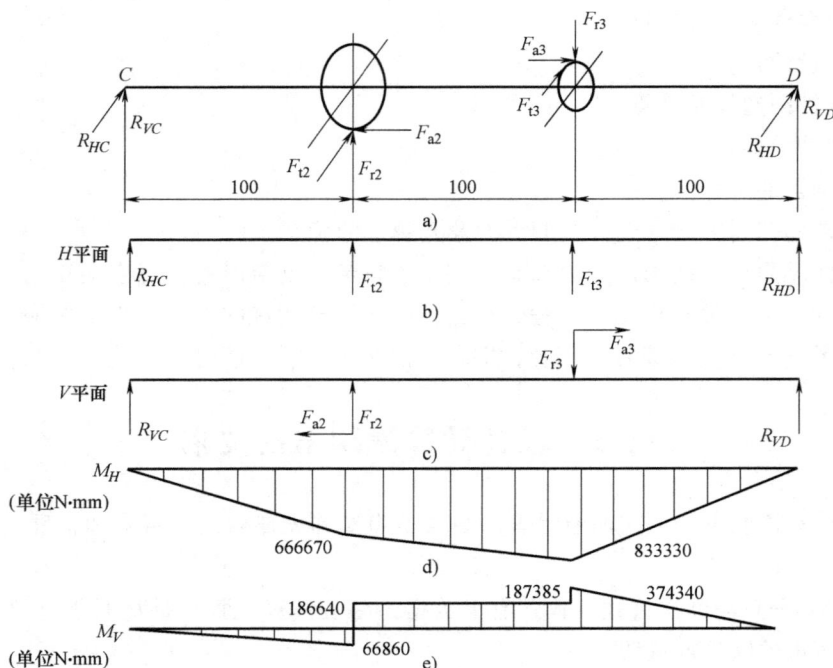

图 11-1 中间轴的计算简图

11.4 答辩准备

答辩是课程设计的最后一个环节。答辩前，要求设计者系统地回顾和复习下面的内容：方案确定、受力分析、承载能力计算、主要参数的选择、零件材料的选择、结构设计、设计资料和标准的运用及工艺性、使用维护等各方面的知识。总之，通过准备达到进一步把问题弄懂、弄通，扩大设计中取得的收获，掌握设计方法，提高分析和解决工程实际问题的能力，以达到课程设计的目的和要求。

答辩前，应将装订好的设计计算说明书、叠好的图纸一起装入图纸袋内，准备进行答辩。

图纸的折叠方法及图纸袋封面的书写格式如图 11-2 和图 11-3 所示。

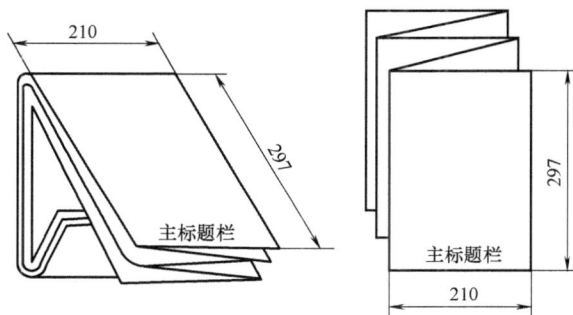

图 11-2 图纸的折叠方法

图 11-3 图纸袋封面的书写格式

11.5 设计总结

课程设计总结是对整个设计过程的系统总结。在完成全部图样及编写设计计算说明书任务之后，对设计计算和结构设计进行优缺点分析，特别是对不合理的设计和出现的错误做出一一剖析，并提出改进的设想，从而提高自己的机械设计能力。

在进行课程设计总结时，建议从以下几个方面进行检查与分析。

1）以设计任务书的要求为依据，分析设计方案的合理性、设计计算及结构设计的正确性，评价自己的设计结果是否满足设计任务书的要求。

2）认真检查和分析自己设计的机械传动装置部件的装配工作图、主要零件的零件工作图以及设计计算说明书等。

3）对装配工作图，应着重检查和分析轴系部件、箱体及附件设计在结构、工艺性以及机械制图等方面是否存在错误。对零件工作图，应着重检查和分析尺寸及公差标注、表面粗糙度标注等方面是否存在错误。对设计计算说明书，应着重检查和分析计算依据是否准确可靠，计算结果是否准确。

4）通过课程设计，自己掌握了哪些设计的方法和技巧，在设计能力方面有哪些明显的提高，在今后的设计中对提高设计质量方面还应注意哪些问题。

11.6　答辩参考题

1. 综合题目

1）电动机的额定功率与输出功率有何不同？传动件按哪种功率设计？为什么？

2）同一轴上的功率 P、转矩 T、转速 n 之间有何关系？你所设计的减速器中各轴上的功率 P、转矩 T、转速 n 是如何确定的？

3）在装配图的技术要求中，为什么要对传动件提出接触斑点的要求？如何检验？

4）装配图的作用是什么？装配图应包括哪些方面的内容？

5）装配图上应标注哪几类尺寸？举例说明。

6）你所设计的减速器的总传动比是如何确定和分配的？

7）在你设计的减速器中，哪些部分需要调整？如何调整？

8）减速器箱盖与箱座联接处定位销的作用是什么？销孔的位置如何确定？销孔在何时加工？

9）起盖螺钉的作用是什么？如何确定其位置？

10）你所设计传动件的哪些参数是标准的？哪些参数应圆整？哪些参数不应该圆整？为什么？

11）传动件的浸油深度如何确定？如何测量？

12）伸出轴与端盖间的密封件有哪几种？你在设计中选择了哪种密封件？选择的依据是什么？

13）为了保证轴承的润滑与密封，你在减速器结构设计中采取了哪些措施？

14）密封的作用是什么？你设计的减速器哪些部位需要密封？你采取了什么措施保证密封？

15）毡圈密封槽为何做成梯形槽？

16）轴承采用脂润滑时为什么要用封油盘？封油盘为什么要伸出箱体内壁？

17）你设计的减速器有哪些附件？它们各自的功用是什么？

18）布置减速器箱盖与箱座的联接螺栓、定位销、油面指示器及吊耳（吊钩）的位置时应考虑哪些问题？

19）通气器的作用是什么？应安装在哪个部位？你选用的通气器有何特点？

20）检视孔有何作用？检视孔的大小及位置应如何确定？

21）说明油面指示器的用途、种类以及安装位置的确定。

22）你所设计箱体上油面指示器的位置是如何确定的？如何利用该油面指示器测量箱内油面高度？

23）放油螺塞的作用是什么？放油孔应开在哪个部位？

24）轴承旁凸台的结构、尺寸如何确定？

25）在箱体上为什么要做出沉头座坑？沉头座坑如何加工？

26）轴承端盖起什么作用？有哪些形式？各部分尺寸如何确定？

27）轴承端盖与箱体之间所加垫圈的作用是什么？

28）如何确定箱体的中心高？如何确定剖分面凸缘和底座凸缘的宽度和厚度？

29）试述螺栓联接的防松方法。在你的设计中采用了哪种方法？

30）调整垫片的作用是什么？它的材料为什么多采用08F钢？

31）箱盖与箱座安装时，为什么剖分面上不能加垫片？如果发现漏油（渗油），应采取一些什么措施？

32）箱体的轴承孔为什么要设计成一样大小？

33）为什么箱体底面不能设计成平面？

34）你在设计中采取了什么措施来提高轴承座孔的刚度？

2. 轴、轴承及轴毂联接的有关题目

1）结合你的设计，说明如何考虑向心推力轴承轴向力 F_a 的方向？

2）试分析轴承的正、反装形式的特点及适用范围。

3）你所设计减速器中的各轴分别属于哪类轴（按承载情况分）？轴断面上的立力各属于哪种应力？

4）以减速器的输出轴为例，说明轴上零件的定位与固定方法。

5）试述你的设计中轴上所选择的几何公差。

6）试述低速轴上零件的装拆顺序。

7）轴承在轴上如何安装和拆卸？在设计轴的结构时如何考虑轴承的装拆？

8）为什么在两端固定式的轴承组合设计中要留有轴向间隙？对轴承轴向间隙的要求如何在装配图中体现？

9）说明你所选择的轴承类型、型号及选择依据。

10）你在轴承的组合设计中采用了哪种支承结构形式？为什么？

11）轴上键槽的位置与长度如何确定？你所设计的键槽是如何加工的？

12）设计轴时，对轴肩（或轴环）的高度及圆角半径有什么要求？

13）角接触球轴承为什么要成对使用？

14）圆锥滚子轴承的压力中心为什么不通过轴承宽度的中点？

3. 齿轮减速器的有关题目

1）试分析齿轮啮合时的受力方向。

2）试述尺寸大小、生产批量对选择齿轮结构形式的影响。

3）试述你所设计齿轮传动的主要失效形式及设计准则。

4）试述获得软齿面齿轮的热处理方法及软齿面闭式齿轮传动的设计准则。

5）你所设计齿轮减速器的模数 m 和齿数 z 是如何确定的？为什么低速级齿轮的模数大于高速级？

6）在进行齿轮传动设计时，如何选择齿宽系数 φ_d？如何确定大小轮齿的宽度 b_1 与 b_2？

7）为什么通常大、小齿轮的宽度不同，且 $b_1 > b_2$？

8）影响齿轮齿面接触疲劳强度的主要几何参数是什么？影响齿根弯曲疲劳强度的主要几何参数是什么？为什么？

9）在齿轮设计中，当接触疲劳强度不满足要求时，可采取哪些措施提高齿轮的接触疲劳强度？

10）在齿轮设计中，当弯曲疲劳强度不满足要求时，可以采取哪些措施提高齿轮的弯曲疲劳强度？

11）在进行闭式齿轮传动设计时，如何使弯曲疲劳强度的裕度减少？

12）大、小齿轮的硬度为什么有差别？哪一个齿轮的硬度高？

13）在锥齿轮传动中，如何调整两齿轮的锥顶使其重合？

14）在什么情况下采用直齿轮？在什么情况下采用斜齿轮？

15）可采用什么办法减小齿轮传动的中心距？

16）锥齿轮的浸油高度如何确定？油池深度如何确定？如果油池过浅会产生什么问题？

17）套杯和端盖间的垫片起什么作用？端盖和箱体间的垫片起什么作用？

18）如何保证小锥齿轮轴的支承刚度？

19）试述小锥齿轮轴轴承的润滑。

20）在二级圆柱齿轮减速器中，如果其中一级采用斜齿轮，那么它应该放在高速级还是低速级？为什么？如果两级均采用斜齿轮，那么中间轴上两齿轮的轮齿旋向应如何确定？为什么？

4. 蜗杆减速器的有关题目

1）在蜗杆传动中为什么要引入蜗杆直径系数 q？

2）你所设计的蜗杆、蜗轮，其材料是如何选择的？

3）在蜗杆传动设计中如何选择蜗杆的头数 z_1？为什么蜗轮的齿数 z_2 应小于 z_{2min}，且最好不大于 80？

4）为什么蜗杆传动比齿轮传动效率低？蜗杆传动的效率包括哪几部分？

5）蜗轮轴上滚动轴承的润滑方式有几种？你所设计的减速器上采用哪种润滑方式？蜗杆轴上的滚动轴承是如何润滑的？蜗杆轴上为什么要装有挡油板？

6）在蜗杆传动中，如何调整蜗轮与蜗杆中心平面的重合？

7）在蜗杆传动中，蜗轮的转向如何确定？啮合时的受力方向如何确定？

8）根据你的设计，谈谈为什么要采用蜗杆上置（或下置）的结构形式？

9）蜗杆减速器的浸油深度如何确定？油池深度又是怎么样确定的？

10）蜗杆传动的散热面积不够时，可采用哪些措施解决散热问题？

第 3 篇

设 计 资 料

Chapter **12**

第12章

一般标准与规范

12.1　国内的部分标准代号（表 12-1）

表 12-1　国内的部分标准代号

代号	名　　称	代号	名　　称
GB	强制性国家标准	SY	石油天然气行业标准
/Z	指导性技术文件	QB	原轻工行业标准
JB	机械行业标准	GB/T	推荐性国家标准
YB	黑色冶金行业标准	SH	石油化工行业标准
YS	有色冶金行业标准	FZ	纺织行业标准
HG	化工行业标准	QC	汽车行业标准

12.2　机械制图

1. 图纸幅面、比例、标题栏及明细栏（表 12-2、表 12-3 和图 12-1、图 12-2）

表 12-2　图纸幅面（摘自 GB/T 14689—2008）

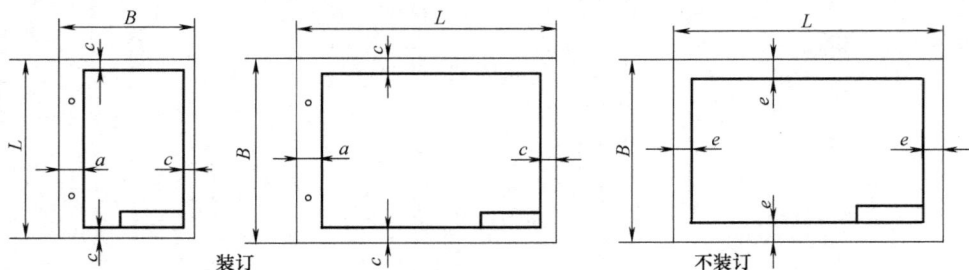

装订　　　不装订

幅面代号	A0	A1	A2	A3	A4
B×L	841×1189	594×841	420×594	297×420	210×297
c	10			5	
a	25				
e	20		10		

注：1. 表中为基本幅面尺寸。
　　2. 必要时可以将表中幅面的边加长，成为加长幅面。它是由基本幅面的短边成整数倍增加后得出的。
　　3. 加长幅面的图幅尺寸，按所选用的基本幅面大一号的图幅尺寸确定。

表 12-3 比例（摘自 GB/T 14690—1993）

原值比例	$1:1$
缩小比例	$(1:1.5)$ $1:2$ $1:2.5$ $(1:3)$ $(1:4)$ $1:5$ $(1:6)$ $1:10$ $(1:1.5\times10^{n})$ $1:2\times10^{n}$ $1:2.5\times10^{n}$ $(1:3\times10^{n})$ $(1:4\times10^{n})$ $1:5\times10^{n}$ $(1:6\times10^{n})$ $1:1\times10^{n}$
放大比例	$2:1$ $(2.5:1)$ $(4:1)$ $5:1$ $1\times10^{n}:1$ $2\times10^{n}:1$ $(2.5\times10^{n}:1)$ $(4\times10^{n}:1)$ $5\times10^{n}:1$

注：1. 绘制同一机件的一组视图时应采用同一比例，当需要用不同比例绘制某个视图时，应当另行标注。

2. 当图形中孔的直径或薄片的厚度小于或等于 2mm，斜度和锥度较小时，可不按比例而夸大绘制。

3. n 为正整数。

4. 括号内的比例，必要时允许选取。

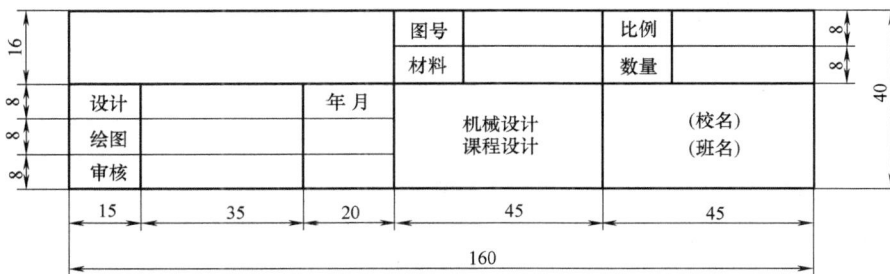

图 12-1 零件图标题栏格式（本课程用）

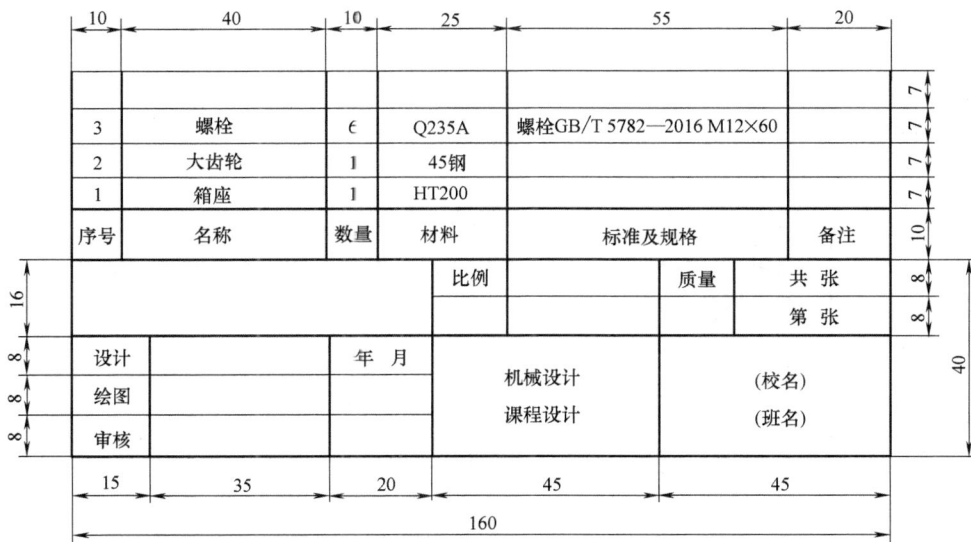

图 12-2 装配图标题栏及明细栏格式（本课程用）

2. 装配图中允许采用的简化画法（表 12-4）

表 12-4　装配图中允许采用的简化画法（摘自 GB/T 4458.1—2002、GB/T 4459.7—2017）

	单个轴承的简化画法	在装配图中的简化画法	说　明
滚动轴承的简化画法	**深沟球轴承 6000**		
	角接触球轴承 7000		在装配图中省略了如下内容： 1. 轴承内、外圈的所有倒角 2. 与轴承配合处轴的圆角及砂轮越程槽 3. 与轴承配合处轴承盖的倒角 4. 与箱座孔配合处轴承盖上的工艺槽及箱座孔的倒角
	圆锥滚子轴承 30000	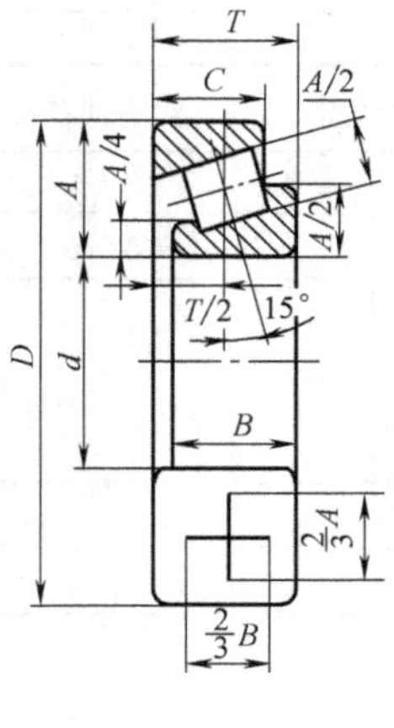	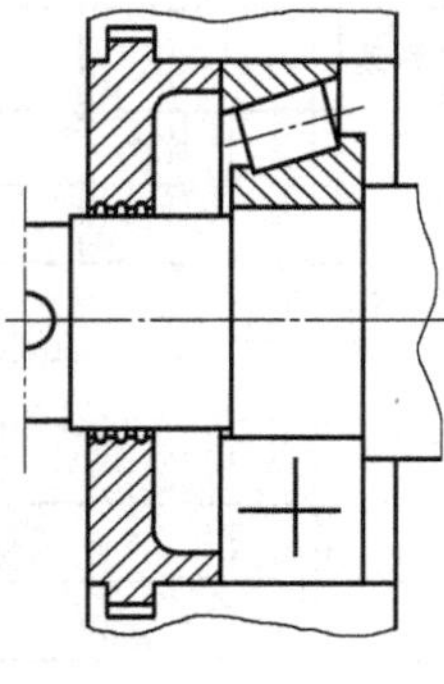

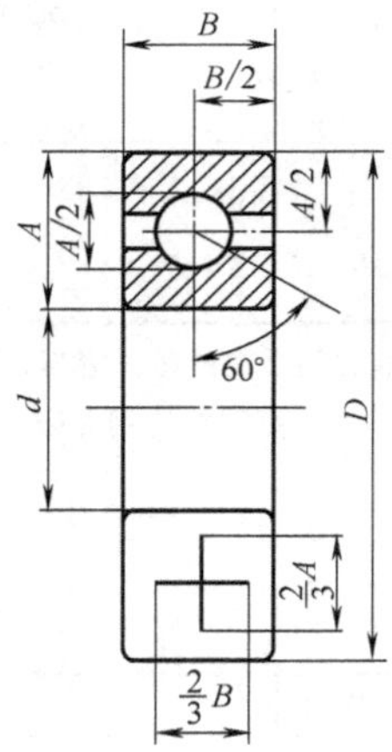

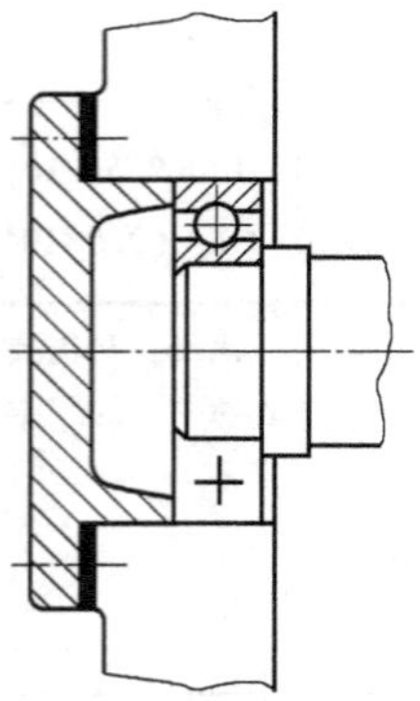

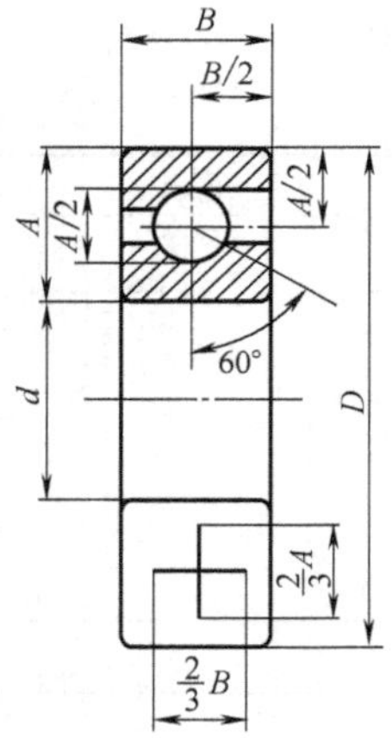

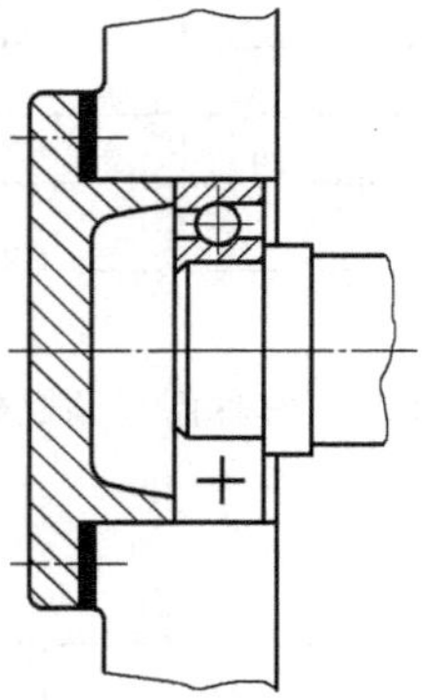

（续）

		简化前	简化后	说　　明
轴承盖、视孔盖、密封件的简化画法	轴承盖	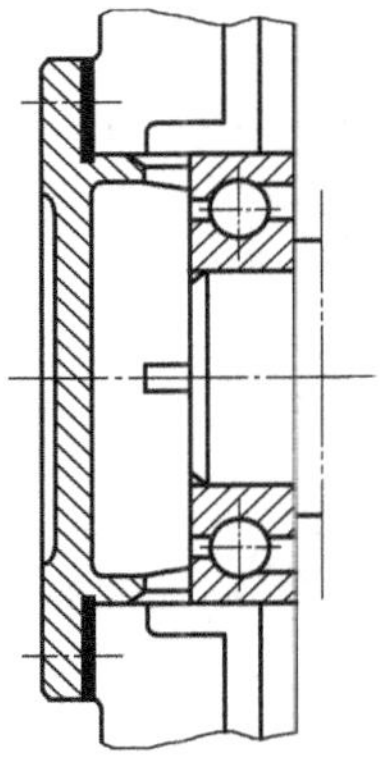	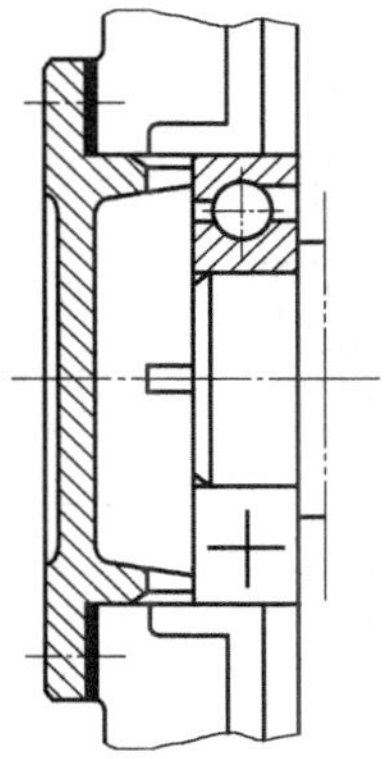	1. 轴承盖与轴承接触处的通油槽按直线绘制 2. 轴承盖与箱体孔端部配合处的工艺槽已省略 3. 轴承按简化画法只需绘出一半
	视孔盖	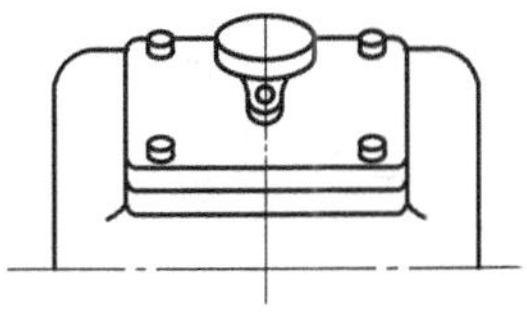	拆去视孔盖部件 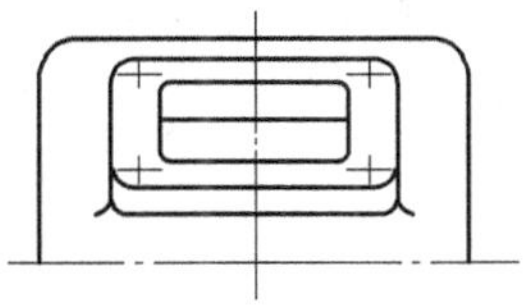 	在左视图中注明"拆去视孔盖部件"后，只需绘出孔的宽度及螺钉位置
	密封件	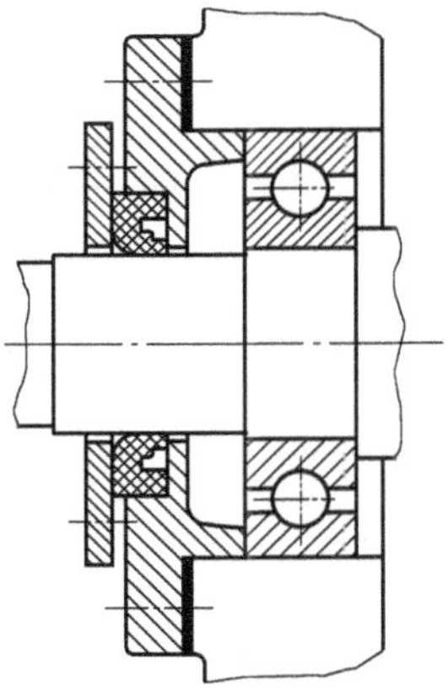	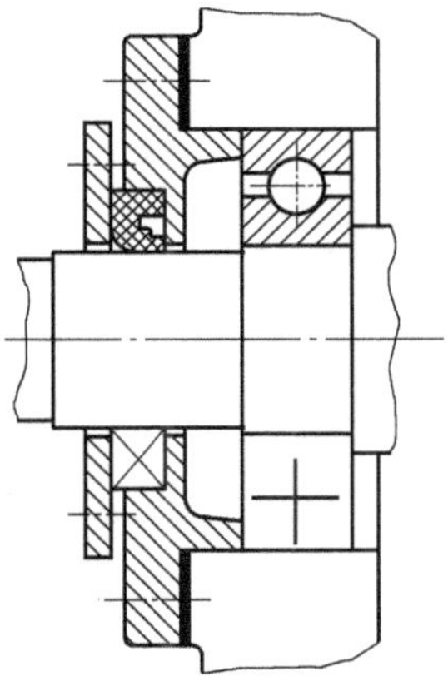	对称部分的结构（如密封件、轴承），只需绘出一半
平键联接的简化画法	平键联接	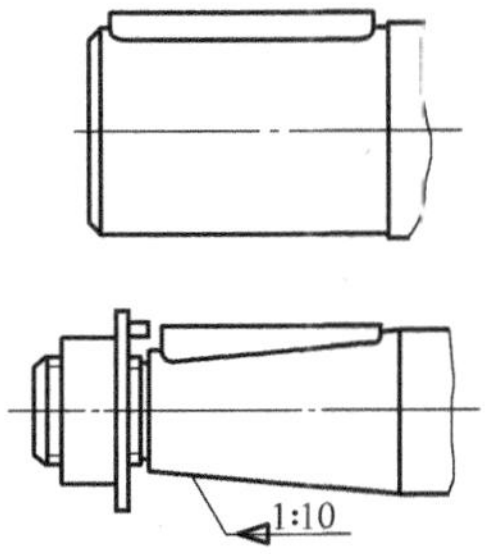	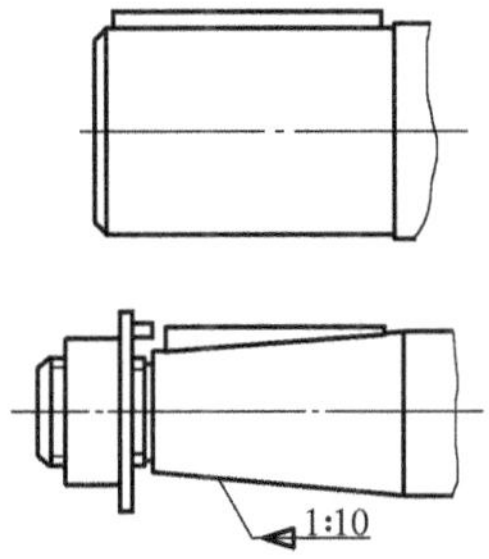	键的简化画法是直接在圆柱或圆锥面上画出键的安装高度及其长度，省去复杂的相贯线

（续）

	简化前	简化后	说　明
螺栓联接的简化画法	单个螺栓联接	60°	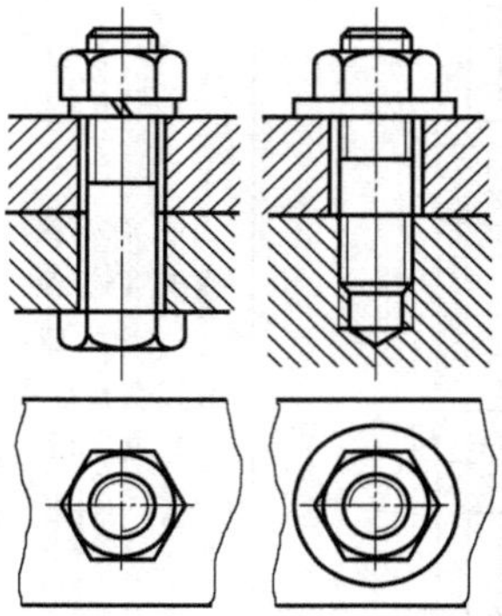 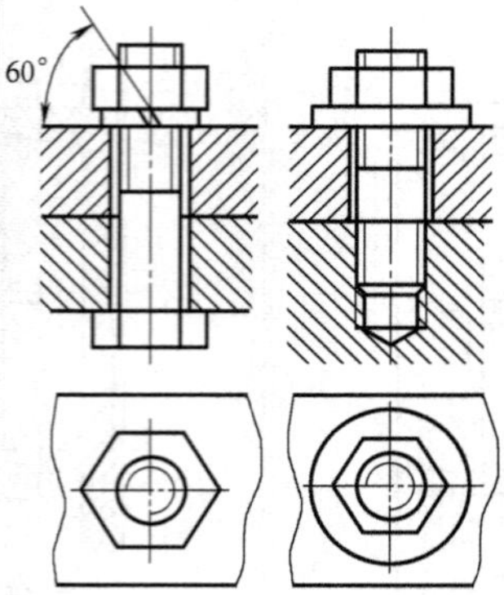 简化后： 1. 螺母和螺栓头部均用直线绘制 2. 螺栓端部倒角允许省略不画 3. 不通的螺纹孔不必绘出钻孔深度 4. 弹簧垫圈的开口部分用粗实线绘制，其倾斜角为 60°
	螺栓组联接		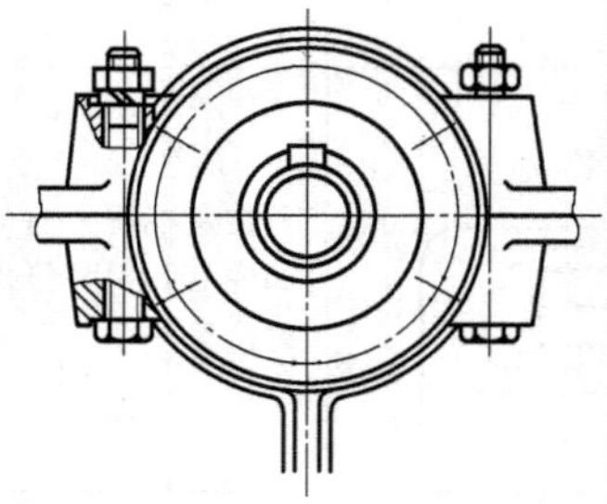 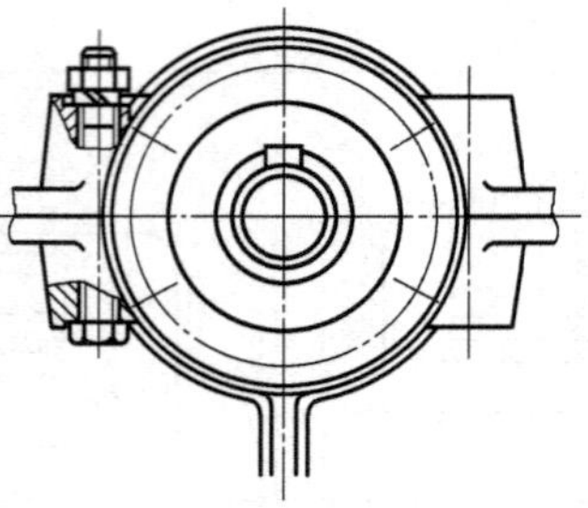 简化后： 1. 轴承旁的联接螺栓只需画一个，但应剖开 2. 轴承盖上的螺钉也只需画出一个，其余用中心线表示
其他	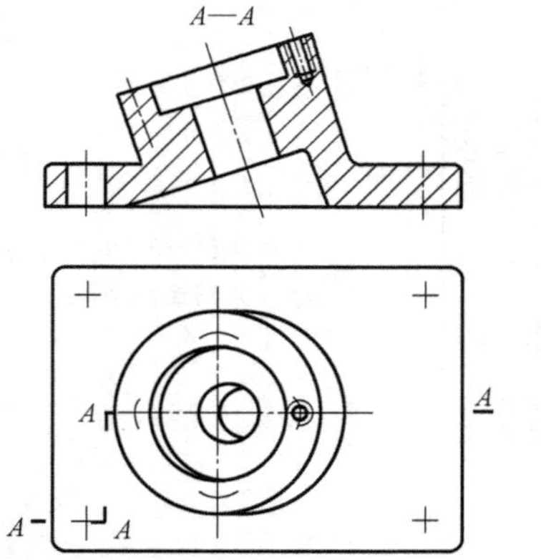 与投影面倾斜角度小于或等于30°的圆或圆弧，其投影可用圆或圆弧代替	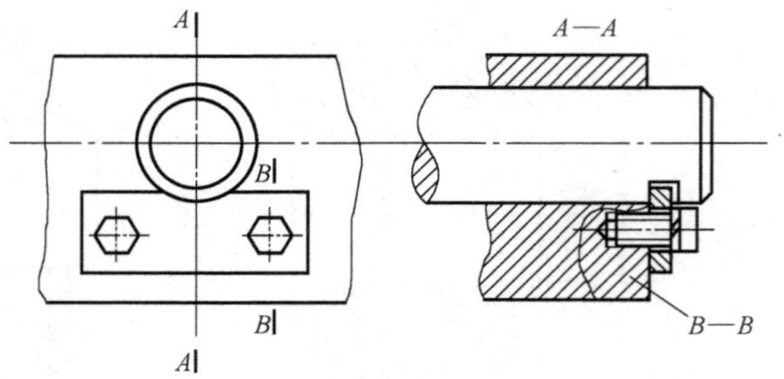 在装配图或零件图的剖视图的剖面中可再作一次局部剖，两个剖面的剖面线应同方向、同间隔，但要互相错开，并用引出线标注其名称；当剖切位置明显时，也可以省略标注	
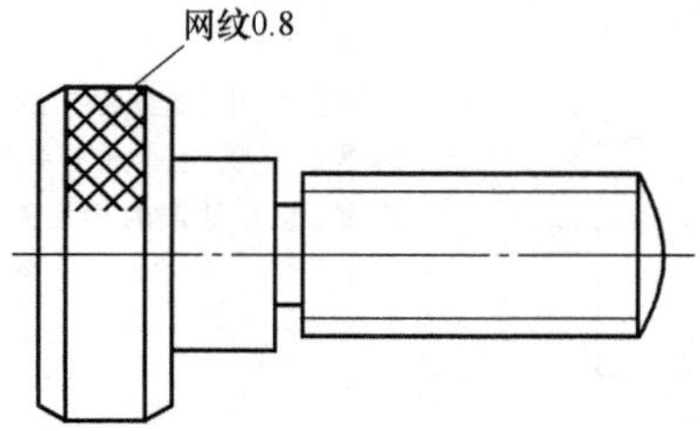	 网纹0.8	网状物、编织物或机件上的滚花部分，可在轮廓线附近用粗实线画出，并在零件图上或技术要求中注明此结构的具体要求	

3. 常用零件的规定画法（表 12-5）

表 12-5　常用零件的规定画法

画法说明	螺纹及螺纹紧固件的画法（GB/T 4459.1—1995）
螺纹及螺纹紧固件画法	

	1. 螺纹的牙顶用粗实线表示，牙底用细实线表示，在螺杆的倒角或倒圆部分也应画出。在垂直于轴线的视图中，表示牙底的细实线圆只画约 3/4 圈，此时轴或孔的倒角省略不画 2. 螺纹终止线用粗实线表示 3. 当需要表示螺尾时，螺尾部分牙底用与轴线成30°的细实线绘制 4. 不可见螺纹的所有图线均按虚线绘制	
	在剖视图中表示内、外螺纹联接时，其旋合部分按外螺纹画法绘制，其余部分仍按各自的画法表示	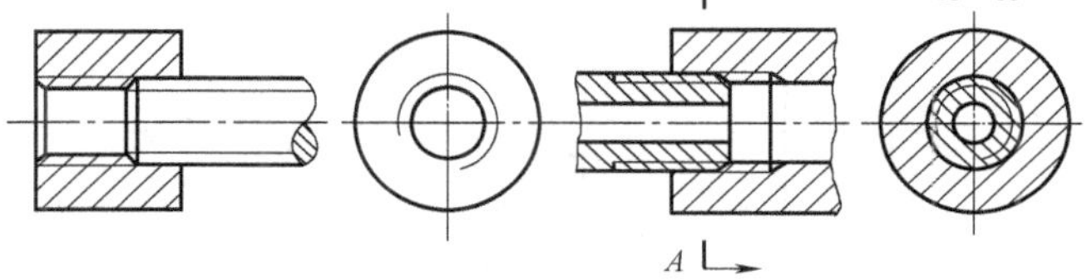
	1. 在装配图中，当剖切平面通过螺纹轴线时，对于螺柱、螺栓、螺母、螺钉及垫圈等均按未剖切绘制 2. 螺钉头部的一字槽、十字槽画法分别如右图所示 3. 在装配图中，对不通的螺纹孔，可不画出钻孔深度，仅按螺纹深度画出	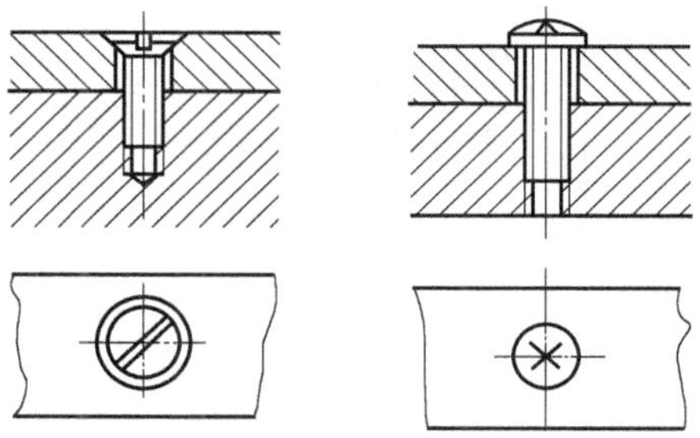

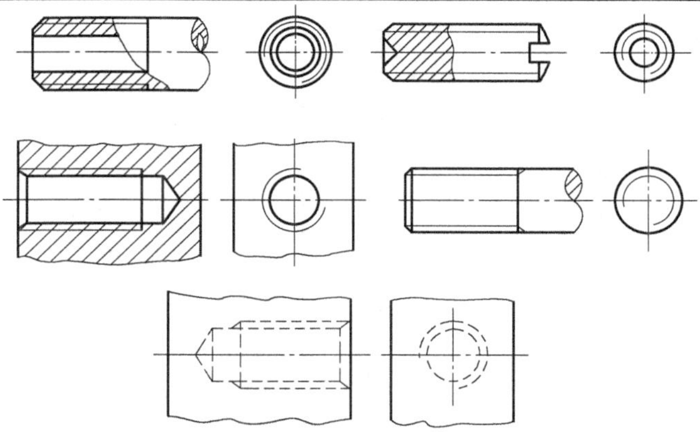

齿轮的啮合画法	分类	齿轮、蜗杆、蜗轮的啮合画法（GB/T 4459.2—2003）
	圆柱齿轮啮合画法	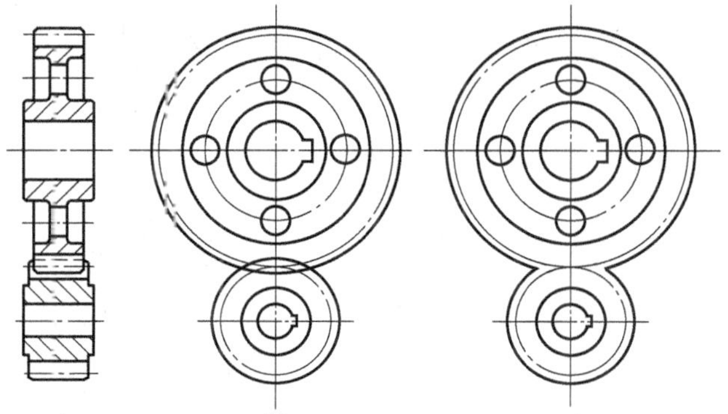 a)　　　　　b)　　　　　c) 在啮合区内，齿顶圆均用粗实线绘制，也可采用图 c 所示的省略画法

（续）

分类	齿轮、蜗杆、蜗轮的啮合画法（GB/T 4459.2—2003）

齿轮的啮合画法 — 圆柱齿轮副的啮合画法

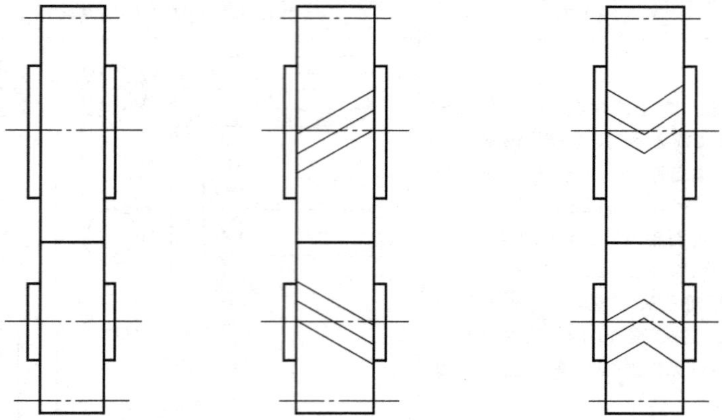

啮合区只画节线（用粗实线绘制）

锥齿轮副的啮合画法 — 轴线成直角啮合

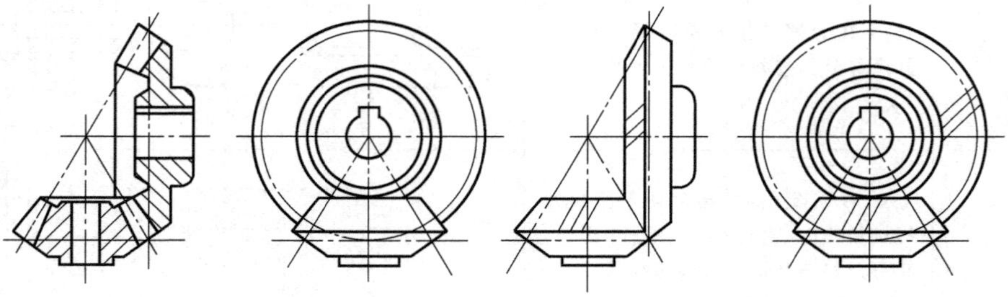

蜗杆、蜗轮的啮合画法 — 圆柱蜗杆副的啮合

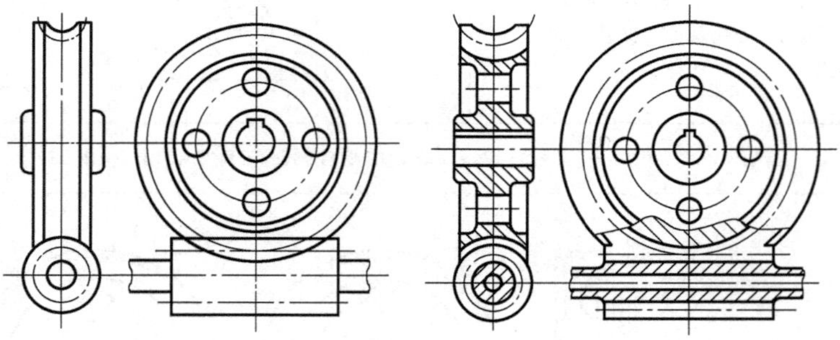

环面蜗杆副的啮合

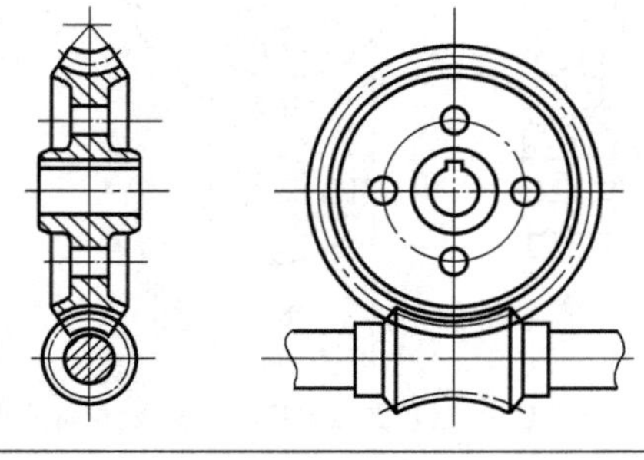

（续）

分类		花键画法及其标注（GB/T 4459.3—2000）
花键的画法	矩形花键	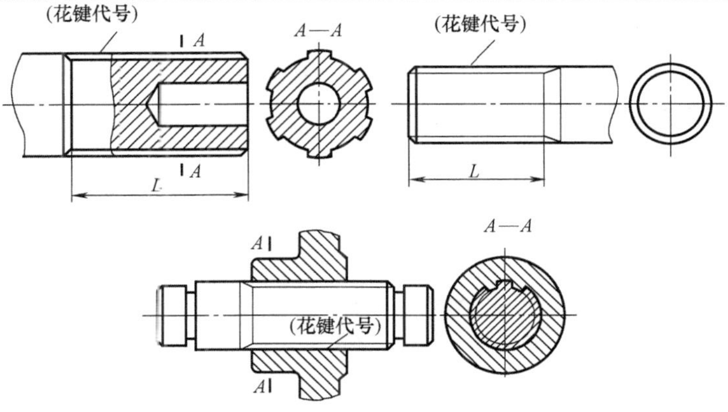 采用有关标准规定的花键代号标注时，其标注法如图所示
	渐开线花键	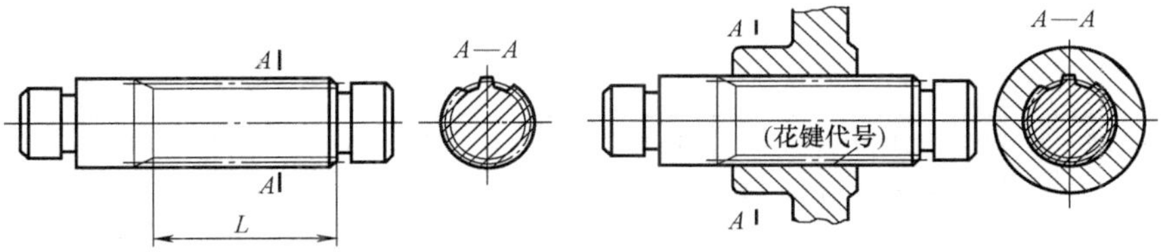 分度圆及分度线用细点画线绘制

4. 中心孔表示法（表12-6）

表 12-6 中心孔表示法（摘自 GB/T 4459.5—1999）

要　求	符　号	标 注 示 例	解　释
在完工的零件上要求保留中心孔		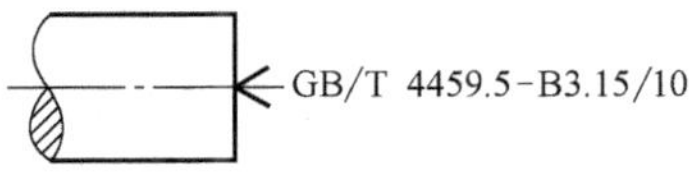 GB/T 4459.5-B3.15/10	采用 B 型中心孔 $D = 3.15$mm, $D_1 = 10$mm 在完工的零件上要求保留中心孔
在完工的零件上可以保留中心孔	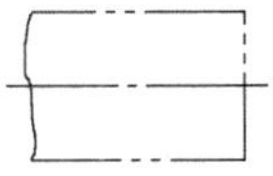	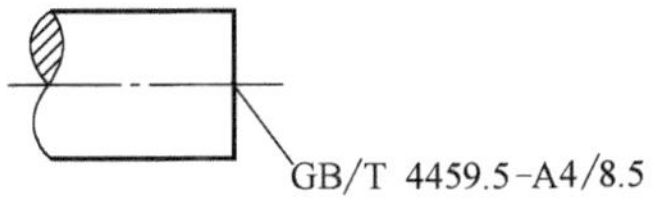 GB/T 4459.5-A4/8.5	采用 A 型中心孔 $D = 4$mm, $D_1 = 8.5$mm 在完工的零件上是否保留中心孔都可以
在完工的零件上不允许保留中心孔	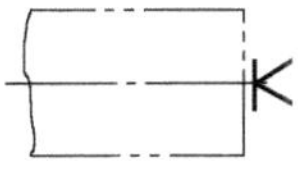	 GB/T 4459.5-A2/4.25	采用 A 型中心孔 $D = 2$mm, $D_1 = 4.25$mm 在完工的零件上不允许保留中心孔

（续）

标 注 示 例	解　释
2×GB/T 4459.5 - B3.15/10	同一轴的两端中心孔相同，可只在其一端标出，但应注出其数量
GB/T 4459.5 - B3.15/10　a)　　　b)　2×GB/T 4459.5- B2/6.3　Ra 1.25　Ra 12.5　D	1. 若需指明中心孔的标准代号时，则可标注在中心孔型号的下方（图 a） 2. 中心孔工作表面的表面粗糙度应在引出线上标出（图 b）

12.3　一般标准（表 12-7～表 12-14）

表 12-7　标准尺寸（直径、长度和高度等）（摘自 GB/T 2822—2005）

（单位：mm）

R10	R20	R10	R20	R40	R10	R20	R40	R10	R20	R40	R10	R20	R40
1.25	1.25	12.5	12.5	12.5	40.0	40.0	40.0	125	125	125	400	400	400
	1.40			13.2			42.5			132			425
1.60	1.60		14.0	14.0		45.0	45.0		140	140			450
	1.80			15.0			47.5			150			475
2.00	2.00	16.0	16.0	16.0	50.0	50.0	50.0	160	160	160	500	500	500
	2.24			17.0			53.0			170			530
2.50	2.50		18.0	18.0		56.0	56.0		180	180			560
	2.80			19.0			60.0			190			600
3.15	3.15	20.0	20.0	20.0	63.0	63.0	63.0	200	200	200	630	630	630
	3.55			21.2			67.0			212			670
4.00	4.00		22.4	22.4		71.0	71.0			224		710	710
	4.50			23.6			75.0			236			750
5.00	5.00	25.0	25.0	25.0	80.0	80.0	80.0	250	250	250	800	800	800
	5.60			26.5			85.0			265			850
6.30	6.30		28.0	28.0		90.0	90.0			280		900	900
	7.10			30.0			95.0			300			950
8.00	8.00	31.5	31.5	31.5	100	100	100	315	315	315	1000	1000	1000
	9.00			33.5			106			335			1060
10.0	10.0		35.5	35.5		112	112			355		1120	1120
	11.2			37.5			118			375			1180

注：1. 选用标准尺寸的顺序为 R10、R20、R40。

2. 本标准适用于机械制造业中有互换性或系列化要求的主要尺寸，其他结构尺寸也应尽量采用，对已有专用标准（如滚动轴承、联轴器等）规定的尺寸，按专门标准选用。

表 12-8 圆柱形轴伸（摘自 GB/T 1569—2005） （单位：mm）

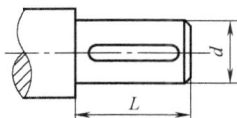

d		L		d		L		d		L	
公称尺寸	极限偏差	长系列	短系列	公称尺寸	极限偏差	长系列	短系列	公称尺寸	极限偏差	长系列	短系列
6	+0.006 −0.002	16	—	19	+0.009 −0.004 j6	40	28	40	+0.018 +0.002 k6	110	82
7		16	—	20		50	36	42		110	82
8	+0.007 −0.002	20	—	22		50	36	45		110	82
9		20	—	24		50	36	48		110	82
10	j6	23	20	25		60	42	50		110	82
11		23	20	28	+0.018 +0.002 k6	60	42	55		110	82
12	+0.008 −0.003	30	25	30		80	58	60	+0.030 +0.011 m6	140	105
14		30	25	32		80	58	65		140	105
16		40	28	35		80	58	70		140	105
18		40	28	38		80	58	75		140	105

表 12-9 60°中心孔（摘自 GB/T 145—2001） （单位：mm）

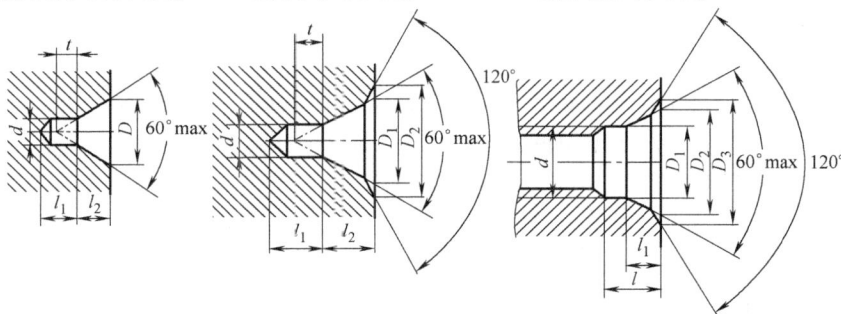

A型(不带护锥的中心孔) B型(带护锥的中心孔) C型(带螺纹的中心孔)

标注示例：
直径 d=4mm 的
A 型中心孔：
中心孔 A4/8.5
GB/T 145—2001

d	D	D1	D2	l2		t (参考)		d	D1	D2	D3	l	l1	选择中心孔的参考数据	
A、B 型	A 型	B 型	B 型	A 型	B 型	A 型	B 型	C 型					(参考)	原料端部最小直径/mm	零件最大质量/kg
2.00	4.25	4.25	6.30	1.95	2.54	1.8		—	—	—	—	—	—	8	120
2.50	5.30	5.30	8.00	2.42	3.20	2.2		—	—	—	—	—	—	10	200
3.15	6.70	6.70	10.00	3.07	4.03	2.8		M3	3.2	5.3	5.8	2.6	1.8	12	500
4.00	8.50	8.50	12.50	3.90	5.05	3.5		M4	4.3	6.7	7.4	3.2	2.1	15	800
(5.00)	10.60	10.60	16.00	4.85	6.41	4.4		M5	5.3	8.1	8.8	4.0	2.4	20	1000
6.30	13.20	13.20	18.00	5.98	7.36	5.5		M6	6.4	9.6	10.5	5.0	2.8	25	1500
(8.00)	17.00	17.00	22.40	7.79	9.36	7.0		M8	8.4	12.2	13.2	6.0	3.3	30	2000
10.00	21.20	21.20	28.00	9.70	11.66	8.7		M10	10.5	14.9	16.3	7.5	3.8	35	2500

注：1. 括号内尺寸尽量不用。

2. A、B 型中尺寸 l_1 取决于中心钻的长度，即使中心孔重磨后再使用，此值也不应小于 t 值。

3. A 型同时列出了 D 和 l_2 尺寸，B 型同时列出了 D_1、D_2 和 l_2 尺寸，制造厂可分别任选其中一个尺寸。

表 12-10　配合表面的圆角半径和倒角（摘自 GB/T 6403.4—2008）　（单位：mm）

轴直径 d	>10~18	>18~30	>30~50	>50~80	>80~120	>120~180
R_1、R 及 C	0.8	1.0	1.6	2.0	2.5	3.0
C_{max}	0.4	0.5	0.8	1.0	1.2	1.6

注：1. 与滚动轴承相配合的轴及轴承座孔处的圆角半径参见第 16 章表 16-1~表 16-5 的安装尺寸。

　　2. C_1 的数值不属于 GB/T 6403.4—2008，仅供参考。

表 12-11　圆形零件自由表面过渡圆角半径和过盈配合连接轴用倒角　（单位：mm）

圆角半径	$D-d$	2	5	8	10	15	20	25	30	35	40	50	55	65	70	90
	R	1	2	3	4	5	8	10	12	12	16	16	20	20	25	25
	$D-d$	100	130	140	170	180	220	230	290	300	360	370	450	—	—	—
	R	30	30	40	40	50	50	60	60	80	80	100	100	—	—	—
过盈配合连接轴用倒角	D	≤10	>10~18		>18~30	>30~50	>50~80	>80~120	>120~180	>180~260	>260~360	>360~500				
	a	1	1.5		2	3	5	5	8	10	10	12				
	α	30°						10°								

注：尺寸 $D-d$ 是表中数值的中间值时，则按较小尺寸来选取 R。例如，$D-d=98$mm，则按 90mm 来选 $R=25$mm。

表 12-12　砂轮越程槽（摘自 GB/T 6403.5—2008）　（单位：mm）

磨外圆　　　　　　磨外圆及端面　　　　　　磨内圆及端面

b_1	0.6	1.0	1.6	2.0	3.0	4.0	5.0	8.0	10
b_2	2.0	3.0		4.0		5.0		8.0	10
h	0.1	0.2		0.3	0.4		0.6	0.8	1.2
r	0.2	0.5		0.8	1.0		1.6	2.0	3.0
d	≤10			>10~50			>50~100		>100

表 12-13　齿轮滚刀外径尺寸（摘自 GB/T 6083—2016）　（单位：mm）

模数 m 系列		2	2.5	3	4	5	6	7	8	9	10
滚刀外径 D	Ⅰ型	80	90	100	112	125	140	140	160	180	200
	Ⅱ型	71	71	80	90	100	112	118	125	140	150

表 12-14 插齿空刀槽各部分尺寸 （单位：mm）

模数	2	2.5	3	4	5	6	7	8	9	10	12	14	16	18	20
h_{min}	5	6 (5)	6	6	6	7	7	7	8	8	8	9	9	9	10
b_{min}	5	6	7.5	10.5 (7.5)	10.05	13	15	16	19	22	24	28	33	38	42
r	0.5			1.0											

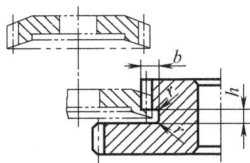

12.4 机械设计一般规范 （表 12-15～表 12-19）

表 12-15 铸造最小壁厚（不小于） （单位：mm）

铸造方法	铸件尺寸	铸钢	灰铸铁	球墨铸铁	可锻铸铁	铝合金	镁合金	铜合金
砂型铸造	~200×200	6~8	5~6	6	4~5	3	—	3~5
	>200×200~500×500	10~12	>6~10	12	5~8	4	3	6~8
	>500×500	18~25	15~20	—	—	5~7		

注：1. 一般铸造条件下，各种灰铸铁的最小允许壁厚δ如下：

HT100、HT150：$\delta=4\sim6$mm；HT200：$\delta=6\sim8$mm；HT250：$\delta=8\sim15$mm；HT300、HT350：$\delta=15$mm。

2. 若有必要，在改善铸造条件下，灰铸铁最小壁厚可达3mm，可锻铸铁最小壁厚可小于3mm。

表 12-16 铸造内圆角及相应的过渡尺寸 R 值（摘自 JB/ZQ 4255—2006）

（单位：mm）

$\frac{a+b}{2}$	内圆角 α											
	≤50°		>50°~75°		>75°~105°		>105°~135°		>135°~165°		>165°	
	钢	铁	钢	铁	钢	铁	钢	铁	钢	铁	钢	铁
≤8	4	4	4	4	6	4	8	6	16	10	20	16
9~12	4	4	4	4	6	6	10	8	16	12	25	20
13~16	4	4	6	4	8	6	12	10	20	16	30	25
17~20	6	4	8	6	10	8	16	12	25	20	40	30
21~27	6	6	10	8	12	10	20	16	30	25	50	40
28~35	8	6	12	10	16	12	25	20	40	30	60	50
36~45	10	8	16	12	20	16	30	25	50	40	80	60
46~60	12	10	20	16	25	20	35	30	60	50	100	80
61~80	16	12	25	20	30	25	40	35	80	60	120	100
81~110	20	16	25	20	35	30	50	40	100	80	160	120
111~150	20	16	30	25	40	35	60	50	100	80	160	120
151~200	25	20	40	30	50	40	60	50	120	100	200	160
201~250	30	25	50	40	60	50	100	80	160	120	250	200
251~300	40	30	60	50	80	60	120	100	200	160	300	250
>300	50	40	80	60	100	80	160	120	250	200	400	300

c 和 h 值	b/a	≤0.4	>0.4~0.65	>0.65~0.8		>0.8	
	≈c	0.7($a-b$)	0.8($a-b$)	$a-b$			
	≈h 钢	8c					
	铁	9c					

图示：
$a \approx b$
$R_1 = R+a$

$b<0.8a$
$R_1 = R+b+c$

表 12-17　铸造外圆角及相应的过渡尺寸 R 值（摘自 JB/ZQ 4256—2006）

（单位：mm）

表面的最小边尺寸 p	外圆角 α					
	≤50°	>50°~75°	>75°~105°	>105°~135°	>135°~165°	>165°
≤25	2	2	2	4	6	8
>25~60	2	4	4	6	10	16
>60~160	4	4	6	8	16	25
>160~250	4	6	8	12	20	30
>250~400	6	8	10	16	25	40
>400~600	6	8	12	20	30	50
>600~1000	8	12	16	25	40	60
>1000~1600	10	16	20	30	50	80
>1600~2500	12	20	25	40	60	100
>2500	16	25	30	50	80	120

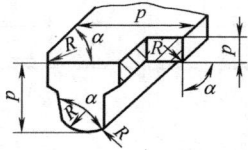

注：如果铸件按表可选出许多不同的圆角 R 时，应尽量减少圆角 R 的数量或只取一适当的 R 值以求统一。

表 12-18　铸造过渡斜度（摘自 JB/ZQ 4254—2006）　　（单位：mm）

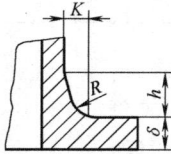

适合于减速器的箱体、箱盖、联接管、气缸及其他各种联接法兰的过渡处

铁铸件和钢铸件的壁厚 δ	K	h	R
10~15	3	15	5
>15~20	4	20	5
>20~25	5	25	5
>25~30	6	30	8
>30~35	7	35	8
>35~40	8	40	10
>40~45	9	45	10
>45~50	10	50	10

表 12-19　过渡配合、过盈配合的嵌入倒角　　（单位：mm）

D	倒角深	配合			
		u6、s6、s7、r6、n6、m6	t7	u8	z8
≤50	a	0.5	1	1.5	2
	A	1	1.5	2	2.5
>50~100	a	1	2	2	3
	A	1.5	2.5	2.5	3.5
>100~250	a	2	3	4	5
	A	2.5	3.5	4.5	6
>250~500	a	3.5	4.5	7	8.5
	A	4	5.5	8	10

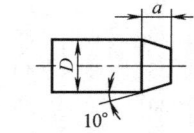

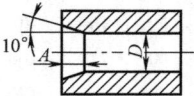

第13章

公差配合、几何公差及表面粗糙度

13.1 公差与配合

1. 基本偏差系列及配合种类（图 13-1）

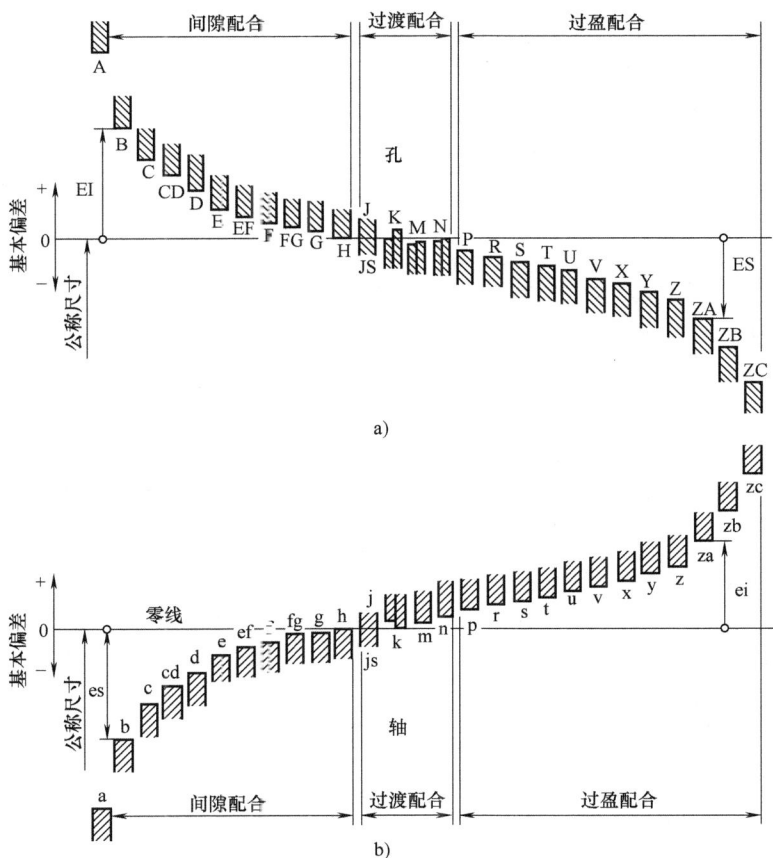

图 13-1　基本偏差系列及配合种类（摘自 GB/T 1800.1—2009）

2. 标准公差值及孔和轴的极限偏差值（表 13-1～表 13-4）

表 13-1　标准公差值（公称尺寸大于 6mm 至 1000mm）（摘自 GB/T 1800.1—2009）

（单位：μm）

公称尺寸 /mm	公差等级							
	IT5	IT6	IT7	IT8	IT9	IT10	IT11	IT12
>6~10	6	9	15	22	36	58	90	150
>10~18	8	11	18	27	43	70	110	180
>18~30	9	13	21	33	52	84	130	210
>30~50	11	16	25	39	62	100	160	250
>50~80	13	19	30	46	74	120	190	300
>80~120	15	22	35	54	87	140	220	350
>120~180	18	25	40	63	100	160	250	400
>180~250	20	29	46	72	115	185	290	460
>250~315	23	32	52	81	130	210	320	520
>315~400	25	36	57	89	140	230	360	570
>400~500	27	40	63	97	155	250	400	630
>500~630	32	44	70	110	175	280	440	700
>630~800	36	50	80	125	200	320	500	800
>800~1000	40	56	90	140	230	360	560	900

注：1. 公称尺寸大于 500mm 的 IT1～IT5 的标准公差数值为试行的。

2. 公称尺寸小于或等于 1mm 时，无 IT14～IT18。

表 13-2　孔的极限偏差值（公称尺寸大于 10mm 至 500mm）（摘自 GB/T 1800.2—2009）

（单位：μm）

公差带		公称尺寸/mm									
基本偏差	公差等级	>10~18	>18~30	>30~50	>50~80	>80~120	>120~180	>180~250	>250~315	>315~400	>400~500
D	8	+77 / +50	+98 / +65	+119 / +80	+146 / +100	+174 / +120	+208 / +145	+242 / +170	+271 / +190	+299 / +210	+327 / +230
	▼9	+93 / +50	+117 / +65	+142 / +80	+174 / +100	+207 / +120	+245 / +145	+285 / +170	+320 / +190	+350 / +210	+385 / +230
	10	+120 / +50	+149 / +65	+180 / +80	+220 / +100	+260 / +120	+305 / +145	+355 / +170	+400 / +190	+440 / +210	+480 / +230
	11	+160 / +50	+195 / +65	+240 / +80	+290 / +100	+340 / +120	+395 / +145	+460 / +170	+510 / +190	+570 / +210	+630 / +230
F	6	+27 / +16	+33 / +20	+41 / +25	+49 / +30	+58 / +36	+68 / +43	+79 / +50	+88 / +56	+98 / +62	+108 / +68
	7	+34 / +16	+41 / +20	+50 / +25	+60 / +30	+71 / +36	+83 / +43	+96 / +50	+108 / +56	+119 / +62	+131 / +68
	▼8	+43 / +16	+53 / +20	+64 / +25	+76 / +30	+90 / +36	+106 / +43	+122 / +50	+137 / +56	+151 / +62	+165 / +68
	9	+59 / +16	+72 / +20	+87 / +25	+104 / +30	+123 / +36	+143 / +43	+165 / +50	+186 / +56	+202 / +62	+223 / +68
G	6	+17 / +6	+20 / +7	+25 / +9	+29 / +10	+34 / +12	+39 / +14	+44 / +15	+49 / +17	+54 / +18	+60 / +20
	▼7	+24 / +6	+28 / +7	+34 / +9	+40 / +10	+47 / +12	+54 / +14	+61 / +15	+69 / +17	+75 / +18	+83 / +20
	8	+33 / +6	+40 / +7	+48 / +9	+56 / +10	+66 / +12	+77 / +14	+87 / +15	+98 / +17	+107 / +18	+117 / +20

（续）

公差带		公称尺寸/mm									
基本偏差	公差等级	>10~18	>18~30	>30~50	>50~80	>80~120	>120~180	>180~250	>250~315	>315~400	>400~500
H	5	+8 / 0	+9 / 0	+11 / 0	+13 / 0	+15 / 0	+18 / 0	+20 / 0	+23 / 0	+25 / 0	+27 / 0
	6	+11 / 0	+13 / 0	+16 / 0	+19 / 0	+22 / 0	+25 / 0	+29 / 0	+32 / 0	+36 / 0	+40 / 0
	▼7	+18 / 0	+21 / 0	+25 / 0	+30 / 0	+35 / 0	+40 / 0	+46 / 0	+52 / 0	+57 / 0	+63 / 0
	▼8	+27 / 0	+33 / 0	+39 / 0	+46 / 0	+54 / 0	+63 / 0	+72 / 0	+81 / 0	+89 / 0	+97 / 0
	▼9	+43 / 0	+52 / 0	+62 / 0	+74 / 0	+87 / 0	+100 / 0	+115 / 0	+130 / 0	+140 / 0	+155 / 0
	10	+70 / 0	+84 / 0	+100 / 0	+120 / 0	+140 / 0	+160 / 0	+185 / 0	+210 / 0	+230 / 0	+250 / 0
	▼11	+110 / 0	+130 / 0	+160 / 0	+190 / 0	+220 / 0	+250 / 0	+290 / 0	+320 / 0	+360 / 0	+400 / 0
J	7	+10 / −8	+12 / −9	+14 / −11	+18 / −12	+22 / −13	+26 / −14	+30 / −16	+36 / −16	+39 / −18	+43 / −20
	8	+15 / −12	+20 / −13	+24 / −15	+28 / −18	+34 / −20	+41 / −22	+47 / −25	+55 / −26	+60 / −29	+66 / −31
JS	6	±5.5	±6.5	±8	±9.5	±11	±12.5	±14.5	±16	±18	±20
	7	±9	±10	±12	±15	±17	±20	±23	±26	±28	±31
	8	±13	±16	±19	±23	±27	±31	±36	±40	±44	±48
	9	±21	±26	±31	±37	±43	±50	±57	±65	±70	±77
K	6	+2 / −9	+2 / −11	+3 / −13	+4 / −15	+4 / −18	+4 / −21	+5 / −24	+5 / −27	+7 / −29	+8 / −32
	▼7	+6 / −12	+6 / −15	+7 / −18	+9 / −21	+10 / −25	+12 / −28	+13 / −33	+16 / −36	+17 / −40	+18 / −45
	8	+8 / −19	+10 / −23	+12 / −27	+14 / −32	+16 / −38	+20 / −43	+22 / −50	+25 / −56	+28 / −61	+29 / −68
N	6	−9 / −20	−11 / −24	−12 / −28	−14 / −33	−16 / −38	−20 / −45	−22 / −51	−25 / −57	−26 / −62	−27 / −67
	▼7	−5 / −23	−7 / −28	−8 / −33	−9 / −39	−10 / −45	−12 / −52	−14 / −60	−14 / −66	−16 / −73	−17 / −80
	8	−3 / −30	−3 / −36	−3 / −42	−4 / −50	−4 / −58	−4 / −67	−5 / −77	−5 / −86	−5 / −94	−6 / −103
	9	0 / −43	0 / −52	0 / −62	0 / −74	0 / −87	0 / −100	0 / −115	0 / −130	0 / −140	0 / −155
P	6	−15 / −26	−18 / −31	−21 / −37	−26 / −45	−30 / −52	−36 / −61	−41 / −70	−47 / −79	−51 / −87	−55 / −95
	▼7	−11 / −29	−14 / −35	−17 / −42	−21 / −51	−24 / −59	−28 / −68	−33 / −79	−36 / −88	−41 / −98	−45 / −108

（续）

公差带		公称尺寸/mm									
基本偏差	公差等级	>10~18	>18~30	>30~50	>50~80	>80~120	>120~180	>180~250	>250~315	>315~400	>400~500
P	8	−18 −45	−22 −55	−26 −65	−32 −78	−37 −91	−43 −106	−50 −122	−56 −137	−62 −151	−68 −165
	9	−18 −61	−22 −74	−26 −88	−32 −106	−37 −124	−43 −143	−50 −165	−56 −186	−62 −202	−68 −223

注：标注▼者为优先公差等级，应优先选用。

表 13-3　轴的极限偏差值（公称尺寸大于 10mm 至 500mm）（摘自 GB/T 1800.2—2009）

（单位：μm）

公差带		公称尺寸/mm									
基本偏差	公差等级	>10~18	>18~30	>30~50	>50~80	>80~120	>120~180	>180~250	>250~315	>315~400	>400~500
d	7	−50 −68	−65 −86	−80 −105	−100 −130	−120 −155	−145 −185	−170 −216	−190 −242	−210 −267	−230 −293
	8	−50 −77	−65 −98	−80 −119	−100 −146	−120 −174	−145 −208	−170 −242	−190 −271	−210 −299	−230 −327
	▼9	−50 −93	−65 −117	−80 −142	−100 −174	−120 −207	−145 −245	−170 −285	−190 −320	−210 −350	−230 −385
	10	−50 −120	−65 −149	−80 −180	−100 −220	−120 −260	−145 −305	−170 −355	−190 −400	−210 −440	−230 −480
	11	−50 −160	−65 −195	−80 −240	−100 −290	−120 −340	−145 −395	−170 −460	−190 −510	−210 −570	−230 −630
e	6	−32 −43	−40 −53	−50 −66	−60 −79	−72 −94	−85 −110	−100 −129	−110 −142	−125 −161	−135 −175
	7	−32 −50	−40 −61	−50 −75	−60 −90	−72 −107	−85 −125	−100 −146	−110 −162	−125 −182	−135 −198
	8	−32 −59	−40 −73	−50 −89	−60 −106	−72 −126	−85 −148	−100 −172	−110 −191	−125 −214	−135 −232
	9	−32 −75	−40 −92	−50 −112	−60 −134	−72 −159	−85 −185	−100 −215	−110 −240	−125 −265	−135 −290
f	5	−16 −24	−20 −29	−25 −36	−30 −43	−36 −51	−43 −61	−50 −70	−56 −79	−62 −87	−68 −95
	6	−16 −27	−20 −33	−25 −41	−30 −49	−36 −58	−43 −68	−50 −79	−56 −88	−62 −98	−68 −108
	▼7	−16 −34	−20 −41	−25 −50	−30 −60	−36 −71	−43 −83	−50 −96	−56 −108	−62 −119	−68 −131
	8	−16 −43	−20 −53	−25 −64	−30 −76	−36 −90	−43 −106	−50 −122	−56 −137	−62 −151	−68 −165
	9	−16 −59	−20 −72	−25 −87	−30 −104	−36 −123	−43 −143	−50 −165	−56 −186	−62 −202	−68 −223

（续）

公差带		公称尺寸/mm									
基本偏差	公差等级	>10~18	>18~30	>30~50	>50~80	>80~120	>120~180	>180~250	>250~315	>315~400	>400~500
g	5	−6 −14	−7 −16	−9 −20	−10 −23	−12 −27	−14 −32	−15 −35	−17 −40	−18 −43	−20 −47
	▼6	−6 −17	−7 −20	−9 −25	−10 −29	−12 −34	−14 −39	−15 −44	−17 −49	−18 −54	−20 −60
	7	−6 −24	−7 −28	−9 −34	−10 −40	−12 −47	−14 −54	−15 −61	−17 −69	−18 −75	−20 −83
	8	−6 −33	−7 −40	−9 −48	−10 −56	−12 −66	−14 −77	−15 −87	−17 −98	−18 −107	−20 −117
h	5	0 −8	0 −9	0 −11	0 −13	0 −15	0 −18	0 −20	0 −23	0 −25	0 −27
	▼6	0 −11	0 −13	0 −16	0 −19	0 −22	0 −25	0 −29	0 −32	0 −36	0 −40
	▼7	0 −18	0 −21	0 −25	0 −30	0 −35	0 −40	0 −46	0 −52	0 −57	0 −63
	8	0 −27	0 −33	0 −39	0 −46	0 −54	0 −63	0 −72	0 −81	0 −89	0 −97
	▼9	0 −43	0 −52	0 −62	0 −74	0 −87	0 −100	0 −115	0 −130	0 −140	0 −155
	10	0 −70	0 −84	0 −100	0 −120	0 −140	0 −160	0 −185	0 −210	0 −230	0 −250
	▼11	0 −110	0 −130	0 −160	0 −190	0 −220	0 −250	0 −290	0 −320	0 −360	0 −400
j	5	+5 −3	+5 −4	+6 −5	+6 −7	+6 −9	+7 −11	+7 −13	+7 −16	+7 −18	+7 −20
	6	+8 −3	+9 −4	+11 −5	+12 −7	+13 −9	+14 −11	+16 −13	±16	±18	±20
	7	+12 −6	+13 −8	+15 −10	+18 −12	+20 −15	+22 −18	+25 −21	±26	+29 −28	+31 −32
js	5	±4	±4.5	±5.5	±6.5	±7.5	±9	±10	±11.5	±12.5	±13.5
	6	±5.5	±6.5	±8	±9.5	±11	±12.5	±14.5	±16	±18	±20
	7	±9	±10	±12	±15	±17	±20	±23	±26	±28	±31
k	5	+9 +1	+11 +2	+13 +2	+15 +2	+18 +3	+21 +3	+24 +4	+27 +4	+29 +4	+32 +5
	▼6	+12 +1	+15 +2	+18 +2	+21 +2	+25 +3	+28 +3	+33 +4	+36 +4	+40 +4	+45 +5
	7	+19 +1	+23 +2	+27 +2	+32 +2	+38 +3	+43 +3	+50 +4	+56 +4	+61 +4	+68 +5
m	5	+15 +7	+17 +8	+20 +9	+24 +11	+28 +13	+33 +15	+37 +17	+43 +20	+46 +21	+50 +23
	6	+18 +7	+21 +8	+25 +9	+30 +11	+35 +13	+40 +15	+46 +17	+52 +20	+57 +21	+63 +23
	7	+25 +7	+29 +8	+34 +9	+41 +11	+48 +13	+55 +15	+63 +17	+72 +20	+78 +21	+86 +23

（续）

公差带		公称尺寸/mm									
基本偏差	公差等级	>10~18	>18~30	>30~50	>50~80	>80~120	>120~180	>180~250	>250~315	>315~400	>400~500
n	5	+20 +12	+24 +15	+28 +17	+33 +20	+38 +23	+45 +27	+51 +31	+57 +34	+62 +37	+67 +40
	▼6	+23 +12	+28 +15	+33 +17	+39 +20	+45 +23	+52 +27	+60 +31	+66 +34	+73 +37	+80 +40
	7	+30 +12	+36 +15	+42 +17	+50 +20	+58 +23	+67 +27	+77 +31	+86 +34	+94 +37	+103 +40
p	▼6	+29 +18	+35 +22	+42 +26	+51 +32	+59 +37	+68 +43	+79 +50	+88 +56	+98 +62	+108 +68
	7	+36 +18	+43 +22	+51 +26	+62 +32	+72 +37	+83 +43	+96 +50	+108 +56	+119 +62	+131 +68

公差带		公称尺寸/mm									
基本偏差	公差等级	>10~18	>18~30	>30~50	>50~65	>65~80	>80~100	>100~120	>120~140	>140~160	>160~180
r	6	+34 +23	+41 +28	+50 +34	+60 +41	+62 +43	+73 +51	+76 +54	+88 +63	+90 +65	+93 +68
	7	+41 +23	+49 +28	+59 +34	+71 +41	+72 +43	+86 +51	+89 +54	+103 +63	+105 +65	+108 +68
s	▼6	+39 +28	+48 +35	+59 +43	+72 +53	+78 +59	+93 +71	+101 +79	+117 +92	+125 +100	+133 +108
	7	+46 +28	+56 +35	+68 +43	+83 +53	+89 +59	+106 +71	+114 +79	+132 +92	+140 +100	+148 +108

公差带		公称尺寸/mm								
基本偏差	公差等级	>180~200	>200~225	>225~250	>250~280	>280~315	>315~355	>355~400	>400~450	>450~500
r	6	+106 +77	+109 +80	+113 +84	+126 +94	+130 +98	+144 +108	+150 +114	+166 +126	+172 +132
	7	+123 +77	+126 +80	+130 +84	+146 +94	+150 +98	+165 +108	+171 +114	+189 +126	+195 +132
s	▼6	+151 +122	+159 +130	+169 +140	+190 +158	+202 +170	+226 +190	+244 +208	+272 +232	+292 +252
	7	+168 +122	+176 +130	+186 +140	+210 +158	+222 +170	+247 +190	+265 +208	+295 +232	+315 +252

注：标注▼者为优先公差等级，应优先选用。

表 13-4 线性尺寸的极限偏差（摘自 GB/T 1804—2000）　　　　（单位：mm）

公差等级	公称尺寸分段						
	0.5~3	>3~6	>6~30	>30~120	>120~400	>400~1000	>1000~2000
f（精密级）	±0.05	±0.05	±0.1	±0.15	±0.2	±0.3	±0.5
m（中等级）	±0.1	±0.1	±0.2	±0.3	±0.5	±0.8	±1.2
c（粗糙级）	±0.2	±0.3	±0.5	±0.8	±1.2	±2	±3
v（最粗级）	—	±0.5	±1	±1.5	±2.5	±4	±6

注：线性尺寸未注公差表示设备通常加工时能保证的公差，主要用于较低精度的非配合尺寸，一般不检验。

13.2　几何公差（表 13-5~表 13-9）

表 13-5　几何公差分类与基本符号（摘自 GB/T 1182—2018）

分类	形状公差						方向公差					位置公差						跳动公差	
项目	直线度	平面度	圆度	圆柱度	线轮廓度	面轮廓度	平行度	垂直度	倾斜度	线轮廓度	面轮廓度	位置度	同心度	同轴度	对称度	线轮廓度	面轮廓度	圆跳动	全跳动
符号	—	▱	○	⌭	⌒	⌓	∥	⊥	∠	⌒	⌓	⊕	◎	◎	═	⌒	⌓	↗	↗↗

表 13-6　同轴度、对称度、圆跳动和全跳动公差（摘自 GB/T 1184—1996）

（单位：μm）

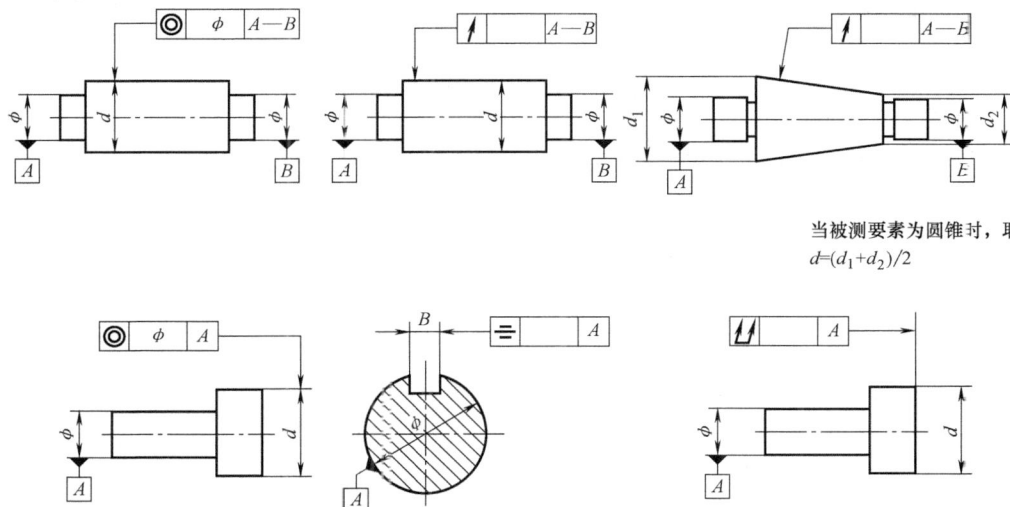

主参数 $d(D)$、B、L 图例

当被测要素为圆锥时，取
$d=(d_1+d_2)/2$

公差等级	主参数 $d(D)$、B、L/mm								应用举例
	>3~6	>6~10	>10~18	>18~30	>30~50	>50~120	>120~250	>250~500	
5	3	4	5	6	8	10	12	15	6级和7级精度齿轮轴的配合面，较高精度的高速轴，较高精度机床的轴套
6	5	6	8	10	12	15	20	25	
7	8	10	12	15	20	25	30	40	8级和9级精度齿轮轴的配合面，普通精度的高速轴（1000r/min 以下），长度在1m以下的主传动轴，起重运输机的鼓轮配合孔和导轮的滚动面
8	12	15	20	25	30	40	50	60	
9	25	30	40	50	60	80	100	120	10级和11级精度齿轮轴的配合面；发动机气缸套配合面；水泵叶轮离心泵件，摩托车活塞，自行车中轴
10	50	60	80	100	120	150	200	250	

表 13-7 平行度、垂直度和倾斜度公差（摘自 GB/T 1184—1996） （单位：μm）

主参数 L、$d(D)$ 图例

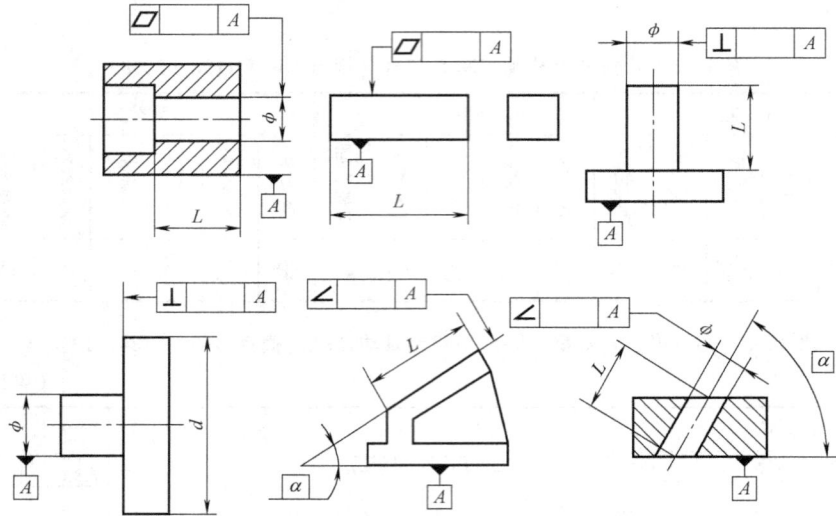

公差等级	主参数 L、$d(D)$/mm										应用举例
	≤10	>10~16	>16~25	>25~40	>40~63	>63~100	>100~160	>160~250	>250~400	>400~630	
5	5	6	8	10	12	15	20	25	30	40	垂直度用于发动机的轴和离合器的凸缘，装 5、6 级轴承和装 4、5 级轴承的箱体的凸肩
6	8	10	12	15	20	25	30	40	50	60	平行度用于中等精度钻模的工作面，7~10 级精度齿轮传动壳体孔的中心线
7	12	15	20	25	30	40	50	60	80	100	垂直度用于装 6、0 级轴承的壳体孔的轴线，按 h6 与 g6 连接的锥形轴减速器的机体孔中心线
8	20	25	30	40	50	60	80	100	120	150	平行度用于重型机械轴承盖的端面、手动传动装置中的传动轴
9	30	40	50	60	80	100	120	150	200	250	垂直度用于手动卷扬机及传动装置中的轴承端面，按 f7 和 d8 连接的锥形面减速器的箱体孔中心线
10	50	60	80	100	120	150	200	250	300	400	零件的非工作面，卷扬机、运输机上的壳体平面

表 13-8 直线度和平面度公差（摘自 GB/T 1184—1996） （单位：μm）

主参数 L 图例

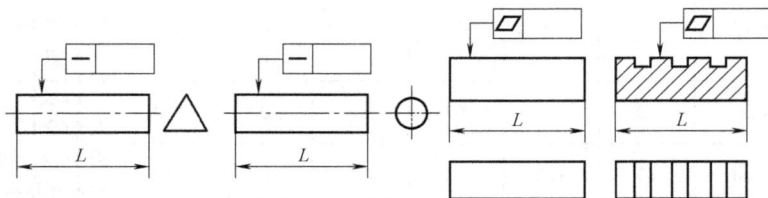

（续）

公差等级	主参数 L/mm										应用举例
	≤10	>10~16	>16~25	>25~40	>40~63	>63~100	>100~160	>160~250	>250~400	>400~630	
5	2	2.5	3	4	5	6	8	10	12	15	普通精度的机床导轨,柴油机的进、排气门导杆直线度,柴油机机体上部的接合面等
6	3	4	5	6	8	10	12	15	20	25	
7	5	6	8	10	12	15	20	25	30	40	轴承体的支承面,减速器的壳体,轴系支承轴承的接合面,压力机导轨及滑块
8	8	10	12	15	20	25	30	40	50	60	
9	12	15	20	25	30	40	50	60	80	100	辅助机构及手动机械的支承面,液压管件和法兰的连接面
10	20	25	30	40	50	60	80	100	120	150	

表 13-9　圆度和圆柱度公差（摘自 GB/T 1184—2008）　　　（单位：μm）

主参数 $d(D)$ 图例

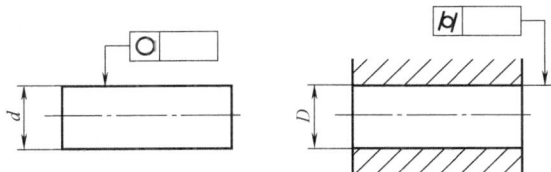

公差等级	主参数 $d(D)$/mm											应用举例
	>6~10	>10~18	>18~30	>30~50	>50~80	>80~120	>120~180	>180~250	>250~315	>315~400	>400~500	
5	1.5	2	2.5	2.5	3	4	5	7	8	9	10	安装 6.0 级滚动轴承的配合面,通用减速器的轴颈,一般机床的主轴
6	2.5	3	4	4	5	6	8	10	12	13	15	
7	4	5	6	7	8	10	12	14	16	18	20	千斤顶或液压缸的活塞,水泵及减速器的轴颈,液压传动系统的分配机构
8	6	8	9	11	13	15	18	20	23	25	27	
9	9	11	13	16	19	22	25	29	32	36	40	起重机、卷扬机用滑动轴承等
10	15	18	21	25	30	35	40	46	52	57	63	

13.3　表面粗糙度（表 13-10）

表 13-10　常用零件表面的表面粗糙度值 Ra　　　（单位：μm）

	公差等级代号	表面	公称尺寸/mm	
			≤50	>50~500
配合表面	IT5	轴	0.2	0.4
		孔	0.4	0.8
	IT6	轴	0.4	0.8
		孔	0.4~0.8	0.8~1.6

（续）

配合表面	公差等级代号	表面	公称尺寸/mm		
			≤50	>50~500	
	IT7	轴	0.4~0.8	0.8~1.6	
		孔	0.8		
	IT8	轴	0.8		
		孔	0.8~1.6		

过盈配合	压入装配	公差等级代号	表面	公称尺寸/mm		
				≤50	>50~120	>120~500
		IT5	轴	0.1~0.2	0.4	0.4
			孔	0.2~0.4	0.8	0.8
		IT6~IT7	轴	0.4	0.8	1.6
			孔	0.8	1.6	1.6
		IT8	轴	0.8	0.8~1.6	1.6~3.2
			孔			
	热装	—	轴	1.6		
			孔	1.6~3.2		

圆锥连接工作表面		密封连接	对中连接	其他
		0.1~0.4	>0.4~1.6	>1.6~6.3

键联接	结构名称		键	轴上键槽	毂上键槽
	不动连接	工作面	3.2	1.6~3.2	1.6~3.2
		非工作面	6.3~12.5	6.3~12.5	6.3~12.5
	用导向键联接	工作面	1.6~3.2	1.6~3.2	1.6~3.2
		非工作面	6.3~12.5	6.3~12.5	6.3~12.5

渐开线花键联接	结构名称	孔槽	轴齿	定心面		非定心面	
				孔	轴	孔	轴
	不动连接	1.6~3.2	1.6~3.2	0.8~1.6	0.4~0.8	3.2~6.3	1.6~6.3
	可动连接	0.8~1.6	0.4~0.8	0.8~1.6	0.4~0.8	3.2	1.6~6.3

螺纹联接	公差等级代号	IT4、IT5	IT6、IT7	IT8、IT9
	紧固螺纹	1.6	3.2	3.2~6.3
	在轴上、杆上和套上的螺纹	0.8~1.6	1.6	3.2
	丝杠和起重螺纹	—	0.4	0.8

链轮	应用精度	普通	提高
	工作表面	3.2~6.3	1.6~3.2
	根圆	6.3	3.2
	顶圆	3.2~12.5	3.2~12.5

齿轮、链轮和蜗轮的非工作端面	3.2~12.5
孔和轴的非工作表面	6.3~12.5
倒角、倒圆、退刀槽等	3.2~12.5
螺栓、螺钉等用的通孔	25
精制螺栓和螺母	3.2~12.5

第14章

电　动　机

14.1　Y系列（IP44）三相异步电动机（表 14-1、表 14-2）

表 14-1　Y系列（IP44）三相异步电动机技术数据（摘自 JB/T 10391—2008）

电动机型号	额定功率/kW	满载转速/(r/min)	堵转转矩额定转矩	最大转矩额定转矩	电动机型号	额定功率/kW	满载转速/(r/min)	堵转转矩额定转矩	最大转矩额定转矩
同步转速 3000r/min，2 极					同步转速 1500r/min，4 极				
Y80M1	0.75	2830	2.2	2.3	Y80M1	0.55	1390	2.3	2.3
Y80M2	1.1	2830	2.2	2.3	Y80M2	0.75	1390	2.3	2.3
Y90S	1.5	2840	2.2	2.3	Y90S	1.1	1400	2.3	2.3
Y90L	2.2	2840	2.2	2.3	Y90L	1.5	1400	2.3	2.3
Y100L	3	2870	2.2	2.3	Y100L1	2.2	1430	2.2	2.3
Y112M	4	2890	2.2	2.3	Y100L2	3	1430	2.2	2.3
Y132S1	5.5	2900	2.0	2.3	Y112M	4	1440	2.2	2.3
Y132S2	7.5	2900	2.0	2.3	Y132S	5.5	1440	2.2	2.3
Y160M1	11	2930	2.0	2.3	Y132M	7.5	1440	2.2	2.3
Y160M2	15	2930	2.0	2.3	Y160M	11	1460	2.2	2.3
Y160L	18.5	2930	2.0	2.2	Y160L	15	1460	2.2	2.3
Y180M	22	2940	2.0	2.2	Y180M	18.5	1470	2.0	2.2
Y200L1	30	2950	2.0	2.2	Y180L	22	1470	2.0	2.2
同步转速 1000r/min，6 极					Y200L	30	1470	2.0	2.2
Y90S	0.75	910	2.0	2.2	同步转速 750r/min，8 极				
Y90L	1.1	910	2.0	2.2	Y132S	2.2	710	2.0	2.0
Y100L	1.5	940	2.0	2.2	Y132M	3	710	2.0	2.0
Y112M	2.2	940	2.0	2.2	Y160M1	4	720	2.0	2.0
Y132S	3	960	2.0	2.2	Y160M2	5.5	720	2.0	2.0
Y132M1	4	960	2.0	2.2	Y160L	7.5	720	2.0	2.0
Y132M2	5.5	960	2.0	2.2	Y180L	11	730	1.7	2.0
Y160M	7.5	970	2.0	2.0	Y200L	15	730	1.8	2.0
Y160L	11	970	2.0	2.0	Y225S	18.5	730	1.7	2.0
Y180L	15	970	2.0	2.0	Y225M	22	730	1.8	2.0
Y200L1	18.5	970	2.0	2.0	Y250M	30	730	1.8	2.0
Y200L2	22	970	2.0	2.0					
Y225M	30	980	1.7	2.0					

注：1. JB/T 10391—2008 已作废，但无新标准替代。

2. 电动机型号意义：以 Y132S2-2-B3 为例，Y 表示系列代号，132 表示机座中心高，S2 表示短机座和第二种铁心长度（M 表示中机座，L 表示长机座），2 表示电动机的极数，B3 表示安装形式。

表 14-2 机座带底脚、端盖无凸缘 Y 系列电动机的安装及外形尺寸 （JB/T 10391—2008）

（单位：mm）

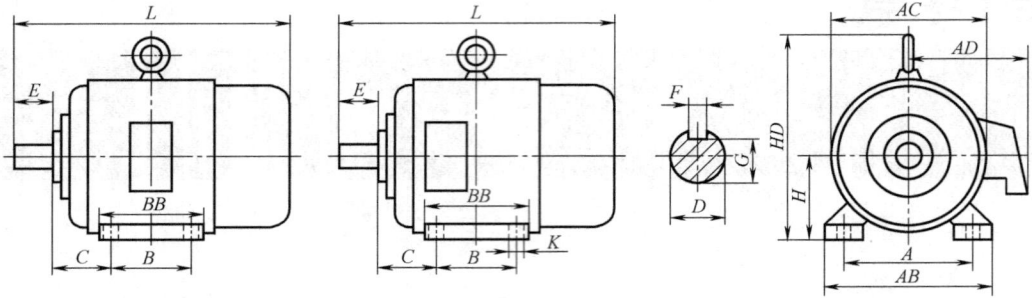

Y80～Y132   Y160～Y250

机座号	极数	A	B	C	D	E	F	G	H	K	AB	AC	AD	HD	BB	L
80M	2,4	125	100	50	19	40±0.31	$6^{\ 0}_{-0.030}$	$15.5^{\ 0}_{-0.10}$	$80^{\ 0}_{-0.5}$	$10^{+0.36}_{\ 0}$	165	175	150	175	135	290
90S	2,4,6	140	100	56	24	50±0.31	$8^{\ 0}_{-0.036}$	$20^{\ 0}_{-0.20}$	$90^{\ 0}_{-0.5}$		180	195	160	195		315
90L			125												160	340
100L	2,4,6	160	125	63	28	60±0.37		$24^{\ 0}_{-0.20}$	$100^{\ 0}_{-0.5}$	$12^{+0.43}_{\ 0}$	205	215	180	245	180	380
112M		190	140	70					$112^{\ 0}_{-0.5}$		245	240	190	265	185	400
132S		216	178	89	38	80±0.37	$10^{\ 0}_{-0.036}$	$33^{\ 0}_{-0.20}$	$132^{\ 0}_{-0.5}$		280	275	210	315	205	475
132M			178												243	515
160M	2,4,6,8	254	210	108	42	110±0.43	$12^{\ 0}_{-0.043}$	$37^{\ 0}_{-0.20}$	$160^{\ 0}_{-0.5}$	$14.5^{+0.43}_{\ 0}$	330	335	265	385	275	605
160L			254												320	650
180M		279	241	121	48		$14^{\ 0}_{-0.043}$	$42.5^{\ 0}_{-0.20}$	$180^{\ 0}_{-0.5}$		355	380	285	430	315	670
180L			279												353	710
200L		318	305	133	55		$16^{\ 0}_{-0.043}$	$49^{\ 0}_{-0.20}$	$200^{\ 0}_{-0.5}$		395	420	315	475	380	775
225S	4,8	356	286	149	60	140±0.50	$18^{\ 0}_{-0.043}$	$53^{\ 0}_{-0.20}$	$225^{\ 0}_{-0.5}$	$18.5^{+0.52}_{\ 0}$	435	475	345	530	375	820
225M	2		311		55	110±0.50	$16^{\ 0}_{-0.043}$	$49^{\ 0}_{-0.20}$							400	815
	4,6,8				60			$53^{\ 0}_{-0.20}$								845
250M	2	406	349	168	60	140±0.50	$18^{\ 0}_{-0.043}$		$250^{\ 0}_{-0.5}$	$24^{+0.52}_{\ 0}$	490	515	385	575	460	930
	4,6,8				65			$58^{\ 0}_{-0.20}$								

(D 列尺寸公差：90S～112M 为 $^{+0.009}_{-0.004}$；160M～180L 为 $^{+0.018}_{+0.002}$；225M～250M 为 $^{+0.030}_{+0.011}$)

14.2 YZ 和 YZR 系列冶金及起重用三相异步电动机

（表 14-3～表 14-6）

表 14-3 YZ 系列电动机技术数据 （JB/T 10104—2018）

型号	S2				S3 6 次/h（热等效起动次数）															
	30/min		60/min		FC=15%		FC=25%		FC=40%								FC=60%		FC=100%	
	额定功率/kW	转速/(r/min)	额定功率/kW	转速/(r/min)	额定功率/kW	转速/(r/min)	额定功率/kW	转速/(r/min)	额定功率/kW	转速/(r/min)	最大转矩/额定转矩	堵转转矩/额定转矩	堵转电流/额定电流	效率/(%)	功率因数	额定功率/kW	转速/(r/min)	额定功率/kW	转速/(r/min)	
YZ112M-6	1.8	892	1.5	920	2.2	810	1.8	892	1.5	920	2.0	2.0	4.47	69.5	0.765	1.1	946	0.8	980	
YZ132M1-6	2.5	920	2.2	935	3.0	804	2.5	920	2.2	935	2.0	2.0	5.16	74	0.745	1.8	950	1.5	960	
YZ132M2-6	4.0	915	3.7	912	5.0	890	4.0	915	3.7	912	2.0	2.0	5.54	79	0.79	3.0	940	2.8	945	
YZ160M1-6	6.3	922	5.5	933	7.5	903	6.3	922	5.5	933	2.0	2.0	4.9	80.6	0.83	5.0	940	4.0	953	

（续）

型号	S2				S3														
	30/min		60/min		6次/h(热等效起动次数)														
					FC=15%		FC=25%		FC=40%							FC=60%		FC=100%	
	额定功率/kW	转速/(r/min)	额定功率/kW	转速/(r/min)	额定功率/kW	转速/(r/min)	额定功率/kW	转速/(r/min)	额定功率/kW	转速/(r/min)	最大转矩/额定转矩	堵转转矩/额定转矩	堵转电流/额定电流	效率(%)	功率因数	额定功率/kW	转速/(r/min)	额定功率/kW	转速/(r/min)
YZ160M2-6	8.5	943	7.5	948	11	926	8.5	943	7.5	948	2.3	2.3	5.52	83	0.86	6.3	956	5.5	961
YZ160L-6	15	920	11	953	15	920	13	936	11	953	2.3	2.3	6.17	84	0.852	9	964	2.5	972
YZ160L-8	9	694	7.5	705	11	675	9	694	7.5	705	2.3	2.3	5.1	82.4	0.766	6	717	5	724
YZ180L-8	13	675	11	694	15	654	13	675	11	694	2.3	2.3	4.9	80.9	0.811	9	710	7.5	718
YZ200L-8	18.5	697	15	710	22	686	18.5	697	15	710	2.5	2.5	6.1	86.2	0.80	13	714	11	720
YZ225M-8	26	701	22	712	33	687	26	701	22	712	2.5	2.5	6.2	87.5	0.834	18.5	718	17	720
YZ250M1-8	35	681	30	694	42	663	35	681	30	694	2.5	2.5	5.47	85.7	0.84	26	702	22	717

注：FC表示负载持续率，大小为恒定负载运行时间与负载周期之比。

表 14-4　YZ 系列电动机的安装及外形尺寸（IM1001、IM1003 及 IM1002、IM1004 型）

（单位：mm）

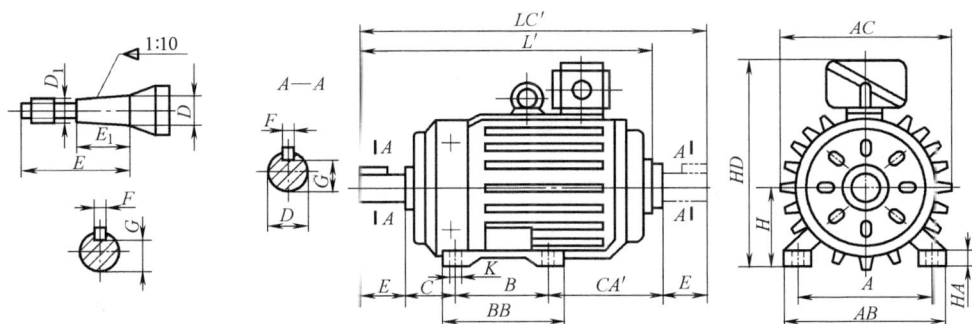

机座号	安装尺寸													外形尺寸						
	H	A	B	C	CA'	K	螺栓直径	D	D₁	E	E₁	F	G	AC	AB	HD	BB	L'	LC'	HA
112M	112	190	140	70	135	12	M10	32		80		10	27	245	250	335	235	420	505	18
132M	132	216	178	89	150			38					33	285	275	365	260	495	577	20
160M	160	254	210	108	180	15	M12	48		110		14	42.5	325	320	425	290	608	718	25
160L			254											335				650	762	
180L	180	279	279	121				55	M36×3		82		19.9	360	360	465	380	685	800	25
200L	200	318	305	133	210	19	M16	60	M42×3	140	105	16	21.4	405	405	510	400	780	928	28
225M	225	356	311	149	258			65					23.9	430	455	545	410	850	998	28
250M	250	406	349	168	295	24	M20	70	M48×3			18	25.4	480	515	605	510	935	1092	30

表 14-5　YZR 系列电动机技术数据（摘自 JB/T 10105—2017）

型号	S2 30/min 额定功率/kW	S2 30/min 转速/(r/min)	S2 60/min 额定功率/kW	S2 60/min 转速/(r/min)	S3 6次/h FC=15% 额定功率/kW	S3 6次/h FC=15% 转速/(r/min)	S3 6次/h FC=25% 额定功率/kW	S3 6次/h FC=25% 转速/(r/min)	S3 6次/h FC=40% 额定功率/kW	S3 6次/h FC=40% 转速/(r/min)	S3 6次/h FC=60% 额定功率/kW	S3 6次/h FC=60% 转速/(r/min)
YZR112M-6	1.8	815	1.5	866	2.2	725	1.8	815	1.5	866	L1	912
YZR132M1-6	2.5	892	2.2	908	3.0	855	2.5	892	2.2	908	1.3	924
YZR132M2-6	4.0	900	3.7	908	5.0	875	4.0	900	3.7	908	3.0	937
YZR160M1-6	6.3	921	5.5	930	7.5	910	6.3	921	5.5	930	5.0	935
YZR160M2-6	8.5	930	7.5	940	11	908	8.5	930	7.5	940	6.3	949
YZR160L-6	13	942	11	957	15	920	13	942	11	945	9.0	952
YZR180L-6	17	955	15	962	20	946	17	955	15	962	13	963
YZR200L-6	26	956	22	964	33	942	26	956	22	964	19	969
YZR225M-6	34	957	30	962	40	947	34	957	30	962	26	968
YZR160L-8	9	694	7.5	705	11	676	9	694	7.5	705	6	717
YZR180L-8	13	700	11	700	15	690	13	700	11	700	9	720
YZR200L-8	18.5	701	15	712	22	690	18.5	701	15	712	13	718
YZR225M-8	26	708	22	715	33	696	26	708	22	715	18.5	721
YZR250M1-8	35	715	30	720	42	710	35	715	30	720	26	725

型号	S3 FC=100% 额定功率/kW	S3 FC=100% 转速/(r/min)	S4及S5 150次/h FC=25% 额定功率/kW	S4及S5 150次/h FC=25% 转速/(r/min)	S4及S5 150次/h FC=40% 额定功率/kW	S4及S5 150次/h FC=40% 转速/(r/min)	S4及S5 150次/h FC=60% 额定功率/kW	S4及S5 150次/h FC=60% 转速/(r/min)	S4及S5 300次/h FC=40% 额定功率/kW	S4及S5 300次/h FC=40% 转速/(r/min)	S4及S5 300次/h FC=60% 额定功率/kW	S4及S5 300次/h FC=60% 转速/(r/min)
YZR112M-6	0.8	940	1.6	845	1.3	890	1.1	920	1.2	900	0.9	930
YZR132M1-6	1.5	940	2.2	908	2.0	913	1.7	931	1.8	926	1.6	936
YZR132M2-6	2.5	950	3.7	915	3.3	925	2.8	940	3.4	925	2.8	940
YZR160M1-6	4.0	944	5.8	927	5.0	935	4.8	937	5.0	935	4.8	937
YZR160M2-6	5.5	956	7.5	940	7.0	945	6.0	954	6.0	954	5.5	959
YZR160L-6	7.5	970	11	950	10	957	8.0	969	8.0	969	7.5	971
YZR180L-6	11	975	15	960	13	965	12	969	12	969	11	972
YZR200L-6	17	973	21	965	18.5	970	17	973	17	973	—	—
YZR225M-6	22	975	28	965	25	969	22	973	22	973	20	977
YZR250M1-6	28	975	33	970	30	973	28	975	26	977	25	978
YZR250M2-6	33	974	42	967	37	971	33	975	31	976	30	977
YZR160L-8	5	724	7.5	712	7	716	5.8	724	6.0	722	50	727
YZR180L-8	7.5	726	11	711	10	717	8.0	728	8.0	728	7.5	729
YZR200L-8	11	723	15	713	13	718	12	720	12	720	11	724
YZR225M-8	17	723	21	718	18.5	721	17	724	17	724	15	727
YZR250M1-8	22	729	29	700	25	705	22	712	22	712	20	716
YZR250M2-8	27	729	33	725	30	727	28	728	26	730	25	731
YZR280S-10	27	582	33	578	30	579	28	580	26	582	25	583
YZR280M-10	33	587	42	—	37	—	33	—	31	—	28	—

注：FC 表示负载持续率，大小为恒定负载运行时间与负载周期之比。

表 14-6　YZR 系列电动机的安装及外形尺寸（IM1001、IM1003 及 IM1002、IM1004 型）

（单位：mm）

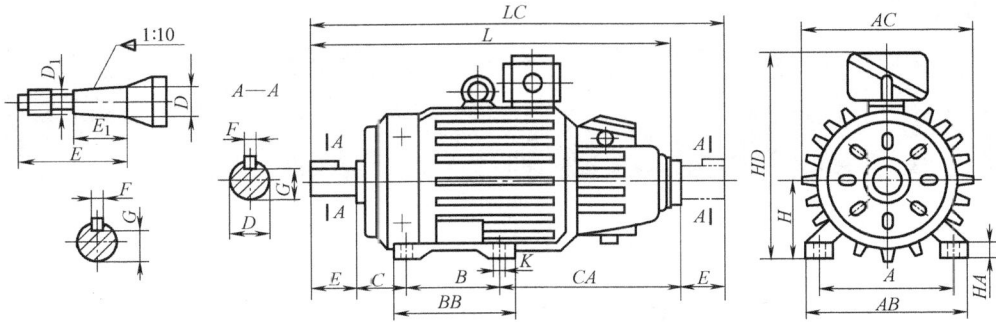

机座号	安装尺寸													外形尺寸						
	H	A	B	C	CA	K	螺栓直径	D	D_1	E	E_1	F	G	AC	AB	HD	BB	L	LC	HA
112M	112	190	140	70	300	12	M10	32		80		10	27	245	250	330	235	590	670	18
132M	132	216	178	89	300	12	M10	33		80		10	33	285	275	360	260	645	727	20
160M	160	254	210	108	330	15	M12	43		110		14	42.5	325	320	420	290	758	858	25
160L	160	254	254	108	330	15	M12	43		110		14	42.5	325	320	420	335	800	912	25
180L	180	279	279	121	360	15	M12	55	M36×3	110	82	14	19.9	360	360	460	380	870	980	25
200L	200	318	305	133	400	19	M16	60	M42×3	140	105	16	21.4	405	405	510	400	975	1118	28
225M	225	356	311	149	450	19	M16	65	M42×3	140	105	16	23.9	430	455	545	410	1050	1190	28
250M	250	406	349	168		19	M16	70	M48×3	140	105	18	25.4	480	515	605	510	1195	1337	30
280S	280	457	368	190	540	24	M20	85	M56×3	170	130	20	31.7	535	575	665	530	1265	1438	32
280M	280	457	419	190	540	24	M20	85	M56×3	170	130	20	31.7	535	575	665	580	1315	1489	32

第15章

常用联接标准件

15.1 螺纹联接（表 15-1～表 15-6）

表 15-1 六角头螺栓（摘自 GB/T 5782—2016）六角头螺栓　全螺纹（摘自 GB/T 5783—2016）

（单位：mm）

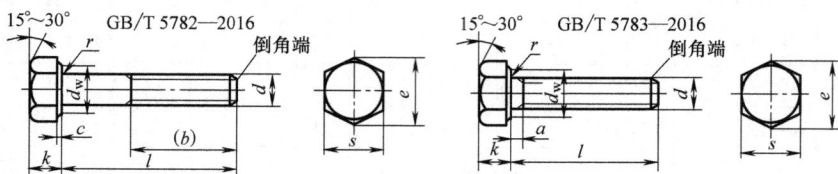

标记示例：

螺纹规格 d＝M12、公称长度 l＝80mm、性能等级为 8.8 级、表面不经处理，产品等级为 A 级的六角头螺栓的标记为
螺栓　GB/T 5782　M12×80

标记示例：

螺纹规格 d＝M12、公称长度 l＝80mm、性能等级为 8.8 级、表面不经处理，产品等级为 A 级的六角头螺栓的标记为
螺栓　GB/T 5783　M12×80

螺纹规格 d			M3	M4	M5	M6	M8	M10	M12	(M14)	M16	(M18)	M20	(M22)	M24	(M27)	M30	M36
P			0.5	0.7	0.8	1	1.25	1.5	1.75	2	2	2.5	2.5	2.5	3	3	3.5	4
b 参 考	$l \leqslant 125$		12	14	16	18	22	26	30	34	38	42	46	50	54	60	66	—
	$125 < l \leqslant 200$		18	20	22	24	28	32	36	40	44	48	52	56	60	66	72	84
	$l > 200$		31	33	33	37	41	45	49	53	57	61	65	69	73	79	85	97
a	max		1.5	2.1	2.4	3	3.75	4.5	5.25	6	6	7.5	7.5	7.5	9	9	10.5	12
c	max		0.4	0.4	0.5	0.5	0.6	0.6	0.6	0.6	0.8	0.8	0.8	0.8	0.8	0.8	0.8	0.8
	min		0.15	0.15	0.15	0.15	0.15	0.15	0.15	0.15	0.2	0.2	0.2	0.2	0.2	0.2	0.2	0.2
d_w	min	A	4.6	5.9	6.9	8.9	11.6	14.6	16.6	19.6	22.5	25.3	28.2	31.7	33.6	—	—	—
		B	4.5	5.7	6.7	8.7	11.5	14.5	16.5	19.2	22	24.9	27.7	31.4	33.3	38	42.8	51.1
e	min	A	6.01	7.66	8.79	11.05	4.38	17.77	20.03	23.35	26.75	30.14	33.53	37.72	39.89	—	—	—
		B	5.88	7.50	8.63	10.89	4.20	17.59	19.85	22.78	26.17	29.56	32.95	37.29	39.55	45.2	50.85	60.79
k	公称		2	2.8	3.5	4	5.3	6.4	7.5	8.8	10	11.5	12.5	14	15	17	18.7	22.5
r	min		0.1	0.2	0.2	0.25	0.4	0.4	0.6	0.6	0.6	0.6	0.8	0.8	0.8	1	1	1
s	公称		5.5	7	8	10	13	16	18	21	24	27	30	34	36	41	46	55
l 范围			20～30	25～40	25～50	30～60	40～80	45～100	50～120	60～140	65～160	70～180	80～200	90～220	90～240	100～260	110～300	140～360

（续）

螺纹规格 d	M3	M4	M5	M6	M8	M10	M12	(M14)	M16	(M18)	M20	(M22)	M24	(M27)	M30	M36
l 范围 （全螺纹）	6~ 30	8~ 40	10~ 50	12~ 60	16~ 80	20~ 100	25~ 120	30~ 140	30~ 150	35~ 150	40~ 150	45~ 150	50~ 150	55~ 200	60~ 200	70~ 200
l 系列	6,8,10,12,16,20~70（5 进位），80~160（10 进位），180~360（20 进位）															

技术条件	材料	力学性能等级	螺纹公差	公差产品等级	表面处理
	钢	5、6、8.8、 9.8、10.9	6g	A 级用于 $d \leqslant 24mm$ 和 $l \leqslant 10d$ 或 $l \leqslant 150mm$ B 级用于 $d > 24mm$ 或 $l > 10d$ 或 $l > 150mm$	GB/T 5782： 不经处理、电镀、 非电解锌片涂层 GB/T 5783：不经 处理、电镀、 非电解锌片涂层、 热浸镀锌层

注：1. A、B、C 为产品等级，A 级最精确，C 级最不精确。C 级产品详见 GB/T 5780—2016、GB/T 5781—2016。
　　2. l 系列中，全螺纹中的 55、65 等规格尽量不用。
　　3. 括号内为非优选螺纹规格，尽量不采用。

表 15-2　1 型六角螺母（摘自 GB/T 6170—2015）**六角薄螺母**（摘自 GB/T 6172.1—2016）

（单位：mm）

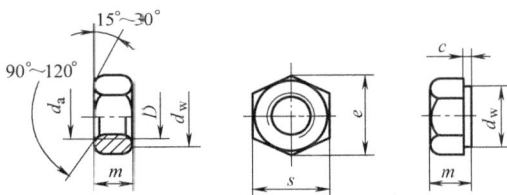

标记示例：
螺纹规格 D＝M12、性能等级为 8 级、表面不经处理、产品等级为 A 级的 1 型六角螺母的标记为
螺母　GB/T 6170　M12

标记示例：
螺纹规格 D＝M12、性能等级为 04 级、表面不经处理、产品等级为 A 级、倒角的六角薄螺母的标记为
螺母　GB/T 6172.1　M12

螺纹规格 D		M3	M4	M5	M6	M8	M10	M12	(M14)	M16	(M18)	M20	(M22)	M24	(M27)	M30	M36
P		0.5	0.7	0.8	1	1.25	1.5	1.75	2	2	2.5	2.5	2.5	3	3	3.5	4
d_a	max	3.45	4.6	5.75	6.75	8.75	10.8	13	15.1	17.30	19.5	21.6	23.7	25.9	29.1	32.4	38.9
d_w	min	4.6	5.9	6.9	8.9	11.6	14.6	16.6	19.6	22.5	24.9	27.7	31.4	33.3	38	42.8	51.1
e	min	6.01	7.66	8.79	11.05	14.38	17.77	20.03	23.36	26.75	29.56	29.56	37.29	39.55	45.20	50.85	60.79
s	max	5.5	7	8	10	13	16	18	21	24	27	30	34	36	41	46	55
c	max	0.4	0.4	0.5	0.6	0.6	0.6	0.6	0.6	0.8	0.8	0.8	0.8	0.8	0.8	0.8	0.8
m （max）	1 型六角 螺母	2.4	3.2	4.7	5.2	6.8	8.4	10.8	12.8	14.8	15.8	18	19.4	21.5	23.8	25.6	31
	六角 薄螺母	1.8	2.2	2.7	3.2	4	5	6	7	8	9	10	11	12	13.5	15	18

技术条件	材料	性能等级	螺纹公差	表面处理	公差产品等级
	钢	六角螺母：6、8、10 薄螺母：04、05	6H	不经处理、电镀、 非电解锌片涂层、 热浸镀锌	A 级用于 $D \leqslant M16$ B 级用于 $D > M16$

表 15-3　内六角圆柱头螺钉（摘自 GB/T 70.1—2008）　　　　　（单位：mm）

标记示例：螺纹规格 d＝M8、公称长度 l＝20mm、性等级为 8.8 级、表面氧化的 A 级内六角圆柱头螺钉的标记为

螺钉　GB/T 70.1　M8×20

螺纹规格 d	M5	M6	M8	M8	M10	M12	M16	M20	M24	M36
b(参考)	22	24	28	32	36	44	52	60	72	84
d_k(max)	8.5	10	13	16	18	24	30	36	45	54
e(min)	4.58	5.72	6.68	9.15	11.43	16	19.44	21.73	25.15	30.85
k(max)	5	6	8	10	12	16	20	24	30	36
s(公称)	4	5	6	8	10	14	17	19	22	27
t(min)	2.5	3	4	5	6	8	10	12	15.5	19
l 范围(公称)	8~50	10~60	12~80	16~100	20~120	25~160	30~200	40~200	45~200	55~200
制成全螺纹时 $l \leqslant$	8~20	10~30	12~35	16~40	20~50	25~60	30~70	40~80	45~100	55~110
l 系列(公称)	2.5,3,4,5,6,8,10,12,16,20~50(5 进位),55,60,65,70~160(10 进位),180~280(20 进位),300									

技术条件	材料	性能等级	螺纹公差	产品等级	表面处理
	钢	8.8、10.9、12.9	12.9 级为 5g6g，其他等级为 6g	A	氧化、电镀、非电解锌片涂层

表 15-4　十字槽盘头螺钉和十字槽沉头螺钉（摘自 GB/T 818—2000、GB/T 819.1—2000）

（单位：mm）

十字槽盘头螺钉（GB/T 818—2016）

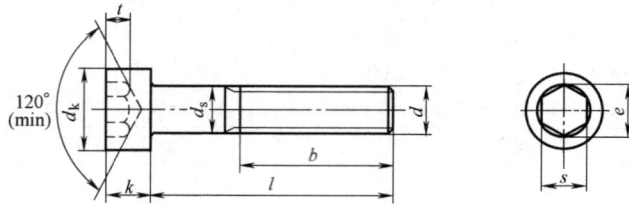

a) H型十字槽　　　　b) Z型十字槽

螺纹规格 d		M3	M4	M5	M6	M8	M10
螺距 P		0.5	0.7	0.8	1	1.25	1.5
a 最大		1	1.4	1.6	2	2.5	3
b 最小		25	38	38	38	38	38
GB/T 818	d_k 最大	5.6	8	9.5	12	16	20
	k 最大	2.4	3.1	3.7	4.6	6	7.5
	x 最大	1.25	1.75	2	2.5	3.2	3.8
GB/T 819.1	d_k 最大（公称）	5.5	8.4	9.3	11.3	15.8	18.3
	k 最大	1.65	2.7	2.7	3.3	4.65	5
	x 最大	1.25	1.75	2	2.5	3.2	3.8

（续）

十字槽沉头螺钉（GB/T 819.1—2016）	螺纹规格 d	M3	M4	M5	M6	M8	M10

a）H 型十字槽　　　b）Z 型十字槽

十字槽沉头螺钉（GB/T 819.1—2016）	l 系列	3,4,5,6,8,10,12,(14),16,20,25,30,35,40,45,50,(55),60					
	材料		钢	不锈钢		有色金属
	性能等级		4.8	A2-70、A2-50		CU2、CU3、CU4
	技术条件	表面处理	GB/T 818：不经处理、电镀或非电解锌片涂层GB/T 819.1：不经处理或电镀	简单处理或钝化处理		简单处理或电镀

标记示例

螺纹规格 d＝M5、公称长度 l＝20mm、性能等级为 4.8 级、表面不经处理的 H 型十字槽盘头螺钉的标记为

螺钉 GB/T 818 M5×20

注：1. GB/T 819.1—2016 没有不锈钢和有色金属材料。

2. 尽可能不采用括号内的规格。

3. GB/T 818 和 GB/T 819.1 的产品等级为 A 级，螺纹公差为 6g。

表 15-5 开槽圆柱头螺钉、开槽盘头螺钉和开槽沉头螺钉

（摘自 GB/T 65—2016、GB/T 67—2016、GB/T 68—2016）　　　　（单位：mm）

开槽圆柱头螺钉（GB/T 65—2016）
开槽盘头螺钉（GB/T 67—2016）
圆的或平的

开槽沉头螺钉（GB/T 68—2016）

		螺纹规格 d	M3	M4	M5	M6	M8	M10
		a（最大）	1	1.4	1.6	2	2.5	3
		n（公称）	0.8	1.2	1.2	1.6	2	2.5
GB/T 65—2016		d_k 最大	5.50	7	8.5	10	13	16
		k 最大	2.00	2.6	3.3	3.9	5	6
		t 最小	0.85	1.1	1.3	1.6	2	2.4
		d_a 最大		4.7	5.7	6.8	9.2	11.2
		r 最小	0.1	0.2	0.2	0.25	0.4	0.4
		商品规格长度 l	5~40	6~50	8~60	10~80	12~80	
		全螺纹长度 l	4~30	5~40	6~40	8~40	10~40	12~40
GB/T 67—2016		d_k 最大	5.6	8	9.5	12	16	20
		k 最大	1.8	2.4	3	3.6	4.8	6
		t 最小	0.7	1	1.2	1.4	1.9	2.4
		d_a 最大	3.6	4.7	5.7	6.8	9.2	11.2
		r 最小	0.1	0.2	0.2	0.25	0.4	0.4
		商品规格长度 l	4~30	5~40	6~50	8~60	10~80	12~80
		全螺纹长度 l	4~30	5~40	6~40	8~40	10~40	12~40
GB/T 68—2016		d_k 最大	5.5	8.4	9.3	11.3	15.8	18.3
		k 最大	1.65	2.7	2.7	3.3	4.65	5
		r 最小	0.8	1	1.3	1.5	2	2.5
		t 最小	0.6	1	1.1	1.2	1.8	2
		商品规格长度 l	5~30	6~40	8~50	8~60	10~80	12~80
		全螺纹长度 l	5~30	6~40	8~45	8~45	10~45	12~45

标记示例

螺纹规格 d＝M5、公称长度 l＝20mm、性能等级为 4.8 级、表面不经处理的 A 级开槽圆柱头螺钉：

螺钉 GB/T 65 M5×20

注：技术条件同表 15-3，但材料为钢时的性能等级还有 5.8。

表 15-6 标准型弹簧垫圈（摘自 GB/T 93—1987）轻型弹簧垫圈（摘自 GB/T 859—1987）

（单位：mm）

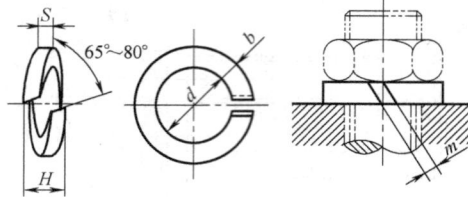

标记示例：
规格 16mm，材料为 65Mn，表面氧化的标准型弹簧垫圈，标记为 垫圈 GB/T 93 16
规格 16mm，材料为 65Mn，表面氧化的轻型弹簧垫圈，标记为 垫圈 GB/T 859 16

规格（螺纹大径）	d	GB/T 93—1987		GB/T 859—1987		
		$S(b)$	$m \leqslant$	S	b	$m \leqslant$
3	3.1	0.8	0.4	0.6	1	0.3
4	4.1	1.1	0.5	0.8	1.2	0.4
5	5.1	1.3	0.65	1.1	1.5	0.55
6	6.1	1.6	0.8	1.3	2	0.65
8	8.1	2.1	1.05	1.6	2.5	0.8
10	10.2	2.6	1.3	2	3	1
12	12.2	3.1	1.55	2.5	3.5	1.25
(14)	14.2	3.6	1.8	3	4	1.5
16	16.2	4.1	2.05	3.2	4.5	1.6
(18)	18.2	4.5	2.25	3.6	5	1.8
20	20.2	5	2.5	4	5.5	2
(22)	22.5	5.5	2.75	4.5	6	2.25
24	24.5	6	3	5	7	2.5
(27)	27.5	6.8	3.4	5.5	8	2.75
30	30.5	7.5	3.75	6	9	3
36	36.5	9	4.5	—	—	—

注：材料为 65Mn，淬火并回火材料，硬度为 42~50HRC，尽可能不采用括号内的规格。

15.2 键与销联接（表 15-7~表 15-12）

表 15-7 普通平键的形式和尺寸（摘自 GB/T 1095—2003、GB/T 1096—2003）

（单位：mm）

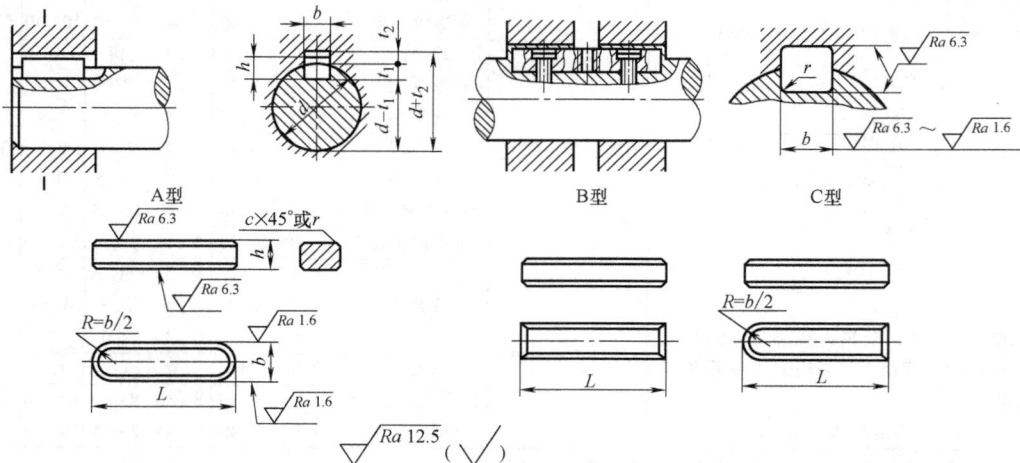

(续)

标记示例：
圆头普通平键（A 型）$b=16\text{mm}$，$h=10\text{mm}$，$L=100\text{mm}$；GB/T 1096　键 16×10×100
平头普通平键（B 型）$b=16\text{mm}$，$h=10\text{mm}$，$L=100\text{mm}$；GB/T 1096　键 B16×10×100
单圆头普通平键（C 型）$b=16\text{mm}$，$h=10\text{mm}$，$l=100\text{mm}$；GB/T 1096　键 C16×10×100

轴		键	键槽										
公称直径 d		公称尺寸	宽度 b 的极限偏差						深度				半径 r
			松联接		正常联接		紧密联接		轴 t_1		毂 t_2		
大于	至	$b×h$	轴 H9	毂 D10	轴 N9	毂 JS9	轴和毂 P9		公称尺寸	极限偏差	公称尺寸	极限偏差	最小	最大
12	17	5×5	+0.030	+0.078	0	±0.015	−0.012		3.0	+0.1	2.3	+0.1	0.08	0.16
17	22	6×6	0	+0.030	−0.03		−0.042		3.5	0	2.8	0	0.16	0.25
22	30	8×7	+0.0360	+0.098	0	±0.018	−0.015		4.0		3.3			
30	38	10×8	0	+0.040	−0.036		−0.051		5.0		3.3			
38	44	12×8	+0.043	+0.120	0	±0.0215	−0.018		5.0		3.3		0.25	0.40
44	50	14×9	0	+0.050	−0.043		−0.061		5.5		3.8			
50	58	16×10							6.0	+0.20	4.3	+0.20		
58	65	18×11							7.0		4.4			
65	75	20×12	+0.052	+0.149	0	±0.026	−0.022		7.5		4.9			
75	85	22×14	0	+0.065	−0.052		−0.074		9.0		5.4		0.40	0.60
85	95	25×14							9.0		5.4			
95	110	28×16							10.0		6.4			
键的长度系列		14,16,18,20,22,25,28,32,36,40,45,50,56,63,70,80,90,100,110,125,140,160,180,200,250,280,320,360												

注：1. 在工作图中，轴槽深用 t_1 或 $d-t_1$ 标注，轮毂深用 $d-t_2$ 标注。
　　2. $d-t_1$ 和 $d-t_2$ 两组组合尺寸的极限偏差按相应的 t_1 和 t_2 极限偏差选取，但 $d-t_1$ 极限偏差值应取负号（−）。
　　3. 键长 L 公差为 h14，宽度 b 公差为 h9、高度 h 公差为 h11（矩形）或 h8（方形）。
　　4. 轴槽、轮毂槽的键槽宽度 b 两侧面的表面粗糙度参数 Ra 推荐为 1.6～3.2μm；轴槽底面、轮毂槽底面的表面粗糙度参数 Ra 为 6.3μm。

表 15-8　圆柱销（摘自 GB/T 119.1—2000）**圆锥销**（摘自 GB/T 117—2000）

（单位：mm）

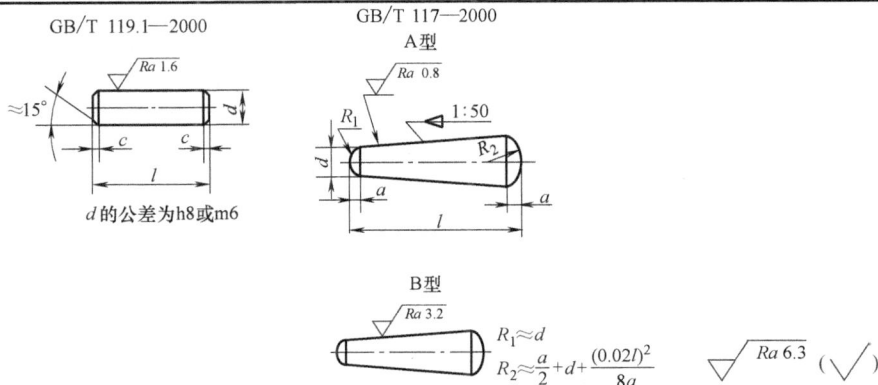

标记示例：
公称直径 $d=8\text{mm}$、公差为 m6、公称长度 $l=30\text{mm}$、材料为钢、不经淬火、不经表面处理的圆柱销的标记：销　GB/T 119.1　6 m6×30
公称直径 $d=10\text{mm}$、公称长度 $l=60\text{mm}$、材料为 35 钢、热处理硬度 28～38HRC、表面氧化处理的 A 型圆锥销的标记：销　GB/T 117　10×60

（续）

d		2	2.5	3	4	5	6	8	10	12	16	20	25	30
圆柱销	$c\approx$	0.35	0.40	0.50	0.63	0.80	1.2	1.6	2.0	2.5	3.0	3.5	4.0	5.0
	商品规格 l	6~20	6~24	8~30	8~40	10~50	12~60	14~80	18~95	22~140	26~180	35~200	50~200	60~200
圆锥销	$a\approx$	0.25	0.30	0.40	0.50	0.63	0.80	1.0	1.2	1.6	2.0	2.5	3.0	4.0
	商品规格 l	10~35	10~35	12~45	14~55	18~60	22~90	22~120	26~160	32~180	40~200	45~200	50~200	55~200
l公称		6,8,10,12,14,16,18,20,22,24,26,28,30,32,35~100（5进位）,120,140,160,180,200												

注：圆柱销（淬硬钢和马氏体不锈钢）详见 GB/T 119.2—2000，其公称直径 d 的尺寸范围为 1~20mm。

表 15-9　吊环螺钉（摘自 GB/T 825—1988）　　　　　　（单位：mm）

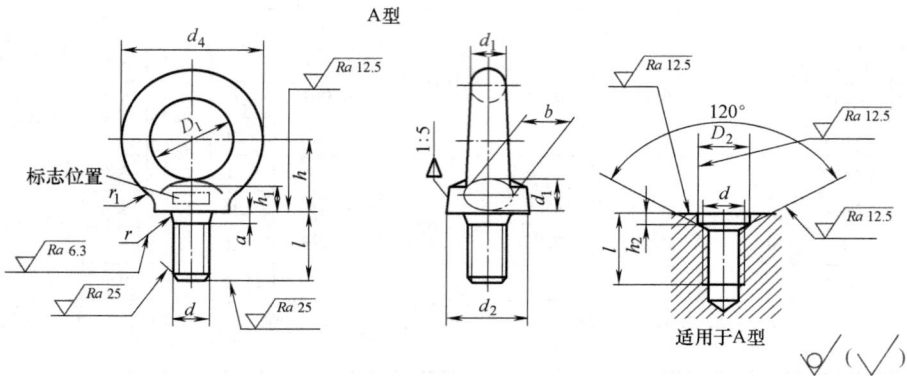

标记示例：规格为 20mm、材料为 20 钢、经正火处理、不经表面处理的 A 型吊环螺钉的标记为

螺钉　GB/T 825　M20

螺纹规格(d)		M8	M10	M12	M16	M20	M24	M30	M36	M42	M48
d_1	max	9.1	11.1	13.1	15.2	17.4	21.4	25.7	30	34.4	40.7
D_1	公称	20	24	28	34	40	48	56	67	80	95
d_2	max	21.1	25.1	29.1	35.2	41.4	49.4	57.7	69	82.4	97.7
h_1	max	7	9	11	13	15.1	19.1	23.2	27.4	31.7	36.9
l	公称	16	20	22	28	35	40	45	55	65	70
d_4	参考	36	44	52	62	72	88	104	123	144	171
h		18	22	26	31	36	44	53	63	74	87
r_1		4	4	6	6	8	12	15	18	20	22
r	min	1	1	1	1	1	2	2	3	3	3
a_1	max	3.75	4.5	5.25	6	7.5	9	10.5	12	13.5	15
d_3	公称(max)	6	7.7	9.4	13	16.4	19.6	25	30.8	35.6	41
a	max	2.5	3	3.5	4	5	6	7	8	9	10
b		10	12	14	16	19	24	28	32	38	46
D_2	公称(min)	13	15	17	22	28	32	38	45	52	60
h_2	公称(min)	2.5	3	3.5	4.5	5	7	8	9.5	10.5	11.5

（续）

螺纹规格(d)		M8	M10	M12	M16	M20	M24	M30	M36	M42	M48
最大起吊质量/t	单螺钉	0.16	0.25	0.4	0.63	1	1.6	2.5	4	6.3	3
	双螺钉	0.08	0.125	0.2	0.32	0.5	0.8	1.25	2	3.2	4

减速器类型	一级圆柱齿轮减速器					二级圆柱齿轮减速器					
中心距 a	100	125	160	200	250	315	100×140	140×200	180×250	200×280	250×355
重量 W/kN	0.26	0.52	1.05	2.1	4	8	1	2.6	4.8	6.8	12.5

表 15-10　外六角螺塞（摘自 JB/ZQ 4450—2006）55°非密封管螺纹

外六角螺塞（摘自 JB/ZQ 4451—2006）　　　（单位：mm）

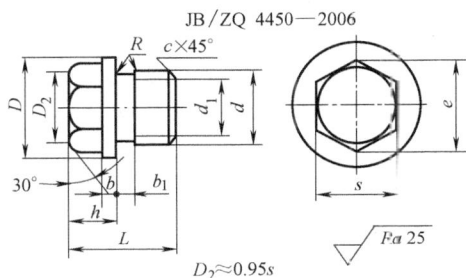

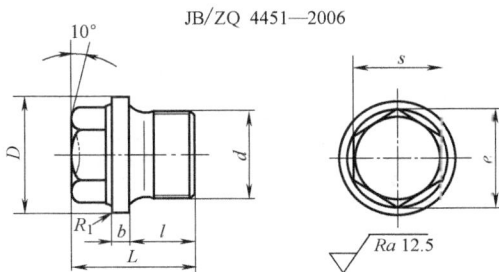

外六角螺塞标记示例：
d 为 M20×1.5 的外六角螺塞标记为
螺塞　M20×1.5　JB/ZQ 4450—2006

管螺纹外六角螺塞标记示例：
d 为 G1/2A 的 55°非密封管螺纹外六角螺塞标记为
螺塞　G1/2A　JB/ZQ 4451—2006

外六角螺塞

d	d_1	D	e	s 公称尺寸	s 极限偏差	L	h	b	b_1	R	c	质量/kg
M12×1.25	10.2	22	15	13	0 -0.24	24	12	3	3	1	1.0	0.032
M20×1.5	17.8	30	24.2	21	0 -0.28	30	15	4				0.090
M24×2	21	34	31.2	27		32	16	4	4		1.5	0.145
M30×2	27	42	39.3	34	0 -0.34	38	18					0.252

55°非密封管螺纹外六角螺塞

d	D	b	l	L	e ≥	s		质量/kg
G1/8A	14	3	8	17	10.89	10	0 -0.270	0.012
G1/4A	18		12	21	14.20	13		0.024
G3/8A	22				18.72	17		0.038
G1/2A	26	4	14	26	20.88	19		0.067
G3/4A	32			30	26.17	24	0 -0.330	0.127
G1A	39		15	32	29.56	27		0.195
G1¼A	49			33	32.95	30		0.300
G1½A	55	5						0.375
G2A	68		20	40	39.55	36	0 -0.390	0.695
G2½A	85							1.020
G3A	100	6	26	46	47.30	41		1.200

表 15-11 螺栓与螺钉通孔及沉孔尺寸 （单位：mm）

螺纹规格	螺栓和螺钉通孔直径 d_h（摘自 GB/T 5277—1985）			沉头螺钉及半沉头螺钉的沉孔（摘自 GB/T 152.2—2014）				内六角圆柱头螺钉的圆柱头沉孔（摘自 GB/T 152.3—1988）				六角头螺栓和六角螺母的沉孔（摘自 GB/T 152.4—1988）			
d	精装配	中等装配	粗装配	d_2	$t\approx$	d_1	α	d_2	t	d_3	d_1	d_2	d_3	d_1	t
M3	3.2	3.4	3.6	6.3	1.55	3.4		6.0	3.4	—	3.4	9	—	3.4	
M4	4.3	4.5	4.8	9.4	2.55	4.5		8.0	4.6		4.5	10		4.5	
M5	5.3	5.5	5.8	10.4	2.58	5.5		10.0	5.7		5.5	11		5.5	
M6	6.4	6.6	7	12.6	3.13	6.6		11.0	6.8		6.6	13		6.6	
M8	8.4	9	10	17.3	4.28	9		15.0	9.0		9.0	18		9.0	
M10	10.5	11	12	20.0	4.65	11		18.0	11.0		11.0	22		11.0	
M12	13	13.5	14.5					20.0	13.0	16	13.5	26	16	13.5	只要能制出与通孔轴线垂直的圆平面即可
M14	15	15.5	16.5				90°±1°	24.0	15.0	18	15.5	30	18	15.5	
M16	17	17.5	18.5					26.0	17.5	20	17.5	33	20	17.5	
M18	19	20	21					—	—	—	—	36	22	20.0	
M20	21	22	24	—	—	—		33.0	21.5	24	22.0	40	24	22.0	
M22	23	24	26					—	—	—	—	43	26	24	
M24	25	26	28					40.0	25.5	28	26.0	48	28	26	
M27	28	30	32					—	—	—	—	53	33	30	
M30	31	33	35					48.0	32.0	36	33.0	61	36	33	
M36	37	39	42					57.0	38.0	42	39.0	71	42	39	

表 15-12 粗牙螺栓、螺钉的拧入深度和螺纹孔的尺寸（参考） （单位：mm）

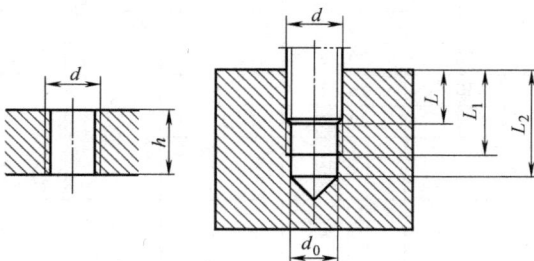

h——内螺纹通孔长度

d_0——螺纹攻螺纹前的钻孔直径

L——双头螺柱或螺钉拧入深度

L_1——螺纹攻螺纹深度

L_2——钻孔深度

（续）

d	d₀	用于钢或青铜				用于铸铁				用于铝			
		h	L	L_1	L_2	h	L	L_1	L_2	h	L	L_1	L_2
6	5	8	6	10	12	12	10	14	16	15	12	24	29
8	6.8	10	8	12	16	15	12	16	20	20	16	26	30
10	8.5	12	10	16	20	18	15	20	24	24	20	34	38
12	10.2	15	12	18	22	22	18	24	28	28	24	38	42
16	14	20	16	24	23	28	24	30	34	36	32	50	54
20	17.5	25	20	30	35	35	30	38	44	45	40	62	68
24	21	30	24	36	42	42	35	48	54	55	48	78	84
30	26.5	36	30	44	52	50	45	56	62	70	60	94	102
36	32	45	36	52	60	65	55	66	74	80	72	106	114

第16章

滚 动 轴 承

滚动轴承详见表 16-1~ 表 16-4。

表 16-1 深沟球轴承（摘自 GB/T 276—2013）

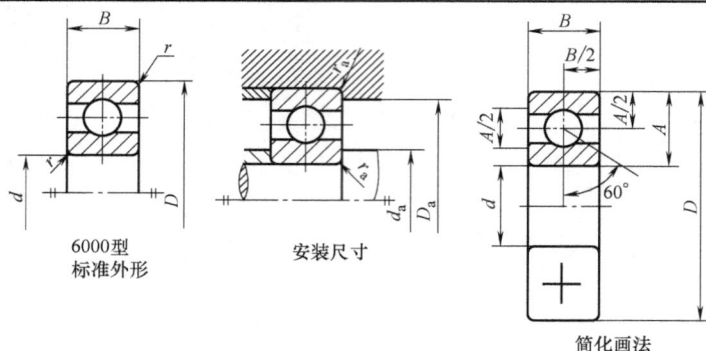

6000型
标准外形

安装尺寸

简化画法

标记示例：

滚动轴承 6216 GB/T 276—2013

F_a/C_0	e	Y	当量动载荷	当量静载荷
0.014	0.19	2.30	$\dfrac{F_a}{F_r} \le e, P = F_r$	$\dfrac{F_a}{F_r} \le 0.8, P_0 = F_t$
0.028	0.22	1.99		
0.056	0.26	1.71		
0.084	0.28	1.55		
0.11	0.30	1.45		$\dfrac{F_a}{F_r} > 0.8, P_0 = 0.6F_r + 0.5F_a$
0.17	0.34	1.31		
0.28	0.38	1.15		取上列两式计算结
0.42	0.42	1.04	$\dfrac{F_a}{F_r} > e, P = 0.56F_r + YF_s$	果的较大值
0.56	0.44	1.00		

轴承型号	基本尺寸/mm				安装尺寸/mm			基本额定载荷/kN		极限转速/(r/min)	
	d	D	B	r_s min	d_a min	D_a max	r_{as} max	C_r	C_{0r}	脂润滑	油润滑
6204	20	47	14	1	26	41	1	12.8	6.65	14000	18000
6205	25	52	15	1	31	46	1	14.0	7.88	12000	16000
6206	30	62	16	1	36	56	1	19.5	11.5	9500	13000
6207	35	72	17	1.1	42	65	1	25.5	15.2	8500	11000
6208	40	80	18	1.1	47	73	1	29.5	18.0	8000	10000
6209	45	85	19	1.1	52	78	1	31.5	20.5	7000	9000
6210	50	90	20	1.1	57	83	1	35.0	23.2	6700	8500
6211	55	100	21	1.5	64	91	1.5	43.2	29.2	6000	7500
6212	60	110	22	1.5	69	101	1.5	47.8	32.8	5600	7000
6213	65	120	23	1.5	74	111	1.5	57.2	40.0	5000	6300
6214	70	125	24	1.5	79	116	1.5	60.8	45.0	4800	6000

（续）

轴承型号	基本尺寸/mm				安装尺寸/mm			基本额定载荷/kN		极限转速/（r/min）	
	d	D	B	r_s min	d_a min	D_a max	r_{as} max	C_r	C_{0r}	脂润滑	油润滑
6215	75	130	25	1.5	84	121	1.5	66.0	49.5	4500	5600
6216	80	140	26	2	90	130	2	71.5	54.2	4300	5300
6217	85	150	28	2	95	140	2	83.2	63.8	4000	5000
6218	90	160	30	2	100	150	2	95.8	71.5	3800	4800
6219	95	170	32	2.1	107	158	2.1	110	82.8	3600	4500
6220	100	180	34	2.1	112	168	2.1	122	92.8	3400	4300
6304	20	52	15	1.1	27	45	1	15.8	7.88	13000	17000
6305	25	62	17	1.1	32	55	1	22.2	11.5	10000	14000
6306	30	72	19	1.1	37	65	1	27.0	15.2	9000	12000
6307	35	80	21	1.5	44	71	1.5	33.2	19.2	8000	10000
6308	40	90	23	1.5	49	81	1.5	40.8	24.0	7000	9000
6309	45	100	25	1.5	54	91	1.5	52.8	31.8	6300	8000
6310	50	110	27	2	60	100	2	61.8	38.0	6000	7500
6311	55	120	29	2	65	110	2	71.5	44.8	5600	6700
6312	60	130	31	2.1	72	118	2.1	81.8	51.8	5300	6300
6313	65	140	33	2.1	77	128	2.1	93.8	60.5	4500	5600
6314	70	150	35	2.1	82	138	2.1	105	68.0	4300	5300
6315	75	160	37	2.1	87	148	2.1	112	76.8	4000	5000
6316	80	170	39	2.1	92	158	2.1	122	86.5	3800	4800
6317	85	180	41	3	99	166	2.5	132	96.5	3600	4500
6318	90	190	43	3	104	176	2.5	145	108	3400	4300
6319	95	200	45	3	109	186	2.5	155	122	3200	4000
6320	100	215	47	3	114	201	2.5	172	140	2800	3600
6404	20	72	19	1.1	27	65	1	31.0	15.2	9500	13000
6405	25	80	21	1.5	34	71	1.5	38.2	19.2	8500	11000
6406	30	90	23	1.5	39	81	1.5	47.5	24.5	8000	10000
6407	35	100	25	1.5	44	91	1.5	56.8	29.5	6700	8500
6408	40	110	27	2	50	100	2	65.5	37.5	6300	8000
6409	45	120	29	2	55	110	2	77.5	45.5	5600	7000
6410	50	130	31	2.1	62	118	2.1	92.2	55.2	5200	6500
6411	55	140	33	2.1	67	128	2.1	106	62.5	4800	6000
6412	60	150	35	2.1	72	138	2.1	108	70.0	4500	5600
6413	65	160	37	2.1	77	148	2.1	118	78.5	4300	5300
6414	70	180	42	3	84	166	2.5	140	99.5	3800	4800
6415	75	190	45	3	89	176	2.5	155	115	3600	4500
6416	80	200	48	3	94	186	2.5	162	125	3400	4300
6417	85	210	52	4	103	192	3	175	138	3200	4000
6418	90	225	54	4	108	207	3	192	158	2800	3600
6420	100	250	58	4	118	232	3	222	195	2400	3200

注：GB/T 276—2013 仅给出了轴承型号及尺寸，安装尺寸摘自 GB/T 5868—2003。

表 16-2 角接触球轴承（摘自 GB/T 292—2007）

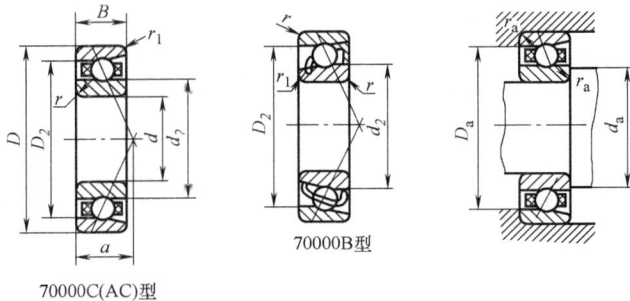

70000C(AC)型

70000B型

（续）

基本尺寸/mm			基本额定载荷/kN		极限转速/(r/min)		质量/kg	轴承代号	其他尺寸/mm					安装尺寸/mm		
d	D	B	C_r	C_{0r}	脂润滑	油润滑	$W\approx$	70000	$d_2\approx$	$D_2\approx$	a	r_{min}	r_{1min}	$d_{x\,min}$	$D_{a\,max}$	$r_{a\,max}$
20	42	12	10.5	6.08	14000	19000	0.064	7004C	26.9	35.1	10.2	0.6	0.15	25	37	0.6
	42	12	10.0	5.78	14000	19000	0.064	7004AC	26.9	35.1	13.2	0.6	0.15	25	37	0.6
	47	14	14.5	8.22	13000	18000	0.1	7204C	29.3	39.7	11.5	1	0.3	26	41	1
	47	14	14.0	7.82	13000	18000	0.1	7204AC	29.3	39.7	14.9	1	0.3	26	41	1
	47	14	14.0	7.85	13000	18000	0.11	7204B	30.5	37	21.1	1	0.3	26	41	1
25	47	12	11.5	7.45	12000	17000	0.074	7005C	31.9	40.1	10.8	0.6	0.15	30	42	0.6
	47	12	11.2	7.08	12000	17000	0.074	7005AC	31.9	40.1	14.4	0.6	0.15	30	42	0.6
	52	15	16.5	10.5	11000	16000	0.12	7205C	33.8	44.2	12.7	1	0.3	31	46	1
	52	15	15.8	9.88	11000	16000	0.12	7205AC	33.8	44.2	16.4	1	0.3	31	46	1
	52	15	15.8	9.45	9500	14000	0.13	7205B	35.4	42.1	23.7	1	0.3	31	46	1
	62	17	26.2	15.2	8500	12000	0.3	7305B	39.2	48.4	26.8	1.1	0.6	32	55	1
30	55	13	15.2	10.2	9500	14000	0.11	7006C	38.4	47.7	12.2	1	0.3	36	49	1
	55	13	14.5	9.85	9500	14000	0.11	7006AC	38.4	47.7	16.4	1	0.3	36	49	1
	62	16	23.0	15.0	9000	13000	0.19	7206C	40.8	52.2	14.2	1	0.3	36	56	1
	62	16	22.0	14.2	9000	13000	0.19	7206AC	40.8	52.2	18.7	1	0.3	36	56	1
	62	16	20.5	13.8	8500	12000	0.21	7206B	42.8	50.1	27.4	1	0.3	36	56	1
	72	19	31.0	19.2	7500	10000	0.37	7306B	46.5	56.2	31.1	1.11	0.6	37	65	1
35	62	14	19.5	14.2	8500	12000	0.15	7007C	43.3	53.7	13.5	1	0.3	41	56	1
	62	14	18.5	13.5	8500	12000	0.15	7007AC	43.3	53.7	18.3	1	0.3	41	56	1
	72	17	30.5	20.0	8000	11000	0.28	7207C	46.8	60.2	15.7	1.1	0.6	42	65	1
	72	17	29.0	19.2	8000	11000	0.28	7207AC	46.8	60.2	21	1.1	0.6	42	65	1
	72	17	27.0	18.8	7500	10000	0.3	7207B	49.5	58.1	30.9	1.1	0.6	42	65	1
	80	21	38.2	24.5	7000	9500	0.51	7307B	52.4	63.4	34.6	1.5	0.6	44	71	1.5
40	68	15	20.0	15.2	8000	11000	0.18	7008C	48.8	59.2	14.7	1	0.3	46	62	1
	68	15	19.0	14.5	8000	11000	0.18	7008AC	48.88	59.2	20.1	1	0.3	46	62	1
	80	18	36.8	25.8	7500	10000	0.37	7208C	52.8	67.2	17	1.1	0.6	47	73	1
	80	18	35.2	24.5	7500	10000	0.37	7208AC	52.8	67.2	23	1.1	0.6	47	73	1
	80	18	32.5	23.5	6700	9000	0.39	7208B	56.4	65.7	34.5	1.1	0.6	47	73	1
	90	23	46.2	30.5	6300	8500	0.67	7308B	59.3	71.5	38.8	1.5	0.6	49	81	1.5
	110	27	67.0	47.5	6000	8000	1.4	7408B	64.6	85.4	38.7	2	1	50	100	2
45	75	16	25.8	20.5	7500	10000	0.23	7009C	54.2	65.9	16	1	0.3	51	69	1
	75	16	25.8	19.5	7500	10000	0.23	7009AC	54.2	65.9	21.9	1	0.3	51	69	1
	85	19	38.5	28.5	6700	9000	0.41	7209C	58.8	73.2	18.2	1.1	0.6	52	78	1
	85	19	36.8	27.2	6700	9000	0.41	7209AC	58.8	73.2	24.7	1.1	0.6	52	78	1
	85	19	36.0	26.2	6300	8500	0.44	7209B	60.5	70.2	36.8	1.1	0.6	52	78	1
	100	25	59.5	39.8	6000	8000	0.9	7309B	66	80	42.0	1.5	0.6	54	91	1.5
50	80	16	26.5	22.0	6700	9000	0.25	7010C	59.2	70.9	16.7	1	0.3	56	74	1
	80	16	25.2	21.0	6700	9000	0.25	7010AC	59.2	70.9	23.2	1	0.3	56	74	1
	90	20	42.8	32.0	6300	8500	0.46	7210C	62.4	77.7	19.4	1.1	0.6	57	83	1
	90	20	40.8	30.5	6300	8500	0.46	7210AC	62.4	77.7	26.3	1.1	0.6	57	83	1
	90	20	37.5	29.0	5600	7500	0.49	7210B	65.5	75.2	39.4	1.1	0.6	57	83	1
	110	27	68.2	48.0	5000	6700	1.15	7310B	74.2	88.8	47.5	2	1	60	100	2
	130	31	95.2	64.2	5000	6600	2.08	7410B	77.6	102.4	46.2	2.1	1.1	62	118	2.1

（续）

基本尺寸/mm			基本额定载荷/kN		极限转速/(r/min)		质量/kg	轴承代号	其他尺寸/mm					安装尺寸/mm		
d	D	B	C_r	C_{0r}	脂润滑	油润滑	$W\approx$	70000	$d_2\approx$	$D_2\approx$	a	r_{min}	r_{1min}	$d_{x\,min}$	$D_{a\,max}$	$r_{a\,max}$
55	90	18	37.2	30.5	6000	8000	0.38	7011C	65.4	79.7	18.7	1.1	0.6	62	83	1
	90	18	35.2	29.2	6000	8000	0.38	7011AC	65.4	79.7	25.9	1.1	0.6	62	83	1
	100	21	52.8	40.5	5600	7500	0.61	7211C	68.9	86.1	20.9	1.5	0.6	64	91	1.5
	100	21	50.5	38.5	5600	7500	0.61	7211AC	68.9	86.1	28.6	1.5	0.6	64	91	1.5
	100	21	46.2	36.0	5300	7000	0.65	7211B	72.4	83.4	43	1.5	0.6	64	91	1.5
	120	29	78.8	56.5	4500	6000	1.45	7311B	80.5	96.3	51.4	2	1	65	110	2
60	95	18	38.2	32.8	5600	7500	0.4	7012C	71.4	85.7	19.4	1.1	0.6	67	88	1
	95	18	36.2	31.5	5600	7500	0.4	7012AC	71.4	85.7	27.1	1.1	0.6	67	88	1
	110	22	61.0	48.5	5300	7000	0.8	7212C	76	94.1	22.4	1.5	0.6	69	101	1.5
	110	22	58.2	46.2	5300	7000	0.8	7212AC	76	94.1	30.8	1.5	0.6	69	101	1.5
	110	22	56.0	44.5	4800	6300	0.84	7212B	79.3	91.5	46.7	1.5	0.6	69	101	1.5
	130	31	90.0	66.3	4300	5600	1.85	7312B	87.1	104.2	55.4	2.1	1.1	72	118	2.1
	150	35	118	85.5	4300	5600	3.56	7412B	91.4	118.6	55.7	2.1	1.1	72	138	2.1
65	100	18	40.0	35.5	5300	7000	0.43	7013C	75.3	89.8	20.1	1.1	0.6	72	93	1
	100	18	38.0	33.8	5300	7000	0.43	7013AC	75.3	89.8	28.2	1.1	0.6	72	93	1
	120	23	69.8	55.2	4800	6300	1	7213C	82.5	102.5	24.2	1.5	0.6	74	111	1.5
	120	23	66.5	52.5	4800	6300	1	7213AC	82.5	102.5	33.5	1.5	0.6	74	111	1.5
	120	23	62.5	53.2	4300	5600	1.05	7213B	88.4	101.2	51.1	1.5	0.6	74	111	1.5
	140	33	102	77.8	4000	5300	2.25	7313B	93.9	112.4	59.5	2.1	1.1	77	128	2.1
70	110	20	48.2	43.5	5000	6700	0.6	7014C	82	98	22.1	1.1	0.6	77	103	1
	110	20	45.8	41.5	5000	6700	0.6	7014AC	82	98	30.9	1.1	0.6	77	103	1
	125	24	70.2	60.0	4500	6700	1.1	7214C	89	109	25.3	1.5	0.6	79	115	1.5
	125	24	69.2	57.5	4500	6700	1.1	7214AC	89	109	35.1	1.5	0.6	79	115	1.5
	125	24	70.2	57.2	4300	5600	1.15	7214B	91.1	104.9	52.9	1.5	0.6	79	115	1.5
	150	35	115	87.2	3600	4800	2.75	7314B	100.9	120.5	63.7	2.1	1.1	82	133	2.1
75	115	20	49.5	46.5	4800	6300	0.63	7015C	88	104	22.7	1.1	0.6	82	108	1
	115	20	46.8	44.2	4800	6300	0.63	7015AC	88	104	32.2	1.1	0.6	82	108	1
	130	25	79.2	65.8	4300	5600	1.2	7215C	94	115	26.4	1.5	0.6	84	121	1.5
	130	25	75.2	63.0	4300	5600	1.2	7215AC	94	115	36.6	1.5	0.6	84	121	1.5
	130	25	72.8	62.0	4000	5300	1.3	7215B	96.1	109.9	55.5	1.5	0.6	84	121	1.5
	160	37	125	98.5	3400	4500	3.3	7315B	107.9	128.6	68.4	2.1	1.1	87	148	2.1
80	125	22	58.5	55.8	4500	6000	0.85	7016C	95.2	112.8	24.7	1.1	0.6	87	118	1
	125	22	55.5	53.2	4500	6000	0.85	7016AC	95.2	112.8	34.9	1.1	0.6	87	118	1
	140	26	89.5	78.2	4000	5300	1.45	7216C	100	122	27.2	2	1	90	130	2
	140	26	85.0	74.5	4000	5300	1.45	7216AC	100	122	38.9	2	1	90	130	2
	140	26	80.2	69.5	3600	4800	1.55	7216B	103.2	117.8	59.2	2	1	90	130	2
	170	39	135	110	3600	4800	3.9	7316B	114.8	136.8	71.9	2.1	1.1	82	158	2.1
85	130	22	62.5	60.2	4300	5600	0.89	7017C	99.4	117.6	25.4	1.1	0.6	92	123	1
	130	22	59.2	57.2	4300	5600	0.89	7017AC	99.4	117.6	36.1	1.1	0.6	92	123	1
	150	28	99.8	85.0	3800	5000	1.8	7217C	107.1	131	29.9	2	1	95	140	2
	150	28	94.8	81.5	3800	5000	1.8	7217AC	107.1	131	41.6	2	1	95	140	2
	150	28	93.0	81.5	3400	4500	1.95	7217B	110.1	126	63.6	2	1	95	140	2
	180	41	148	122	3000	4000	4.6	7317B	121.2	145.6	76.1	3	1.1	99	166	2.5

（续）

基本尺寸/mm			基本额定载荷/kN		极限转速/(r/min)		质量/kg	轴承代号	其他尺寸/mm					安装尺寸/mm		
d	D	B	C_r	C_{0r}	脂润滑	油润滑	$W\approx$	70000	$d_2\approx$	$D_2\approx$	a	r_{min}	r_{1min}	$d_{x\,min}$	$D_{a\,max}$	$r_{a\,max}$
90	140	24	71.5	69.8	4000	5300	1.15	7018C	107.2	126.8	27.4	1.5	0.6	99	131	1.5
	140	24	67.5	66.5	4000	5300	1.15	7018AC	107.2	126.8	38.8	1.5	0.6	99	131	1.5
	160	30	122	105	3600	4800	2.25	7218C	111.7	138.4	34.7	2	1	100	150	2
	160	30	118	100	3600	4800	2.25	7218AC	111.7	138.4	44.2	2	1	100	150	2
	160	30	105	94.5	3200	4300	2.4	7218B	118.1	135.2	67.9	2	1	100	150	2
	190	43	158	138	2800	3800	5.4	7318B	128.6	153.2	80.2	3	1.1	104	176	2.5
95	145	24	73.5	73.2	3800	5000	1.2	7019C	110.2	129.8	28.1	1.5	0.6	104	136	1.5
	145	24	69.5	69.9	3800	5000	1.2	7019AC	110.2	129.8	40	1.5	0.6	104	136	1.5
	170	32	135	115	3400	4500	1.2	7219C	118.1	147	33.8	2.1	1.1	107	158	2.1
	170	32	128	108	3400	4500	2.7	7219AC	118.1	147	46.9	2.1	1.1	107	158	2.1
	170	32	120	108	3000	4000	2.9	7219B	126.1	144.4	72.5	2.1	1.1	107	158	2.1
	200	45	172	155	2800	3800	6.25	7319B	135.4	161.5	84.4	3	1.1	109	186	2.5
100	150	24	79.2	78.5	3800	5000	1.25	7020C	114.6	135.4	28.7	1.5	0.6	109	141	1.5
	150	24	75	74.8	3800	5000	1.25	7020AC	114.6	135.4	41.2	1.5	0.6	109	141	1.5
	180	34	148	128	3200	4300	3.25	7220C	124.8	155.3	35.8	2.1	1.1	112	168	2.1
	180	34	142	122	3200	4300	3.25	7220AC	124.8	155.3	49.7	2.1	1.1	112	168	2.1
	180	34	130	115	2600	3600	3.45	7220B	130.9	150.5	75.7	2.1	1.1	112	168	2.1
	215	47	188	180	2400	3400	7.75	7320B	144.5	182.5	89.6	3	1.1	114	201	2.5

表 16-3　圆锥滚子轴承（摘自 GB/T 297—2015）

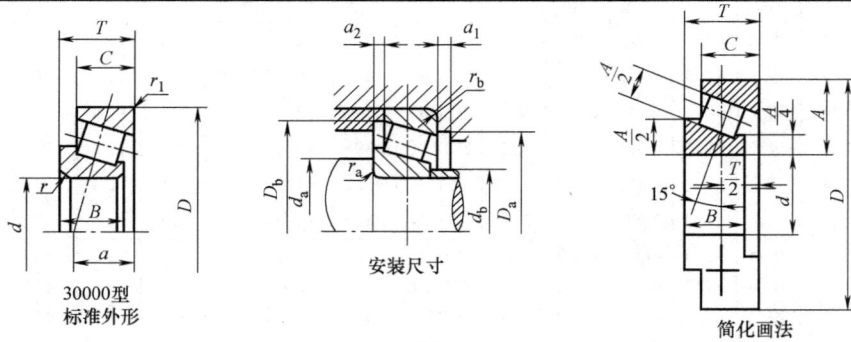

30000型
标准外形

安装尺寸

简化画法

标记示例

滚动轴承 30308　GB/T 297—2015

当量动载荷	当量静载荷
$\dfrac{F_a}{F_r}\leqslant e, P=F_r;\ \dfrac{F_a}{F_r}>e; P=0.4F_r+YF_a$	$P_0=0.5F_r+Y_0F_a;$ 若 $P_0<F_r$，则取 $P_0=F_r$

轴承型号	基本尺寸/mm					其他尺寸/mm	安装尺寸/mm										e	Y	Y_0	基本额定载荷/kN		极限转速/(r/min)	
	d	D	T	B	C	$a\approx$	r_s min	r_{1s} min	d_a min	d_b max	D_a max	D_b min	a_1 min	a_2 min	r_{as} max	r_{bs} max				C_r	C_{0r}	脂润滑	油润滑
30203	17	40	13.25	12	11	9.8	1	1	23	23	34	37	2	2.5	1	1	0.35	1.7	1	20.8	21.8	9000	12000
30204	20	47	15.25	14	12	11.2	1	1	26	27	41	43	2	3.5	1	1	0.35	1.7	1	28.2	30.5	8000	10000
30205	25	52	16.25	15	13	12.6	1	1	31	31	46	48	2	3.5	1	1	0.37	1.6	0.9	32.2	37.0	7000	9000
30206	30	62	17.25	16	14	13.8	1	1	36	37	56	58	2	3.5	1	1	0.37	1.6	0.9	43.2	50.5	6000	7500
30207	35	72	18.25	17	15	15.3	1.5	1.5	42	44	65	67	3	3.5	1.5	1.5	0.37	1.6	0.9	54.2	63.5	5300	6700

（续）

	当量动载荷		当量静载荷
	$\dfrac{F_a}{F_r}\le e,P=F_r;\dfrac{F_a}{F_r}>e;P=0.4F_r+YF_a$		$P_0=0.5F_r+Y_0F_a$；若 $P_0<F_r$，则取 $P_0=F_r$

轴承型号	基本尺寸/mm					其他尺寸/mm			安装尺寸/mm								e	Y	Y_0	基本额定载荷/kN		极限转速/(r/min)	
	d	D	T	B	C	$a\approx$	r_s min	r_{1s} min	d_a min	d_b max	D_a max	D_b min	a_1 min	a_2 min	r_{as} max	r_{bs} max				C_r	C_{0r}	脂润滑	油润滑
30208	40	80	19.75	18	16	16.9	1.5	1.5	47	49	73	75	3	4	1.5	1.5	0.37	1.6	0.9	63.0	74.0	5000	6300
30209	45	85	20.75	19	16	18.6	1.5	1.5	52	53	78	80	3	5	1.5	1.5	0.4	1.5	0.8	67.8	83.5	4500	5600
30210	50	90	21.75	20	17	20	1.5	1.5	57	58	83	86	3	5	1.5	1.5	0.42	1.4	0.8	73.2	92.0	4300	5300
30211	55	100	22.75	21	18	21	2	1.5	64	64	91	95	4	5	2	1.5	0.4	1.5	0.8	90.8	115	3800	4800
30212	60	110	23.75	22	19	22.4	2	1.5	69	69	101	103	4	5	2	1.5	0.4	1.5	0.8	102	130	3600	4500
30213	65	120	24.75	23	20	24	2	1.5	74	77	111	114	4	5	2	1.5	0.4	1.5	0.8	120	152	3200	4000
30214	70	125	26.25	24	21	25.9	2	1.5	79	81	116	119	4	5.5	2	1.5	0.42	1.4	0.8	132	175	3000	3800
30215	75	130	27.25	25	22	27.4	2	1.5	84	85	121	125	4	5.5	2	1.5	0.44	1.4	0.8	138	185	2800	3600
30216	80	140	28.25	26	22	28	2.5	2	90	90	130	133	4	6	2.1	2	0.42	1.4	0.8	160	212	2600	3400
30217	85	150	30.5	28	24	29.9	2.5	2	95	96	140	142	5	6.5	2.1	2	0.42	1.4	0.8	178	238	2400	3200
30218	90	160	32.5	30	26	32.4	2.5	2	100	102	150	151	5	6.5	2.1	2	0.42	1.4	0.8	200	270	2200	3000
30219	95	170	34.5	32	27	35.1	3	2.5	107	108	158	160	5	7.5	2.5	2.1	0.42	1.4	0.8	228	308	2000	2800
30220	100	180	37	34	29	36.5	3	2.5	112	114	168	169	5	8	2.5	2.1	0.42	1.4	0.8	255	350	1900	2600
30303	17	47	15.25	14	12	10	1	1	23	25	41	43	3	3.5	1	1	0.29	2.1	1.2	28.2	27.2	8500	11000
30304	20	52	16.25	15	13	11	1.5	1.5	27	28	45	48	3	3.5	1.5	1.5	0.3	2	1.1	33.0	33.2	7500	9500
30305	25	62	18.25	17	15	13	1.5	1.5	32	34	55	58	3	3.5	1.5	1.5	0.3	2	1.1	46.8	48.0	6300	8000
30306	30	72	20.75	19	16	15	1.5	1.5	37	40	65	66	3	5	1.5	1.5	0.31	1.9	1	59.0	63.0	5600	7000
30307	35	80	22.75	21	18	17	2	1.5	44	45	71	74	3	5	2	1.5	0.31	1.9	1	75.2	82.5	5000	6300
30308	40	90	25.25	23	20	19.5	2	1.5	49	52	81	84	3	5.5	2	1.5	0.35	1.7	1	90.8	108	4500	5600
30309	45	100	27.25	25	22	21.5	2	1.5	54	59	91	94	3	5.5	2	1.5	0.35	1.7	1	108	130	4000	5000
30310	50	110	29.25	27	23	23	2.5	2	60	65	100	103	4	6.5	2.1	2	0.35	1.7	1	130	158	3800	4800
30311	55	120	31.5	29	25	25	2.5	2	65	70	110	112	4	6.5	2.1	2	0.35	1.7	1	152	188	3400	4300
30312	60	130	33.5	31	26	26.5	3	2.5	72	76	118	121	5	7.5	2.5	2.1	0.35	1.7	1	170	210	3200	4000
30313	65	140	36	33	28	29	3	2.5	77	83	128	131	5	8	2.5	2.1	0.35	1.7	1	195	242	2800	3600
30314	70	150	38	35	30	30.6	3	2.5	82	89	138	141	5	8	2.5	2.1	0.35	1.7	1	218	272	2600	3400
30315	75	160	40	37	31	32	3	2.5	87	95	148	150	5	9	2.5	2.1	0.35	1.7	1	252	318	2400	3200
30316	80	170	42.5	39	33	34	3	2.5	92	102	158	160	5	9.5	2.5	2.1	0.35	1.7	1	278	352	2200	3000
30317	85	180	44.5	41	34	36	4	3	99	107	166	168	6	10.5	3	2.5	0.35	1.7	1	305	388	2000	2800
30318	90	190	46.5	43	36	37.5	4	3	104	113	176	178	6	10.5	3	2.5	0.35	1.7	1	342	440	1900	2600
30319	95	200	49.5	45	38	40	4	3	109	118	186	185	6	11.5	3	2.5	0.35	1.7	1	370	478	1800	2400
30320	100	215	51.5	47	39	42	4	3	114	127	201	199	6	12.5	3	2.5	0.35	1.7	1	405	525	1600	2000
32206	30	62	21.25	20	17	15.4	1	1	36	36	56	58	3	4.5	1	1	0.37	1.6	0.9	51.8	63.8	6000	7500
32207	35	72	24.25	23	19	17.6	1.5	1.5	42	42	65	68	3	5.5	1.5	1.5	0.37	1.6	0.9	70.5	89.5	5300	6700
32208	40	80	24.75	23	19	19	1.5	1.5	47	48	73	75	3	6	1.5	1.5	0.37	1.6	0.9	77.8	97.2	5000	6300
32209	45	85	24.75	23	19	20	1.5	1.5	52	53	78	81	3	6	1.5	1.5	0.4	1.5	0.8	80.8	105	4500	5600
32210	50	90	24.75	23	19	21	1.5	1.5	57	57	83	86	3	6	1.5	1.5	0.42	1.4	0.8	82.8	108	4300	5300

（续）

轴承型号	基本尺寸/mm					其他尺寸/mm	安装尺寸/mm										当量动载荷 $\frac{F_a}{F_r} \le e, P = F_r; \frac{F_a}{F_r} > e; P = 0.4F_r + YF_a$		当量静载荷 $P_0 = 0.5F_r + Y_0F_a$；若 $P_0 < F_r$，则取 $P_0 = F_r$	基本额定载荷/kN		极限转速/(r/min)	
	d	D	T	B	C	$a \approx$	r_s min	r_{1s} min	d_a min	d_b max	D_a max	D_b min	a_1 min	a_2 min	r_{as} max	r_{bs} max	e	Y	Y_0	C_r	C_{0r}	脂润滑	油润滑
32211	55	100	26.75	25	21	22.5	2	1.5	64	62	91	96	4	6	2	1.5	0.4	1.5	0.8	108	142	3800	4800
32212	60	110	29.75	28	24	24.9	2	1.5	69	68	101	105	4	6	2	1.5	0.4	1.5	0.8	132	180	3600	4500
32213	65	120	32.75	31	27	27.2	2	1.5	74	75	111	115	4	6	2	1.5	0.4	1.5	0.8	160	222	3200	4000
32214	70	125	33.25	31	27	27.9	2	1.5	79	79	116	120	4	6.5	2	1.5	0.42	1.4	0.8	168	238	3000	3800
32215	75	130	33.25	31	27	30.2	2	1.5	84	84	121	126	4	6.5	2	1.5	0.44	1.4	0.8	170	242	2800	3600
32216	80	140	35.25	33	28	31.3	2.5	2	90	89	130	135	5	7.5	2.1	2	0.42	1.4	0.8	198	278	2600	3400
32217	85	150	38.5	36	30	34	2.5	2	95	95	140	143	5	8.5	2.1	2	0.42	1.4	0.8	228	325	2400	3200
32218	90	160	42.5	40	34	36.7	2.5	2	100	101	150	153	5	8.5	2.1	2	0.42	1.4	0.8	270	395	2200	3000
32219	95	170	45.5	43	37	39	3	2.5	107	106	158	163	5	8.5	2.5	2.1	0.42	1.4	0.8	302	448	2000	2800
32220	100	180	49	46	39	41.8	3	2.5	112	113	168	172	5	10	2.5	2.1	0.42	1.4	0.8	340	512	1900	2600
32303	17	47	20.25	19	16	12	1	1	23	24	41	43	3	4.5	1	1	0.29	2.1	1.2	35.2	36.2	8500	11000
32304	20	52	22.25	21	18	13.4	1.5	1.5	27	26	45	48	3	4.5	1.5	1.5	0.3	2	1.1	42.8	46.2	7500	9500
32305	25	62	25.25	24	20	15.5	1.5	1.5	32	32	55	58	3	5.5	1.5	1.5	0.3	2	1.1	61.5	68.8	6300	8000
32306	30	72	28.75	27	23	18.8	1.5	1.5	37	38	65	66	4	6	1.5	1.5	0.31	1.9	1	81.5	96.5	5600	7000
32307	35	80	32.75	31	25	20.5	2	1.5	44	43	71	74	4	8	2	1.5	0.31	1.9	1	99.0	118	5000	6300
32308	40	90	35.25	33	27	23.4	2	1.5	49	49	81	83	4	8.5	2	1.5	0.35	1.7	1	115	148	4500	5600
32309	45	100	38.25	36	30	25.6	2	1.5	54	56	91	93	4	8.5	2	1.5	0.35	1.7	1	145	188	4000	5000
32310	50	110	42.25	40	33	28	2.5	2	60	61	100	102	5	9.5	2.1	2	0.35	1.7	1	178	235	3800	4800
32311	55	120	45.5	43	35	30.6	2.5	2	65	66	110	111	5	10.5	2.1	2	0.35	1.7	1	202	270	3400	4300
32312	60	130	48.5	46	37	32	3	2.5	72	72	118	122	6	11.5	2.5	2.1	0.35	1.7	1	228	302	3200	4000
32313	65	140	51	48	39	34	3	2.5	77	79	128	131	6	12	2.5	2.1	0.35	1.7	1	260	350	2800	3600
32314	70	150	54	51	42	36.5	3	2.5	82	84	138	141	6	12	2.5	2.1	0.35	1.7	1	298	408	2600	3400
32315	75	160	58	55	45	39	3	2.5	87	91	148	150	7	13	2.5	2.1	0.35	1.7	1	348	482	2400	3200
32316	80	170	61.5	58	48	42	3	2.5	92	97	158	160	7	13.5	2.5	2.1	0.35	1.7	1	388	542	2200	3000
32317	85	180	63.5	60	49	43.6	4	3	99	102	166	168	8	14.5	3	2.5	0.35	1.7	1	422	592	2000	2800
32318	90	190	67.5	64	53	46	4	3	104	107	176	178	8	14.5	3	2.5	0.35	1.7	1	478	682	1900	2600
32319	95	200	71.5	67	55	49	4	3	109	114	186	187	8	16.5	3	2.5	0.35	1.7	1	515	738	1800	2400
32320	100	215	77.5	73	60	53	4	3	114	122	201	201	8	17.5	3	2.5	0.35	1.7	1	600	872	1600	2000

注：GB/T 297—2015 仅给出了轴承型号及尺寸，安装尺寸摘自 GB/T 5868—2003。

表 16-4　推力球轴承（摘自 GB/T 301—2015）

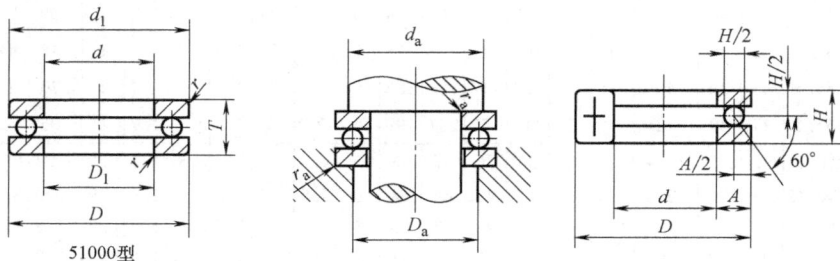

51000型

（续）

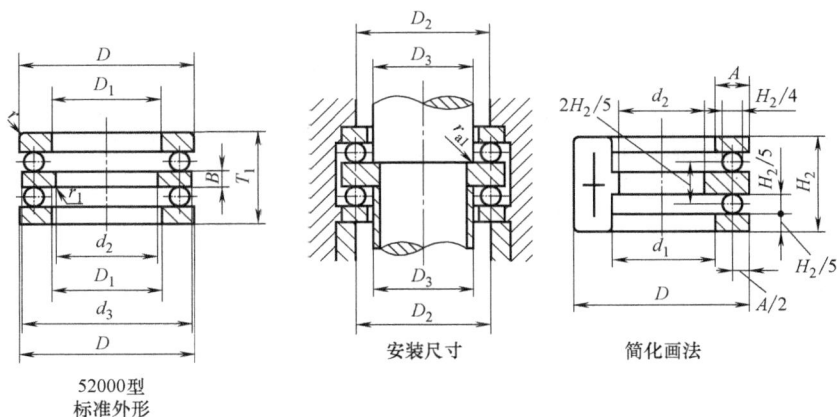

52000型
标准外形

安装尺寸　　　　　简化画法

标记示例

滚动轴承 51214　GB/T 301—2015　　　　　轴向当量动载荷　$P_a = F_a$

滚动轴承 52214　GB/T 301—2015　　　　　轴向当量静载荷　$P_{0a} = F_a$

轴承型号		基本尺寸/mm													安装尺寸/mm					额定动载荷 C_a/kN	额定静载荷 C_{0a}/kN	极限转速/(r/min)	
51000型	52000型	d	d_2	D	T	T_1	D_{1s} min	d_1 max	B	r_s min	r_{1s} min	D_{2s} max	D_1 min	d_3 max	r_a max	r_{a1} max	D_3				脂润滑	油润滑
51204	52204	20	15	40	14	26	22	40	6	0.6	0.3	40	32	28	0.6	0.3	20	22.2	37.5		3800	5300
51205	52205	25	20	47	15	28	27	47	7	0.6	0.3	47	38	34	0.6	0.3	25	27.8	50.5		3400	4800
51206	52206	30	25	52	16	29	32	52	7	0.6	0.3	52	43	39	0.6	0.3	30	28.0	54.2		3200	4500
51207	52207	35	30	62	18	34	37	62	8	1	0.3	62	51	46	1	0.3	35	39.2	78.2		2800	4000
51208	52208	40	30	68	19	36	42	68	9	1	0.6	68	57	51	1	0.6	40	47.0	98.2		2400	3600
51209	52209	45	35	73	20	37	47	73	9	1	0.6	73	62	56	1	0.6	45	47.8	105		2200	3400
51210	52210	50	40	78	22	39	52	78	9	1	0.6	78	67	61	1	0.6	50	48.5	112		2000	3200
51211	52211	55	45	90	25	45	57	90	10	1	0.6	90	76	69	1	0.6	55	67.5	158		1900	3000
51212	52212	60	50	95	26	46	62	95	10	1	0.6	95	81	74	1	0.6	60	73.5	178		1800	2800
51213	52213	65	55	100	27	47	67	100	10	1	0.6	100	86	79	1	0.6	65	74.8	188		1700	2600
51214	52214	70	55	105	27	47	72	105	10	1	1	105	91	84	1	1	70	73.5	188		1600	2400
51215	52215	75	60	110	27	47	77	110	10	1	1	110	96	89	1	1	75	74.8	198		1500	2200
51216	52216	80	65	115	28	48	82	115	10	1	1	115	101	94	1	1	80	83.8	222		1400	2000
51217	52217	85	70	125	31	55	88	125	1	1	1	125	108	101	1	1	85	102	280		1300	1900
51218	52218	90	75	135	35	62	93	135	14	1.1	1	135	117	108	1	1	90	115	315		1200	1800
51220	52220	100	85	150	38	67	103	150	15	1.1	1	150	130	120	1	1	100	132	375		1100	1700
51304	—	20	—	47	18	—	22	47	—	1	—	—	—	1	—	—	35.0	55.8		3600	4500
51305	52305	25	20	52	18	34	27	52	8	1	0.3	52	41	36	1	0.3	25	35.5	61.5		3000	4300
51306	52306	30	25	60	21	38	32	60	9	1	0.3	60	48	42	1	0.3	30	42.8	78.5		2400	3600
51307	52307	35	30	68	24	44	37	68	10	1	0.3	68	55	48	1	0.3	35	55.2	105		2000	3200
51308	52308	40	30	78	26	49	42	78	12	1	0.6	78	63	55	1	0.6	40	69.2	135		1900	3000
51309	52309	45	35	85	28	52	47	85	12	1	0.6	85	69	61	1	0.6	45	75.8	150		1700	2600
51310	52310	50	40	95	31	58	52	95	14	1.1	0.6	95	77	68	1	0.6	50	96.5	202		1600	2400
51311	52311	55	45	105	35	64	57	105	15	1.1	0.6	105	85	75	1	0.6	55	115	242		1500	2200
51312	52312	60	50	110	35	64	62	110	15	1.1	0.6	110	90	80	1	0.6	60	118	262		1400	2000
51313	52313	65	55	115	36	65	67	115	15	1.1	0.6	115	95	85	1	0.6	65	115	262		1300	1900
51314	52314	70	55	125	40	72	72	125	16	1.1	1	125	103	92	1	1	70	148	340		1200	1800
51315	52315	75	60	135	44	79	77	135	18	1.5	1	135	111	99	1.5	1	75	162	380		1100	1700

（续）

轴承型号		基本尺寸/mm												安装尺寸/mm					额定动载荷 C_a/kN	额定静载荷 C_{0a}/kN	极限转速/(r/min)	
51000型	52000型	d	d_2	D	T	T_1	D_{1s} min	d_1 max	B	r_s min	r_{1s} min	D_{2s} max	D_1 min	d_3 max	r_a max	r_{a1} max	D_3			脂润滑	油润滑
51316	52316	80	65	140	44	79	82	140	18	1.5	1	140	116	104	1.5	1	80	160	380	1000	1600
51317	52317	85	70	150	49	87	88	150	19	1.5	1	150	124	111	1.5	1	85	208	495	950	1500
51318	52318	90	75	155	50	88	93	155	19	1.5	1	155	129	116	1.5	1	90	205	495	900	1400
51320	52320	100	85	170	55	97	103	170	21	1.5	1	170	142	128	1.5	1	100	235	595	800	1200
51405	52405	25	15	60	24	45	27	60	11	1	0.6	60	46	39	1	0.6	25	55.5	89.2	2200	3400
51406	52406	30	20	70	28	52	32	70	12	1	0.6	70	54	46	1	0.6	30	72.5	125	1900	3000
51407	52407	35	25	80	32	59	37	80	14	1.1	0.6	80	62	53	1	0.6	35	86.8	155	1700	2600
51408	52408	40	30	90	36	65	42	90	15	1.1	0.6	90	70	60	1	0.6	40	112	205	1500	2200
51409	52409	45	35	100	39	72	47	100	17	1.1	0.6	100	78	67	1	0.6	45	140	262	1400	2000
51410	52410	50	40	110	43	78	52	110	18	1.5	0.6	110	86	74	1.5	0.6	50	160	302	1300	1900
51411	52411	55	45	120	48	87	57	120	20	1.5	0.6	120	94	81	1.5	0.6	55	182	355	1100	1700
51412	52412	60	50	130	51	93	62	130	21	1.5	0.6	130	102	88	1.5	0.6	60	200	395	1000	1600
51413	52413	65	50	140	56	101	68	140	23	2	1	140	110	95	2.0	1	65	215	448	900	1400
51414	52414	70	55	150	60	107	73	150	24	2	1	150	118	102	2.0	1	70	255	560	850	1300
51415	52415	75	60	160	65	115	78	160	26	2	1	160	125	110	2.0	1	75	268	615	800	1200
51416	52416	80	65	170	68	120	83	170	27	2.1	1	170	133	117	2	1	80	292	692	750	1100
51417	52417	85	65	180	72	128	88	177	29	2.1	1.1	179.5	141	124	2.1	1	85	318	782	700	1000
51418	52418	90	70	190	77	135	93	187	30	2.1	1.1	189.5	149	131	2.1	1	90	325	825	670	950
51420	52420	100	80	210	85	150	103	205	33	3	1.1	209.5	165	145	2.5	1	100	400	1080	600	850

注：GB/T 301—2015 仅给出了轴承型号及尺寸，安装尺寸（D_3 除外）摘自 GB/T 5868—2003。

第17章

联 轴 器

17.1 联轴器孔、键槽形式及其尺寸（表 17-1）

表 17-1 联轴器轴孔和联接形式与尺寸（摘自 GB/T 3852—2017） （单位：mm）

轴孔形式：

长圆柱形轴孔（Y 型）	有沉孔的短圆柱形轴孔（J 型）	无沉孔的短圆柱形轴孔（J₁ 型）	有沉孔的圆锥形轴孔（Z 型）	圆锥形轴孔（Z₁ 型）

键槽形式：

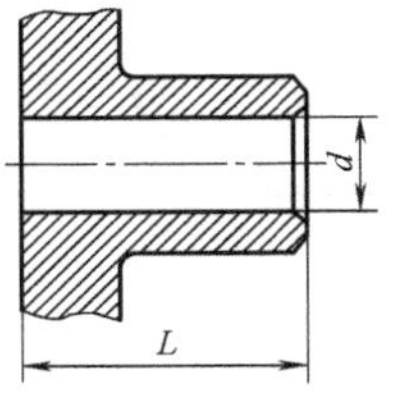

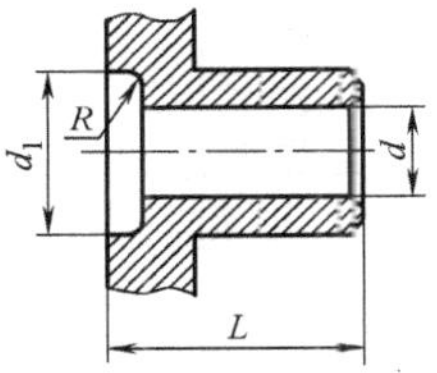

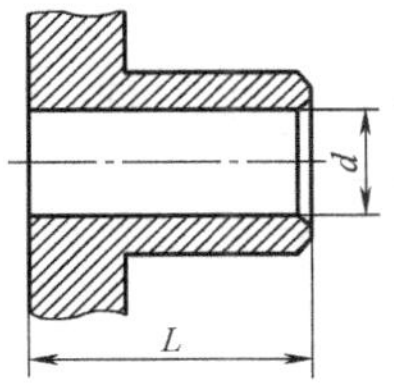

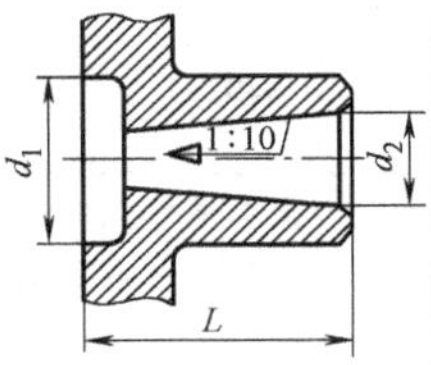

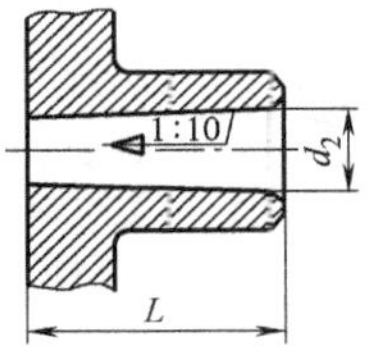

平键单键槽（A 型）	120°布置平键双键槽（B 型）	180°布置平键双键槽（B₁ 型）	圆锥形轴孔平键单键槽（C 型）

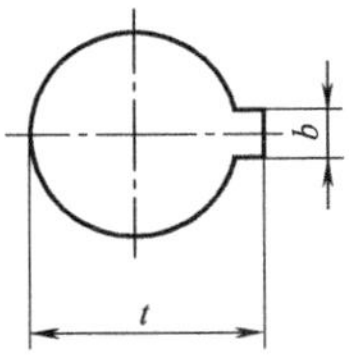

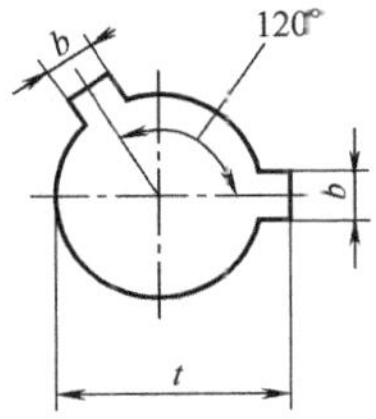

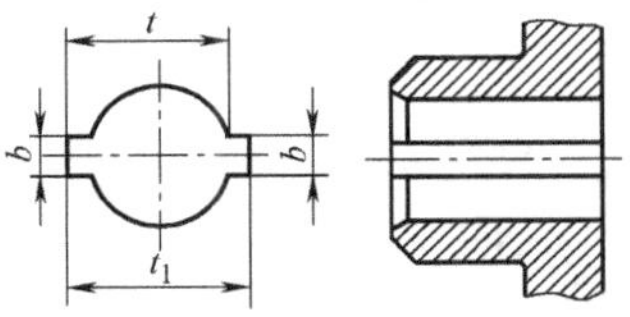

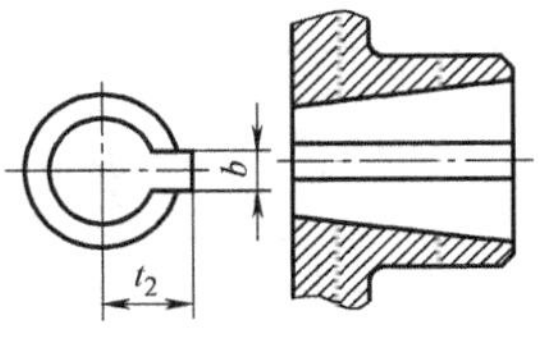

轴孔直径 d、d_2	长度 L (Y 型)	长度 L (J、J₁、Z、Z₁ 型)	L_1	沉孔尺寸 d_1	R	A/B/B₁型 $b(P9)$ 公称尺寸	$b(P9)$ 极限偏差	t 公称尺寸	t 极限偏差	t_1 公称尺寸	t_1 极限偏差	C型 $b(P9)$ 公称尺寸	$b(P9)$ 极限偏差	t_2 公称尺寸	t_2 极限偏差
16						5		18.3		20.6		3		8.7	
18	42	30	42					20.8		23.6				10.1	
19				38		6	−0.012 −0.042	21.8	+0.1 0	24.6	+0.2 0	4		10.6	
20	52	38	52		1.5			22.8		25.6			−0.012 −0.042	10.9	±0.1
22								24.8		27.6				11.9	
24						8		27.3		30.6				13.4	
25	62	44	62	48			−0.015 −0.051	28.3	+0.2 0	31.6	+0.4 0	5		13.7	
28								31.3		34.6				15.2	

（续）

轴孔直径 d、d_2	长度 L Y型	L J、J₁、Z、Z₁型	L_1	d_1	R	A型、B型、B₁型键槽 $b(P9)$ 公称尺寸	$b(P9)$ 极限偏差	t 公称尺寸	t 极限偏差	t_1 公称尺寸	t_1 极限偏差	C型键槽 $b(P9)$ 公称尺寸	$b(P9)$ 极限偏差	t_2 公称尺寸	t_2 极限偏差
30	82	60	82	55	1.5	8	-0.015 -0.051	33.3	+0.20 0	36.6	+0.40 0	5	-0.012 -0.042	15.8	±0.1
32						8		35.3		38.6		6		17.3	
35						10		38.3		41.6		6		18.3	
38						10		41.3		44.6		6		20.3	
40	112	84	112	65	2	12	-0.018 -0.061	43.3		46.6		10	-0.015 -0.051	21.2	±0.2
42				65		12		45.3		48.6		10		22.2	
45				80		14		48.8		52.6		12	-0.018 -0.061	23.7	
48				80		14		51.8		55.6		12		25.2	
50				80		14		53.8		57.6		12		26.2	
55				95		16		59.3		63.6		14		29.2	
56				95		16		60.3		64.6		14		29.7	
60	142	107	142	105	2.5	18		64.4		68.8		16		31.7	
63				105		18		67.4		71.8		16		32.2	
65				105		18		69.4		73.8		16		34.2	
70				120		20	-0.022 -0.074	74.9		79.8		18		36.8	
71				120		20		75.9		80.8		18		37.3	
75				120		20		79.9		84.8		18		39.3	

注：1. Y 型轴孔限用于长圆柱形轴伸电动机端。

2. 键槽宽度 b 的极限偏差也可采用 JS。

17.2　刚性联轴器（表 17-2、表 17-3）

表 17-2　凸缘联轴器（GB/T 5843—2003）

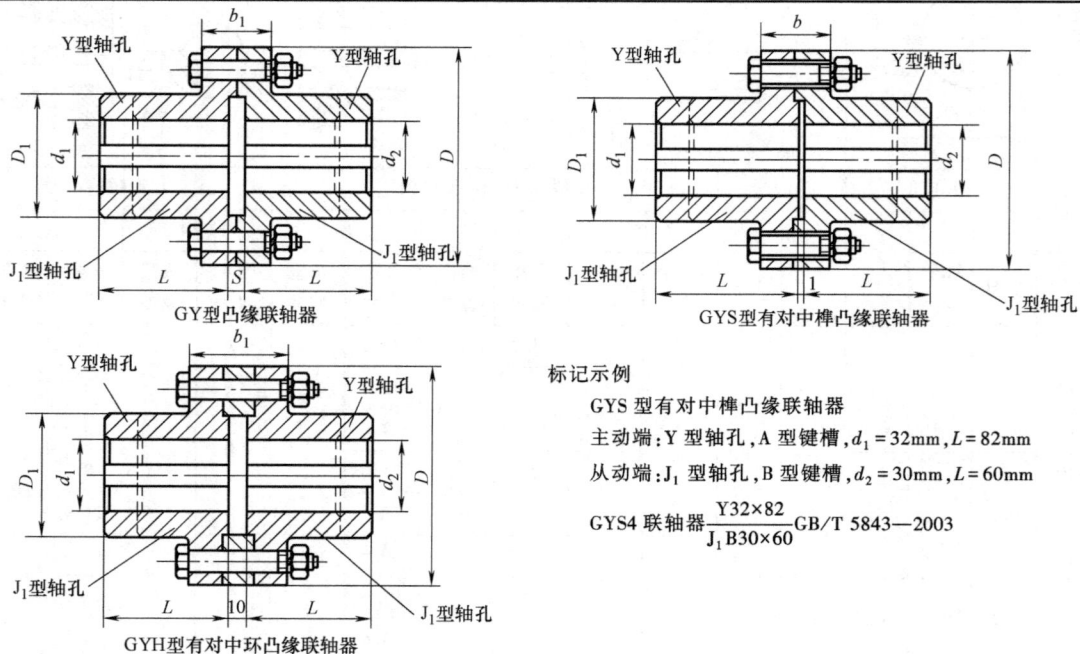

GY型凸缘联轴器

GYS型有对中榫凸缘联轴器

GYH型有对中环凸缘联轴器

标记示例

GYS 型有对中榫凸缘联轴器

主动端：Y 型轴孔，A 型键槽，$d_1 = 32\text{mm}$，$L = 82\text{mm}$

从动端：J₁ 型轴孔，B 型键槽，$d_2 = 30\text{mm}$，$L = 60\text{mm}$

GYS4 联轴器 $\dfrac{\text{Y}32\times82}{\text{J}_1\,\text{B}30\times60}$ GB/T 5843—2003

（续）

型号	公称转矩 T_n/N·m	许用转速 $[n]$/(r/min)	轴孔直径 d_1、d_2/mm	轴孔长度 L/mm Y 型	J$_1$ 型	D	D_1	b	b_1	S	转动惯量 I/kg·m²	质量 m/kg
GY1 GYS1 GYH1	25	12000	12	32	27	80	30	26	42	6	0.0008	1.16
			14									
			16									
			18	42	30							
			19									
GY2 GYS2 GYH2	63	10000	16	42	30	90	40	28	44	6	0.0015	1.72
			18									
			19									
			20									
			22	52	38							
			24									
			25	62	44							
GY3 GYS3 GYH3	112	9500	20	52	38	100	45	30	46	6	0.0025	2.38
			22									
			24									
			25	62	44							
			28									
GY4 GYS4 GYH4	224	9000	25	62	44	105	55	32	48	6	0.003	3.15
			28									
			30									
			32	82	60							
			35									
GY5 GYS5 GYH5	400	8000	30	82	60	120	68	36	52	8	0.007	5.43
			32									
			35									
			38									
			40	112	84							
			42									
GY6 GYS6 GYH6	900	6800	38	82	60	140	80	40	56	8	0.015	7.59
			40	112	84							
			42									
			45									
			48									
			50									
GY7 GYS7 GYH7	1600	6000	48	112	84	160	100	40	56	8	0.031	13.1
			50									

（续）

型号	公称转矩 T_n/N·m	许用转速 $[n]$/(r/min)	轴孔直径 d_1、d_2/mm	轴孔长度 L/mm		D	D_1	b	b_1	S	转动惯量 I/kg·m²	质量 m/kg
				Y 型	J_1 型			mm				
GY7 GYS7 GYH7	1600	6000	55 56 60 63	112 142	84 107	160	100	40	56	8	0.031	13.1
GY8 GYS8 GYH8	3150	4800	60 63 65 70 71 75 80	142 172	107 132	200	130	50	68	10	0.103	27.5
GY9 GYS9 GYH9	6300	3600	75 80 85 90 95 100	142 172 212	107 132 167	260	160	66	84	10	0.319	47.8
GY10 GYS10 GYH10	10000	3200	90 95 100 110 120 125	172 212	132 167	300	200	72	90	10	0.720	82.0
GY11 GYS11 GYH11	25000	2500	120 125 130 140 150 160	212 252 302	167 202 242	380	260	80	98	10	2.278	162.2

表 17-3 十字滑块联轴器（主要尺寸和特性参数）

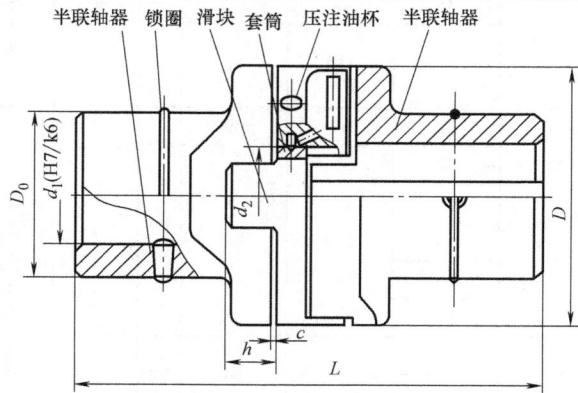

（续）

d_1/mm	公称转矩 T_n/N·m	许用转速 $[n]$/(r/min)	D_0/mm	D/mm	L/mm	h/mm	d_2/mm	c/mm
15							18	
17	120		32	70	95	10	20	
18							22	
20							25	
25	250		45	90	115	12	30	
30							34	
36	500		60	110	160	16	40	
40							45	
45	800		80	130	200	20	50	$0.5_{\ 0}^{+0.30}$
50							55	
55	1250	250	95	150	240	25	60	
60							65	
65	2000		105	170	275	30	70	
70							75	
75	3200		115	190	310	34	80	
80							85	
85	5000		130	210	355	28	90	
90							95	$1.0_{\ 0}^{+0.50}$
95	8000		140	240	395	42	100	
100							105	

注：两轴允许的角度偏斜 $\alpha \leqslant 30'$，径向偏差 $y \leqslant 0.04d_1$。

17.3 弹性联轴器（表 17-4～表 17-7）

表 17-4 弹性套柱销联轴器（GB/T 4323—2017）

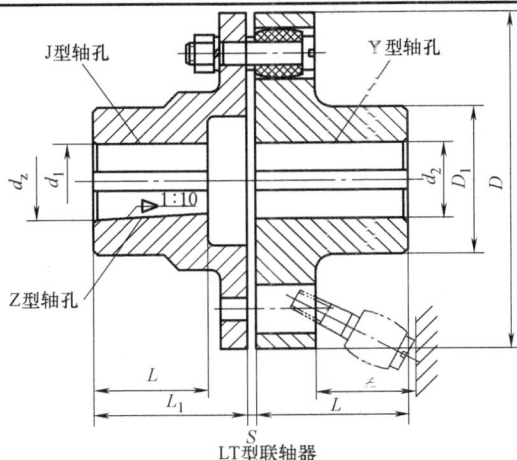

标记示例

LT3 联轴器 $\dfrac{ZC16\times30}{JB18\times30}$ GB/T 4323—2017

主动端：Z 型轴孔，C 型键槽，

　　$d_z = 16\text{mm}$，$L = 30\text{mm}$

从动端：J 型轴孔，B 型键槽，

　　$d_2 = 18\text{mm}$，$L = 30\text{mm}$

（续）

型号	公称转矩 T_n/N·m	许用转速 $[n]$/(r/min)	轴孔直径 d_1、d_2、d_z/mm	轴孔长度 Y型 L	J、Z型 L_1	J、Z型 L	D/mm	D_1/mm	S/mm	A/mm	转动惯量 /kg·m²	质量 /kg
				mm								
LT1	16	8800	10,11	22	25	22	71	22	3	18	0.0004	0.7
			12,14	27	32	27						
LT2	25	7600	12,14	27	32	27	80	30	3	18	0.001	1.0
			16,18,19	30	42	30						
LT3	63	6300	16,18,19	30	42	30	95	35	4	35	0.002	2.2
			20,22	38	52	38						
LT4	100	5700	20,22,24	38	52	38	106	42	4	35	0.004	3.2
			25,28	44	62	44						
LT5	224	4600	25,28	44	62	44	130	56	5	45	0.011	5.5
			30,32,35	60	82	60						
LT6	355	3800	32,35,38	60	82	60	160	71	5	45	0.026	9.6
			40,42	84	112	84						
LT7	560	3600	40,42,45,48	84	112	84	190	80	5	45	0.06	15.7
LT8	1120	3000	40,42,45,48,50,55	84	112	84	224	95	6	65	0.13	24.0
			60,63,65	107	142	107						
LT9	1600	2850	50,55	84	112	84	250	110	6	65	0.20	31.0
			60,63,65,70	107	142	107						
LT10	3150	2300	63,65,70,75	107	142	107	315	150	8	80	0.64	60.2
			80,85,90,95	132	172	132						
LT11	6300	1800	80,85,90,95	132	172	132	400	190	10	100	2.06	114
			100,110	167	212	167						
LT12	12500	1450	100,110,120,125	167	212	167	475	220	12	130	5.00	212
			130	202	252	202						
LT13	22400	1150	120,125	167	212	167	600	280	14	180	16.0	416
			130,140,150	202	252	202						
			160,170	242	302	242						

注：1. 转动惯量和质量是按Y型最大轴孔长度、最小轴孔直径计算的数值。

2. 轴孔型式组合为：Y/Y、J/Y、Z/Y。

3. LTZ型联轴器见 GB/T 4323—2017。

表 17-5 弹性柱销联轴器（GB/T 5014—2017）

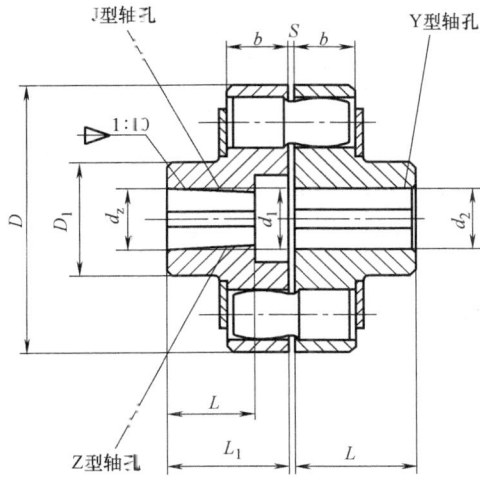

LX型弹性柱销联轴器

标记示例

LX7 联轴器 $\dfrac{ZC75\times107}{J_1 B70\times107}$ GB/T 5014—2017

主动端：Z 型轴孔，C 型键槽，$d_z = 75\,\text{mm}$，$L = 107\,\text{mm}$

从动端：J_1 型轴孔，B 型键槽，$d_2 = 70\,\text{mm}$，$L = 107\,\text{mm}$

型号	公称转矩 $T_n/\text{N}\cdot\text{m}$	许用转速 $[n]/(\text{r/min})$	轴孔直径 d_1、d_2、d_z	轴孔长度			D	D_1	b	S	转动惯量/ $\text{kg}\cdot\text{m}^2$	质量/kg
				Y 型	J、Z 型							
				L	L	L_1						
			mm									
LX1	250	8500	12	32	27	—	90	40	20	2.5	0.002	2
			14									
			16	42	30	42						
			18									
			19									
			20	52	38	52						
			22									
			24									
LX2	560	6300	20	52	38	52	120	55	28	2.5	0.009	5
			22									
			24									
			25	62	44	62						
			28									
			30	82	60	82						
			32									
			35									

（续）

型号	公称转矩 T_n/N·m	许用转速 $[n]$/(r/min)	轴孔直径 d_1、d_2、d_z	轴孔长度 Y型 L	轴孔长度 J、Z型 L	轴孔长度 J、Z型 L_1	D	D_1	b	S	转动惯量/ kg·m²	质量/kg
						mm						
LX3	1250	4750	30	82	60	82	160	75	36	2.5	0.026	8
			32									
			35									
			38									
			40	112	84	112						
			42									
			45									
			48									
LX4	2500	3850	40	112	84	112	195	100	45	3	0.109	22
			42									
			45									
			48									
			50									
			55									
			56									
			60	142	107	142						
			63									
LX5	3150	3450	50	112	84	112	220	120	45	3	0.191	30
			55									
			56									
			60	142	107	142						
			63									
			65									
			70									
			71									
			75									
LX6	6300	2720	60	142	107	142	280	140	56	4	0.543	53
			63									
			65									
			70									
			71									
			75									
			80	172	132	172						
			85									

（续）

型号	公称转矩 T_n/N·m	许用转速 $[n]$/(r/min)	轴孔直径 d_1、d_2、d_z	轴孔长度			D	D_1	b	S	转动惯量/ kg·m^2	质量/kg
				Y 型	J、Z 型							
				L	L	L_1						
			mm									
LX7	11200	2360	70	142	107	142	320	170	56	4	1.314	98
			71									
			75									
			80	172	132	172						
			85									
			90									
			95									
			100	212	167	212						
			110									
LX8	16000	2120	80	172	132	172	360	200	56	5	2.023	119
			85									
			90									
			95									
			100	212	167	212						
			110									
			120									
			125									

注：1. 质量、转动惯量是按 J/Y 轴孔组合形式和最小轴孔直径计算的。
2. LX9～LX14 的基本参数和主要尺寸见 GB/T 5014—2017。
3. LXZ 型带制动轮弹性柱销联轴器的基本参数和主要尺寸见 GB/T 5014—2017。

表 17-6 梅花形弹性联轴器（GB/T 5272—2017）

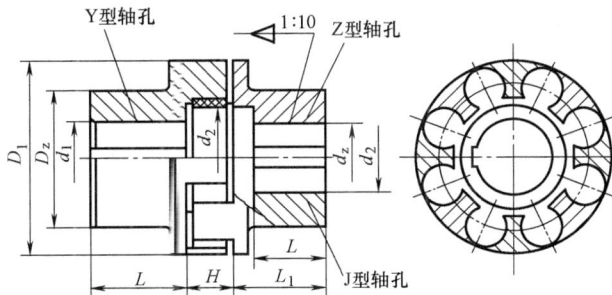

标记示例

LM145 联轴器 45×112 GB/T 5272—2017
主动端：Z 型轴孔，A 型键槽，$d_1=45$mm，$L_1=112$mm
从动端：Y 型轴孔，A 型键槽，$d_2=45$mm，$L_1=112$mm

（续）

型号	公称转矩 T_n/N·m	最大转矩 T_{max}/N·m	许用转速 [n]/(r/min)	轴径直径 d_1、d_2、d_z/mm	轴孔长度 Y型 L mm	J、Z型 L_1	L	D_1/mm	D_z/mm	H/mm	转动惯量/kg·m²	质量/kg
LM50	28	50	15000	10,11	22	—	—	50	42	16	0.0002	1.00
				12,14	27	—	—					
				16,18,19	30	—	—					
				20,22,24	38	—	—					
LM70	112	200	11000	12,14	27	—	—	70	55	23	0.0011	2.50
				16,18,19	30	—	—					
				20,22,24	38	—	—					
				25,28	44	—	—					
				30,32,35,38	60	—	—					
LM85	160	288	9000	16,18,19	30	—	—	85	60	24	0.0022	3.42
				20,22,24	38	—	—					
				25,28	44	—	—					
				30,32,35,38	60	—	—					
LM105	355	640	7250	18,19	30	—	—	105	65	27	0.0051	5.15
				20,22,24	38	—	—					
				25,28	44	—	—					
				30,32,35,38	60	—	—					
				40,42	84	—	—					
LM125	450	810	6000	20,22,24	38	52	38	125	85	33	0.014	10.1
				25,28	44	62	44					
				30,32,35,38①	60	82	60					
				40,42,45,48,50,55	84	—	—					
LM145	710	1280	5250	25,28	44	62	44	145	95	39	0.025	13.1
				30,32,35,38	60	82	60					
				40,42,45①,48①,50①,55①	84	112	84					
				60,63,65	107	—	—					
LM170	1250	2250	4500	30,32,35,38	60	82	60	170	120	41	0.055	21.2
				40,42,45,48,50,55	84	112	84					
				60,63,65,70,75	107	—	—					
				80,85	132	—	—					
LM200	2000	3600	3750	35,38	60	82	60	200	135	48	0.119	33.0
				40,42,45,48,50,55	84	112	84					
				60,63,65,70①,75①	107	142	107					
				80,85,90,95	132	—	—					

（续）

型号	公称转矩 T_n/ N·m	最大转矩 T_{max}/ N·m	许用转速 [n]/ (r/min)	轴径直径 $d_1、d_2、d_z$/mm	轴孔长度			D_1 /mm	D_z /mm	H /mm	转动惯量/ kg·m²	质量/ kg
					Y 型	J、Z 型						
					L	L_1	L					
					mm							
LM230	3150	5670	3250	40,42,45,48,50,55	84	112	84	230	150	50	0.217	45.5
				60,63,65,70,75	107	142	107					
				80,85,90,95	132	—						
LM260	5000	9000	3000	45,48,50,55	84	112	84	260	180	60	0.458	75.2
				60,63,65,70,75	107	142	107					
				80,85,90①,95①	132	172	132					
				100,110,120,125	167	—						
LM300	7100	12780	2500	60,63,65,70,75	107	142	107	300	200	67	0.804	99.2
				80,85,90,95	132	172	132					
				100,110,120,125	167	—						
				130,140	202	—						
LM360	12500	22500	2150	60,63,65,70,75	107	142	107	360	225	73	1.73	148.1
				80,85,90,95	132	172	132					
				100,110,120①,125①	167	212	167					
				130,140,150	202	—						
LM400	14000	25200	1900	80,85,90,95	132	172	132	400	250	73	2.84	197.5
				100,110,120,125	167	212	167					
				130,140,150	202	—						
				160	242	—						

注：1. 转动惯量和质量是按 Y 型最大轴孔长度、最小轴孔直径计算的数值。

2. LMS、LML、LMP 型联轴器的型式、基本参数和主要尺寸见 GB/T 5272—2017。

① 无 J、Z 型轴孔型式。

表 17-7 尼龙联轴器（摘自 JB/ZQ 4384—2006）

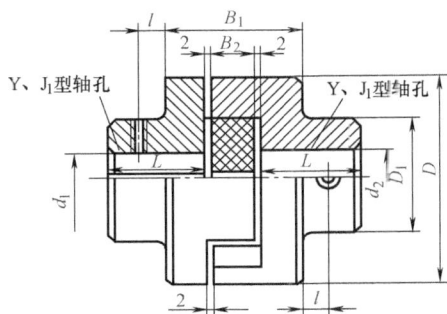

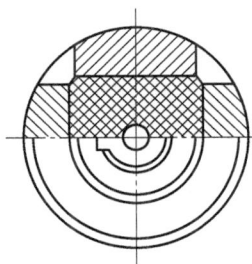

标记示例：

WH2 尼龙联轴器，主动端：Y 型轴孔，C 型键槽，轴孔直径 d_1 = 16mm，轴孔长度 L=32mm；

从动端：J_1 型轴孔，B 型键槽，轴孔直径 d_2 = 18mm，轴孔长度 L=30mm。

WH2 联轴器 $\dfrac{YC16\times32}{J_1 B18\times30}$ JB/ZQ 4384—2006

（续）

型号	公称转矩 T_n/N·m	许用转速 $[n]$/ (r/min)	轴孔直径 d_1、d_2	轴孔长度 Y	轴孔长度 J_1	D	D_1	B_1	B_2	l	转动惯量/ kg·m²	质量/ kg
				L	L	mm						
WH1	16	10000	10,11 12,14	25 32	22 27	40	30	52	13	5	0.0007	0.6
WH2	31.5	8200	12,14 16,(17),18	32 42	27 30	50	32	56	18	5	0.0038	1.5
WH3	63	7000	(17),18,19 20,22	42 52	30 38	70	40	60	18	5	0.0063	1.8
WH4	160	5700	20,22,24 25,28	52 62	38 44	80	50	64	18	8	0.013	2.5
WH5	280	4700	25,28 30,32,35	62 82	44 60	100	70	75	23	10	0.045	5.8
WH6	500	3800	30,32,35,38 40,42,45	82 112	60 84	120	80	90	33	15	0.12	9.5
WH7	900	3200	40,42,45,48 50,55	112	84	150	100	120	38	25	0.43	25
WH8	1800	2400	50,55 60,63,65,70	112 142	84 107	190	120	150	48	25	1.98	55
WH9	3550	1800	65,70,75 80,85	142 172	107 132	250	150	180	58	25	4.9	85
WH10	5000	1500	80,85,90,95 100	172 212	132 167	330	190	180	58	40	7.5	120

注：1. 表中联轴器质量和转动惯量是按最小轴孔直径和最大长度计算的近似值。

2. 括号内的数值尽量不选用。

3. 工作环境温度为 $-20 \sim +70℃$。

4. 装配时两轴的许用补偿量：轴向 $\Delta x = 1 \sim 2mm$，径向 $\Delta y \leqslant 0.2mm$，角向 $\Delta \alpha \leqslant 40'$。

第18章

常用工程材料

18.1 黑色金属 (表 18-1 ~ 表 18-9)

表 18-1 金属热处理工艺及代号（摘自 GB/T 12603—2005）

热处理工艺名称	代号[①]	说明	热处理工艺名称	代号[①]	说明
退火	511	整体退火热处理	固体渗碳	531-09	固体渗碳化学热处理
正火	512	整体正火热处理	液体渗碳	531-03	液体渗碳化学热处理
淬火	513	整体淬火热处理	气体渗碳	531-01	气体渗碳化学热处理
淬火及回火	514	整体淬火及回火热处理	碳氮共渗	532	碳氮共渗化学热处理
调质	515	整体调质热处理	液体渗氮	533-03	液体渗氮化学热处理
感应淬火和回火	521-04	感应加热表面淬火、回火热处理	气体渗氮	533-01	气体渗氮化学热处理
火焰淬火和回火	521-05	火焰加热表面淬火、回火热处理	离子渗氮	533-08	等离子体渗氮化学热处理

① 第一位数字为热处理工艺总称；第二位数字为工艺类型；第三位数字为工艺名称；第四、五位数字为加热方式。
例：533-01，5—热处理；3—化学热处理；3—渗氮；01—气体加热。

表 18-2 灰铸铁件（摘自 GB/T 9439—2010）、**球墨铸铁件**（摘自 GB/T 1348—2009）

类别	牌号	力学性能						应用举例
		抗拉强度 $R_m \geqslant$ /MPa	屈服强度 $R_{p0.2} \geqslant$ /MPa	断后伸长率 $A(\%)$	断面收缩率 Z（%）	铸件壁厚 /mm	硬度 HBW	
		不小于						
灰铸铁	HT100	100				5~40	≤170	支架、盖、手把等
	HT150	150				5~300	125~205	轴承盖、轴承座、手轮等
	HT200	200				5~300	150~230	机架、机体、中压阀体等
	HT250	250				5~300	180~250	机体、轴承座、缸体、联轴器、齿轮等
	HT300	300				10~300	200~275	
	HT350	350				10~300	220~290	齿轮、凸轮、床身、导轨等
球墨铸铁	QT400-15	400	250	15			120~180	齿轮、箱体、管路、阀体、盖、中低压阀体等
	QT450-10	450	310	10			160~210	

（续）

类别	牌号	力学性能						应用举例
		抗拉强度 $R_m \geq$ /MPa	屈服强度 $R_{p0.2} \geq$ /MPa	断后伸长率 $A(\%)$	断面收缩率 Z (%)	铸件壁厚 /mm	硬度 HBW	
		不小于						
球墨铸铁	QT500-7	500	320	7			170~230	气缸、阀体、轴瓦等
	QT600-3	600	370	3			190~270	曲轴、缸体、车轮等
	QT700-2	700	420	2			225~305	

表 18-3　普通碳素结构钢（摘自 GB/T 700—2006）

牌号	等级	屈服强度[①] R_{eH}/MPa, 不小于						抗拉强度[②] R_m/MPa	断后伸长率 $A(\%)$, 不小于					冲击试验（V型缺口）		应用举例
		厚度（或直径）/mm							厚度（或直径）/mm					温度/℃	冲击吸收能量（纵向）/J 不小于	
		≤16	>16~40	>40~60	>60~100	>100~150	>150~200		≤40	>40~60	>60~100	>100~150	>150~200			
Q195	—	195	185	—	—	—	—	315~430	33	—	—	—	—	—	—	塑性好,常用其轧制薄板、拉制线材、制件和焊接钢管
Q215	A	215	205	195	185	175	165	335~450	31	30	29	27	26	—	—	金属结构构件;拉杆、螺栓、短轴、心轴、凸轮、渗碳零件及焊接件
	B													+20	27	
Q235	A	235	225	215	215	195	185	370~500	26	25	24	22	21	—	—	金属结构构件,心部强度要求不高的渗碳或碳氮共渗零件;吊钩、拉杆、套圈、齿轮、螺栓、螺母、连杆、轮轴、盖及焊接件
	B													+20	27[③]	
	C													0		
	D													-20		
Q275	A	275	265	255	245	225	215	410~540	22	21	20	18	17	—	—	轴、轴销、螺母、螺栓、垫圈、齿轮以及其他强度较高的零件
	B													+20	27	
	C													0		
	D													-20		

① Q195 的屈服强度值仅供参考，不作交货条件。
② 厚度大于 100mm 的钢材，抗拉强度下限允许降低 20MPa。宽带钢（包括剪切钢板）抗拉强度上限不作为交货条件。
③ 厚度小于 25mm 的 Q235B 级钢材，若供方能保证冲击吸收能量合格，经需方同意，可不做检验。

表 18-4 优质碳素结构钢（摘自 GB/T 699—2015）

牌号	试样毛坯尺寸/mm	推荐的热处理工艺[①]			力学性能					交货硬度 HBW		应用举例
		正火	淬火	回火	抗拉强度 R_m/MPa	下屈服强度 R_{eL}[②]/MPa	断后伸长率 $A(\%)$	断面收缩率 $Z(\%)$	冲击吸收能量 KU_2/J	未热处理钢	退火钢	
		加热温度/℃			≥					≤		
08	25	930	—	—	325	195	33	60	—	131	—	用于要求塑性高的零件，如管子、垫片、垫圈；芯部强度要求不高的渗碳和碳氮共渗零件，如套筒、短轴、挡块、支架、靠模、离合器盘
10	25	930	—	—	335	205	31	55	—	137	—	用于制造拉杆、卡头、钢管垫片、垫圈、铆钉。这种钢无回火脆性，焊接性好，用来制造焊接零件
15	25	920	—	—	375	225	27	55	—	143	—	用于受力不大、韧性要求较高的零件、渗碳零件、紧固件、冲模锻件及不需要热处理的低载荷零件，如螺栓、螺钉、拉条、法兰盘及化工储器、蒸汽锅炉
20	25	910	—	—	410	245	25	55	—	156	—	用于不经受很大应力而要求很大韧性的机械零件，如杠杆、轴套、螺钉、起重钩等。也用于制造压力 <6MPa、温度<450℃，在非腐蚀介质中使用的零件，如管子、导管等。还可用于表面硬度高而芯部强度要求不大的渗碳与碳氮共渗零件
25	25	900	870	600	450	275	23	50	71	170	—	用于制造焊接设备，以及经锻造、热冲压和机械加工的不承受高应力的零件，如轴、辊子、连接器、垫圈、螺栓、螺钉及螺母
35	25	870	850	600	530	315	20	45	55	197	—	用于制造曲轴、转轴、轴销、杠杆、连杆、横梁、链轮、圆盘、套筒钩环、垫圈、螺钉和螺母。这种钢多在正火和调质状态下使用，一般不用于焊接
40	25	860	840	600	570	335	19	45	47	217	187	用于制造辊子、轴、曲柄销、活塞杆、圆盘

（续）

牌号	试样毛坯尺寸/mm	推荐的热处理工艺[1]			力学性能					交货硬度HBW		应用举例
		正火	淬火	回火	抗拉强度R_m/MPa	下屈服强度R_{eL}[2]/MPa	断后伸长率$A(\%)$	断面收缩率$Z(\%)$	冲击吸收能量KU_2/J	未热处理钢	退火钢	
		加热温度/℃			≥					≤		
45	25	850	840	600	600	355	16	40	39	229	197	用于制造齿轮、齿条、链轮、轴、键、销、蒸汽透平机的叶轮，压缩机及泵的零件、轧辊等。可代替渗碳钢制作齿轮、轴、活塞销等，但要经高频或火焰表面淬火
50	25	830	830	600	630	375	14	40	31	241	207	用于制造齿轮、拉杆、轧辊、轴、圆盘
55	25	820	—	—	645	380	13	35	—	255	217	用于制造齿轮、连杆、轮缘、扁弹簧及轧辊等
60	25	810	—	—	675	400	12	35	—	255	229	用于制造轧辊、轴、轮箍、弹簧、弹簧垫圈、离合器、凸轮、钢绳等
20Mn	25	910	—	—	450	275	24	50	—	197	—	用于制造凸轮轴、齿轮、联轴器、铰链、托杆等
30Mn	25	880	860	600	540	315	20	45	63	217	187	用于制造螺栓、螺母、螺钉、杠杆及刹车踏板等
40Mn	25	860	840	600	590	355	17	45	47	229	207	用于制造承受疲劳载荷的零件，如轴、万向联轴器、曲轴、连杆及在高应力下工作的螺栓、螺母等
50Mn	25	830	830	600	645	390	13	40	31	255	217	用于制造耐磨性要求很高，在高载荷作用下的热处理零件，如齿轮、齿轮轴、摩擦盘等
60Mn	25	810	—	—	690	410	11	35	—	269	229	用于制造弹簧、弹簧垫圈、弹簧环、弹簧片、冷拔钢丝和发条

① 热处理温度允许调整范围：正火±30℃，淬火±20℃，回火±50℃。推荐保温时间：正火不少于30min，空冷；淬火不少于30min，75、80和85钢油冷，其他钢棒水冷；600℃回火不少于1h。

② 当屈服现象不明显时，可用规定塑性延伸强度$R_{p0.2}$代替。

表 18-5 大型低合金钢铸件（摘自 JB/T 6402—2018）

材料牌号	热处理状态	R_{eH}/MPa ≥	R_m/MPa ≥	A(%) ≥	Z(%) ≥	KU_2 或 KU_8/J ≥	KV_2 或 KV_8/J ≥	A_{KDVM}/J ≥	硬度 HBW	备注
ZG20Mn	正火+回火	285	≥495	18	30	39	—	—	≥145	焊接及流动性良好，用于承压机缸、叶片、喷嘴体、阀、弯头等
	调质	300	500~650	22	—	—	45	—	150~190	
ZG25Mn	正火+回火	295	≥490	20	35	47	—	—	156~197	—
ZG30Mn	正火+回火	300	≥550	18	30	—	—	—	≥163	
ZG35Mn	正火+回火	345	≥570	12	20	24	—	—	—	用于承受摩擦的零件
	调质	415	≥640	12	25	27	—	27	200~260	
ZG40Mn	正火+回火	350	≥640	12	30	—	—	—	≥163	用于承受摩擦和冲击的零件，如齿轮等
ZG65Mn	正火+回火	—	—	—	—	—	—	—	187~241	用于球磨机衬板等
ZG40Mn2	正火+回火	395	≥590	20	35	30	—	—	≥179	用于承受摩擦的零件，如齿轮等
	调质	635	≥790	13	40	35	—	35	220~270	
ZG45Mn2	正火+回火	392	≥637	15	30	—	—	—	≥179	用于模块、齿轮等
ZG50Mn2	正火+回火	445	≥785	18	37	—	—	—	—	用于高强度零件、如齿轮、齿轮缘等
ZG35SiMnMo	正火+回火	395	≥640	12	20	24	—	—	—	用于承受负荷较大的零件
	调质	490	≥690	12	25	27	—	27	—	
ZG35CrMnSi	正火+回火	345	≥690	14	30	—	—	—	≥217	用于承受冲击、摩擦的零件，如齿轮、滚轮等
ZG20MnMo	正火+回火	295	≥490	16	—	39	—	—	≥156	用于受压容器，如泵壳等
ZG30Cr1MnMo	正火+回火	392	≥686	15	30	—	—	—	—	用于拉坯和立柱
ZG55CrMnMo	正火+回火	—	—	—	—	—	—	—	197~241	用于热模具钢，如锻模等
ZG40Cr1	正火+回火	345	≥630	18	26	—	—	—	≥212	用于高强度齿轮
ZG34Cr2Ni2Mo	调质	700	950~1000	12	—	—	32	—	240~290	用于特别要求的零件，如键齿轮、小齿轮、吊车行走轮、轴等
ZG15Cr1Mo	正火+回火	275	≥490	20	35	24	—	—	140~220	用于汽轮机
ZG15Cr1Mo1V	正火+回火	345	≥590	17	30	24	—	—	140~220	用于汽轮机蒸汽室、气缸等

（续）

材料牌号	热处理状态	$R_{eH}/$ MPa $\geqslant$	$R_m/$ MPa	$A(\%)$ $\geqslant$	$Z(\%)$ $\geqslant$	KU_2 或 KU_8/J $\geqslant$	KV_2 或 KV_8/J $\geqslant$	A_{KDVM} /J $\geqslant$	硬度 HBW	备注
ZG20CrMo	正火+回火	245	$\geqslant 460$	18	30	30	—	—	135~180	用于齿轮、锥齿轮及高压缸零件等
	调质	245	$\geqslant 460$	18	30	24	—	—	—	
ZG20CrMoV	正火+回火	315	$\geqslant 590$	17	30	24	—	—	140~220	用于 570℃ 下工作的高压阀门
ZG35Cr1Mo	正火+回火	392	$\geqslant 588$	12	20	23.5	—	—	—	用于齿轮、电炉支承轮轴套、齿圈等
	调质	490	$\geqslant 686$	12	25	31	—	27	$\geqslant 201$	
ZG42Cr1Mo	正火+回火	410	$\geqslant 569$	12	20	—	12	—	—	用于承受高负荷零件、齿轮、锥齿轮等
	调质	510	690~830	11	—	—	15	—	200~250	
ZG50Cr1Mo	调质	520	740~880	11	—	—	—	34	200~260	用于减速器零件、齿轮、小齿轮等
ZG28NiCrMo	—	420	$\geqslant 630$	20	40	—	—	—		适用于直径大于 300mm 的齿轮铸件
ZG30NiCrMo	—	590	$\geqslant 730$	17	35	—	—	—		
ZG35NiCrMo	—	660	$\geqslant 830$	14	30	—	—	—		

注：1. 需方无特殊要求时，KU_2 或 KU_8、KV_2 或 KV_8、A_{KDVM} 由供方任选一种。
　　2. 硬度一般不作为验收依据，仅供设计参考。

表 18-6 热轧等边角钢（摘自 GB/T 706—2016）

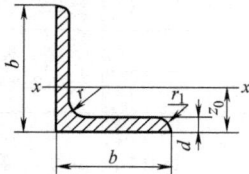

I—惯性矩
i—惯性半径

型号	尺寸/mm b	尺寸/mm d	尺寸/mm r	截面面积 /cm²	参考数值 x-x I_x /cm⁴	参考数值 x-x i_x /cm	质心距离 z_0/cm	型号	尺寸/mm b	尺寸/mm d	尺寸/mm r	截面面积 /cm²	参考数值 x-x I_x /cm⁴	参考数值 x-x i_x /cm	质心距离 z_0/cm
2	20	3	3.5	1.132	0.40	0.59	0.60	4	40	3	5	2.359	3.59	1.23	1.09
		4		1.459	0.50	0.58	0.64			4		3.086	4.60	1.22	1.13
2.5	25	3		1.432	0.82	0.76	0.73			5		3.791	5.53	1.21	1.17
		4		1.859	1.03	0.74	0.76	4.5	45	3	5	2.659	5.17	1.40	1.22
3	30	3	4.5	1.749	1.46	0.91	0.85			4		3.486	6.65	1.38	1.26
		4		2.276	1.84	0.90	0.89			5		4.292	8.04	1.37	1.30
3.6	36	3	4.5	2.109	2.58	1.11	1.00			6		5.076	9.33	1.36	1.33
		4		2.756	3.29	1.09	1.04	5	50	3	5.5	2.971	7.18	1.55	1.34
		5		3.382	3.95	1.08	1.07			4		3.897	9.26	1.54	1.38

（续）

型号	尺寸/mm			截面面积/cm²	参考数值 x-x		质心距离 z₀/cm	型号	尺寸/mm			截面面积/cm²	参考数值 x-x		质心距离 z₀/cm
	b	d	r		I_x/cm⁴	i_z/cm			b	d	r		I_x/cm⁴	i_x/cm	
5	50	5	5.5	4.803	11.21	1.53	1.42	(7.5)	75	8	9	11.503	59.96	2.28	2.15
		6		5.688	13.05	1.52	1.46			10		14.126	71.98	2.26	2.22
5.6	56	3	6	3.343	10.19	1.75	1.48	8	80	5	9	7.912	48.79	2.48	2.15
		4		4.390	13.18	1.73	1.53			6		9.397	57.35	2.47	2.19
		5		5.415	16.02	1.72	1.57			7		10.860	65.58	2.46	2.23
		8		8.367	23.63	1.68	1.68			8		12.303	73.49	2.44	2.27
6.3	63	4	7	4.978	19.03	1.96	1.70			10		15.126	88.43	2.42	2.35
		5		6.143	23.17	1.94	1.74	9	90	6	10	10.637	82.77	2.79	2.44
		6		7.288	27.12	1.93	1.78			7		12.301	94.83	2.78	2.48
		8		9.515	34.46	1.90	1.85			8		13.944	106.47	2.76	2.52
		10		11.657	41.09	1.88	1.93			10		17.167	128.58	2.74	2.59
7	70	4	8	5.570	26.39	2.18	1.86			12		20.306	149.22	2.71	2.67
		5		6.875	32.21	2.16	1.91	10	100	6	12	11.932	114.95	3.10	2.67
		6		8.160	37.77	2.15	1.95			7		13.796	131.86	3.09	2.71
		7		9.424	43.09	2.14	1.99			8		15.638	148.24	3.08	2.76
		8		10.667	48.17	2.12	2.03			10		19.261	179.51	3.05	2.84
(7.5)	75	5	9	7.367	39.97	2.33	2.04			12		22.800	208.90	3.03	2.91
		6		8.797	46.95	2.31	2.07			14		26.256	236.53	3.00	2.99
		7		10.160	53.57	2.30	2.11			16		29.627	262.53	2.98	3.06

注：1. 型号为 2~9 的角钢长度为 4~12m；型号 10~14 的角钢长度为 4~19m。

2. $r_t = \frac{1}{3}d$。

3. 轧制钢号，通常为碳素结构钢。

表 18-7 热轧槽钢（摘自 GB/T 706—2016）

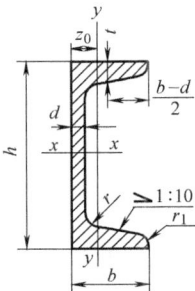

W_x、W_y——截面模数

（续）

型号	尺寸/mm						截面面积 /cm²	参考数值		质心距离 z_0/cm
								x-x	y-y	
	h	b	d	t	r	r_1		W_x /cm³	W_y /cm³	
8	80	43	5.0	8.0	8.0	4.0	10.248	25.3	5.79	1.43
10	100	48	5.3	8.5	8.5	4.2	12.748	39.7	7.80	1.52
12.6	126	53	5.5	9.0	9.0	4.5	15.692	62.1	10.2	1.59
14a	140	58	6.0	9.5	9.5	4.8	18.516	80.5	13.0	1.71
14b	140	60	8.0	9.5	9.5	4.8	21.316	87.1	14.1	1.67
16a	160	63	6.5	10.0	10.0	5.0	21.962	108	16.3	1.80
16	160	65	8.5	10.0	10.0	5.0	25.162	117	17.6	1.75
18a	180	68	7.0	10.5	10.5	5.2	25.699	141	20.0	1.88
18	180	70	9.0	10.5	10.5	5.2	29.299	152	21.5	1.84
20a	200	73	7.0	11.0	11.0	5.5	28.837	178	24.2	2.01
20	200	75	9.0	11.0	11.0	5.5	32.831	191	25.9	1.95
22a	220	77	7.0	11.5	11.5	5.8	31.846	218	28.2	2.10
22	220	79	9.0	11.5	11.5	5.8	36.246	234	30.1	2.03
25a	250	78	7.0	12.0	12.0	6.0	34.917	270	30.6	2.09
25b	250	80	9.0	12.0	12.0	6.0	39.917	282	32.7	1.98
25c	250	82	11.0	12.0	12.0	6.0	44.917	295	35.9	1.92
28a	280	82	7.5	12.5	12.5	6.2	40.034	340	35.7	2.10
28b	280	84	9.5	12.5	12.5	6.2	45.634	366	37.9	2.02
28c	280	86	11.5	12.5	12.5	6.2	51.234	393	40.3	1.95
32a	320	88	8.0	14.0	14.0	7.0	48.513	475	46.5	2.24
32b	320	90	10.0	14.0	14.0	7.0	54.913	509	49.2	2.16
32c	320	92	12.0	14.0	14.0	7.0	61.313	543	52.6	2.09

注：1. 型号为5~8的槽钢长度为5~12m；型号>8~18的槽钢长度为5~19m；型号>18~40的槽钢长度为6~19m。
2. 轧制钢号，通常为碳素结构钢。

表 18-8　热轧工字钢（摘自 GB/T 706—2016）

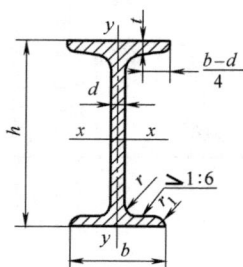

W_x、W_y—截面模数

型号	尺寸/mm						截面面积 /cm²	参考数值	
								x-x	y-y
	h	b	d	t	r	r_1		W_x /cm³	W_y /cm³
10	100	68	4.5	7.6	6.5	3.3	14.345	49.0	9.72
12.6	126	74	5.0	8.4	7.0	3.5	18.118	77.5	12.7
14	140	80	5.5	9.1	7.5	3.8	21.516	102	16.1
16	160	88	6.0	9.9	8.0	4.0	26.131	141	21.2

（续）

| 型号 | 尺寸/mm | | | | | | 截面面积/cm² | 参考数值 | |
	h	b	d	t	r	r₁		x-x W_x/cm³	y-y W_y/cm³
18	180	94	6.5	10.7	8.5	4.3	30.756	185	26.0
20a	200	100	7.0	11.4	9.0	4.5	35.578	237	31.5
20b	200	102	9.0	11.4	9.0	4.5	39.578	250	33.1
22a	220	110	7.5	12.3	9.5	4.8	42.128	309	40.9
22b	220	112	9.5	12.3	9.5	4.8	46.528	325	42.7
25a	250	116	8.0	13.0	10.0	5.0	48.541	402	48.3
25b	250	118	10.0	13.0	10.0	5.0	53.541	423	52.4
28a	280	122	8.5	13.7	10.5	5.3	55.404	508	56.6
28b	280	124	10.5	13.7	10.5	5.3	61.004	534	61.2
32a	320	130	9.5	15.0	11.5	5.8	67.156	692	70.8
32b	320	132	11.5	15.0	11.5	5.8	73.557	726	76.0
32c	320	134	13.5	15.0	11.5	5.8	79.956	760	81.2
36a	360	136	10.0	15.8	12.0	6.0	76.480	875	81.2
36b	360	138	12.0	15.8	12.0	6.0	83.680	919	84.3
36c	360	140	14.0	15.8	12.0	6.0	90.880	962	87.4
40a	400	142	10.5	16.5	12.5	6.3	86.112	1090	93.2
40b	400	144	12.5	16.5	12.5	6.3	94.112	1140	96.2
40c	400	146	14.5	16.5	12.5	6.3	102.112	1190	99.6

注：1. 型号为10~18的工字钢长度为5~19m；型号为20~63的工字钢长度为6~19m。

2. 轧制钢号，通常为碳素结构钢。

表18-9 钢板和圆（方）钢的尺寸系列（摘自GB/T 708—2019、GB/T 709—2019、GB/T 702—2017、GB/T 905—1994）

种类	尺寸系列(厚度或直径或边长)
冷轧钢板和钢带（GB/T 708—2019）	厚度:0.30,0.35,0.40,0.45,0.55,0.6,0.65,0.70,0.75,0.80,0.90,1.00,1.1,1.2,1.3,1.4,1.5,1.6,1.7,1.8,2.0,2.2,2.5,2.8,3.0,3.2,3.5,3.8,3.9,4.0
热轧钢板和钢带（GB/T 709—2019）	厚度:0.8,0.9,1.0,1.2,1.3,1.4,1.5,1.6,1.8,2.0,2.2,2.5,2.6,2.8,3.0,3.2,3.5,3.8,3.9,4.0,4.5,5,6,7,8,9,10,11,12,13,14,15,16,17,18,19,20,21,22,25,26,28,30,32,34,36,38,40
热轧钢棒（GB/T 702—2017）	直径或边长:5.5,6,6.5,7,8,9,10,11,12,13,14,15,16,17,18,19,20,21,22,23,24,25,26,27,28,29,30,31,32,33,34,35,36,38,40,42,45,48,50,53,55,56,58,60,63,65,68,70,75,80,85,90,95,100,105,110,115,120,125,130,140,150,160,170,180,190,200,210,220,230,240,250,260,270,280,290,300
冷拉圆钢（GB/T 905—1994）	直径:7,7.5,8,8.5,9,9.5,10,11,12,13,14,15,16,17,18,19,20,21,22,24,25,26,28,30,32,34,35,38,40,42,45,48,50,53,56,60,63,67,70,75,80

18.2 有色金属（表18-10和表18-11）

表18-10 铸造铜合金（摘自GB/T 1176—2013）

| 合金名称与牌号 | 铸造方法 | 力学性能 | | | 应用举例 |
		抗拉强度 R_m/MPa	断后伸长率 A(%)	布氏硬度 HBW	
5-5-5锡青铜 ZCuSn5Pb5Zn5	S、J、R Li、La	200 250	13 13	60* 65*	用于较高负荷、中等滑动速度下工作的耐磨、耐蚀零件,如轴瓦、衬套、蜗轮等

（续）

合金名称与牌号	铸造方法	力学性能			应用举例
		抗拉强度 R_m/MPa	断后伸长率 A(%)	布氏硬度 HBW	
10-1 锡青铜 ZCuSn10P1	S、R	220	3	80*	用于负荷小于 20MPa 和滑动速度小于 8m/s 条件下工作的耐磨零件，如齿轮、蜗轮、轴瓦等
	J	310	2	90*	
	Li	330	4	90*	
10-2 锡青铜 ZCuSn10Zn2	S	240	12	70*	用于中等负荷和低滑动速度下工作的管配件及阀、泵体、齿轮、蜗轮、叶轮等
	J	245	6	80*	
	Li、La	270	7	80*	
8-13-3-2 铝青铜 ZCuAl8Mn13Fe3Ni2	S	645	20	160	用于强度高、耐蚀的重要零件，如船舶螺旋桨、高压阀体；耐压、耐磨的齿轮、蜗轮、衬套等
	J	670	18	170	
9-2 铝青铜 ZCuAl9Mn2	S、R	390	20	85	用于制造耐磨、结构简单的大型铸件，如衬套、蜗轮及增压器内气封等
	J	440	20	95	
10-3 铝青铜 ZCuAl10Fe3	S	490	13	100*	用于制造强度高、耐磨、耐蚀零件，如蜗轮、轴承、衬套、耐热管配件
	J	540	15	110*	
	Li、La	540	15	110*	
9-4-4-2 铝青铜 ZCuAl9Fe4Ni4Mn2	S	630	16	160	用于制造高强度、耐磨及高温下工作的重要零件，如船舶螺旋桨、轴承、齿轮、蜗轮、螺母等
25-6-3-3 铝黄铜 ZCuZn25Al6Fe3Mn3	S	725	10	160*	用于制造高强度、耐磨零件，如桥梁支承板、螺母、螺杆、耐磨板、蜗轮等
	J	740	7	170*	
	Li、La	740	7	170*	
38-2-2 锰黄铜 ZCuZn38Mn2Pb2	S	245	10	70	用于制造一般用途结构件，如套筒、轴瓦、滑块等
	J	345	18	80	

注：1. S—砂型铸造，J—金属型铸造，Li—离心铸造，La—连续铸造，R—熔模铸造。
　　2. 带 * 号的数据为参考值。

表 18-11　铸造轴承合金（摘自 GB/T 1174—1992）

种类	牌号	力学性能			应用举例
		抗拉强度 R_m/MPa	断后伸长率 A(%)	硬度 HBW	
锡基	ZSnSb12Pb10Cu4	—	—	29	用于一般机器主轴承衬，但不适于高温轴承
	ZSnSb11Cu6	—	—	27	用于 350kW 以上的汽轮机、内燃机等高速机械轴承
	ZSnSb4Cu4	—	—	20	耐蚀、耐热、耐磨，适用于汽轮机、内燃机、高速轴承及轴承衬
	ZSnSb8Cu4	—	—	24	用于一般负荷压力的大型机器的轴承及轴承衬
铅基	ZPbSb16Sn16Cu2	—	—	30	用于功率小于 350kW 的压缩机、轧钢机用减速器及离心泵的轴承
	ZPbSb15Sn5Cu3Cd2	—	—	32	用于功率为 100~250kW 的电动机、球磨机和矿山水泵等机械的轴承
	ZPbSb15Sn10	—	—	24	用于中等压力机械的轴承，也适用于高温轴承

18.3 非金属（表 18-12 和表 18-13）

表 18-12 常用非金属材料

名称	代号（或分类）	规格		密度/(g/cm³)	抗拉强度/MPa	拉断伸长率（%）	使用范围
		宽度/mm	厚度/mm				
工业用橡胶板 GB/T 5574—2008	C 类	500~2000	0.5,1,1.5,2,2.5,3,4,5,6,8,10,12,14,16,18,20,22,25,30,40,50	—	1 型≥3 2 型≥4 3 型≥5 4 型≥7 5 型≥10	1 级≥100 2 级≥150 3 级≥200 4 级≥250 5 级≥300	具有耐溶剂膨胀性能,可在一定温度的机油、变压器油、汽油等介质中工作,适用于冲制各种形状的垫圈

名称	纸板规格		密封ρ/(g/cm³) A、B 类	技术性能				用途
	(长度/mm)×(宽度/mm)	厚度/mm		项目		A 类	B 类	
软钢纸板 QB/T 2200—1996	920×650 650×490 650×400 400×300 按订货合同规定	0.5~0.8 0.9~2.0 2.1~3.0	1.1~1.4	抗张强度/(kN/m²)≥	厚度/mm 0.5~1	3×10⁴	2.5×10⁴	供飞机(A 类)、汽车、拖拉机的发动机及其他内燃机制作密封垫片和其他部件用
					1.1~3	3×10⁴	3×10⁴	
				抗压强度/MPa	≥	160	—	
				水分(质量分数,%)		4~8	4~8	

名称	类型	品号	规格		密度/(g/cm³)	断裂强度/(N/cm²)	断裂伸长率(%)≤	使用范围
			长、宽	厚度/mm				
工业用毛毡 FZ/T 25001—2012	细毛	T112-32-44 T112-25-31	长为 1~5m 宽为 0.5~1m	1.5,2,3,4,6,8,10,12,14,16,18,20,25	0.32~0.44 0.25~0.31	—	—	用于制作密封、防振的缓冲衬垫
	半粗毛	T122-30-38 T122-24-29			0.30~0.38 0.24~0.29			
	粗毛	T132-32-36			0.32~0.36	245~294	110~130	

表 18-13 耐油石棉橡胶板（摘自 GB/T 539—2008）

等级牌号	表面颜色	密度/(g/cm³)	规格			适用条件≤		浸油后性能			用途
			厚度/mm	长度/mm	宽度/mm	温度/℃	压力/MPa	横向拉伸强度/MPa≥	增重率(%)≤	浸油增厚率(%)≤	
NY150	暗红色	1.6~2.0	0.4,0.5 0.6,0.8 0.9,1.2 1.5,2.0 2.5,3.0	550 620 1000 1260 1350 1500	550 620 1200 1260 1500	150	1.5	5.0	30	—	用于炼油设备、管道及汽车、拖拉机、柴油机的输油管道接合处的密封
NY250	绿色					250	2.5	7.0	30	20	用于炼油设备及管道法兰接合处的密封
NY400	灰褐色					400	4	12.0	30	20	用于热油、石油裂化、煤蒸馏设备及管道法兰接合处的密封
HNY300	蓝色					300	—	9.0	30	20	用于航空燃油、石油基润滑油及冷气系统的密封

注：宽度 550mm、长度 1000mm、厚度 2mm,最高适用温度 250℃,一般工业用耐油石棉橡胶板的标记为
石棉板 NY250-2×550×1000 GB/T 539—2008

附录 参考图例

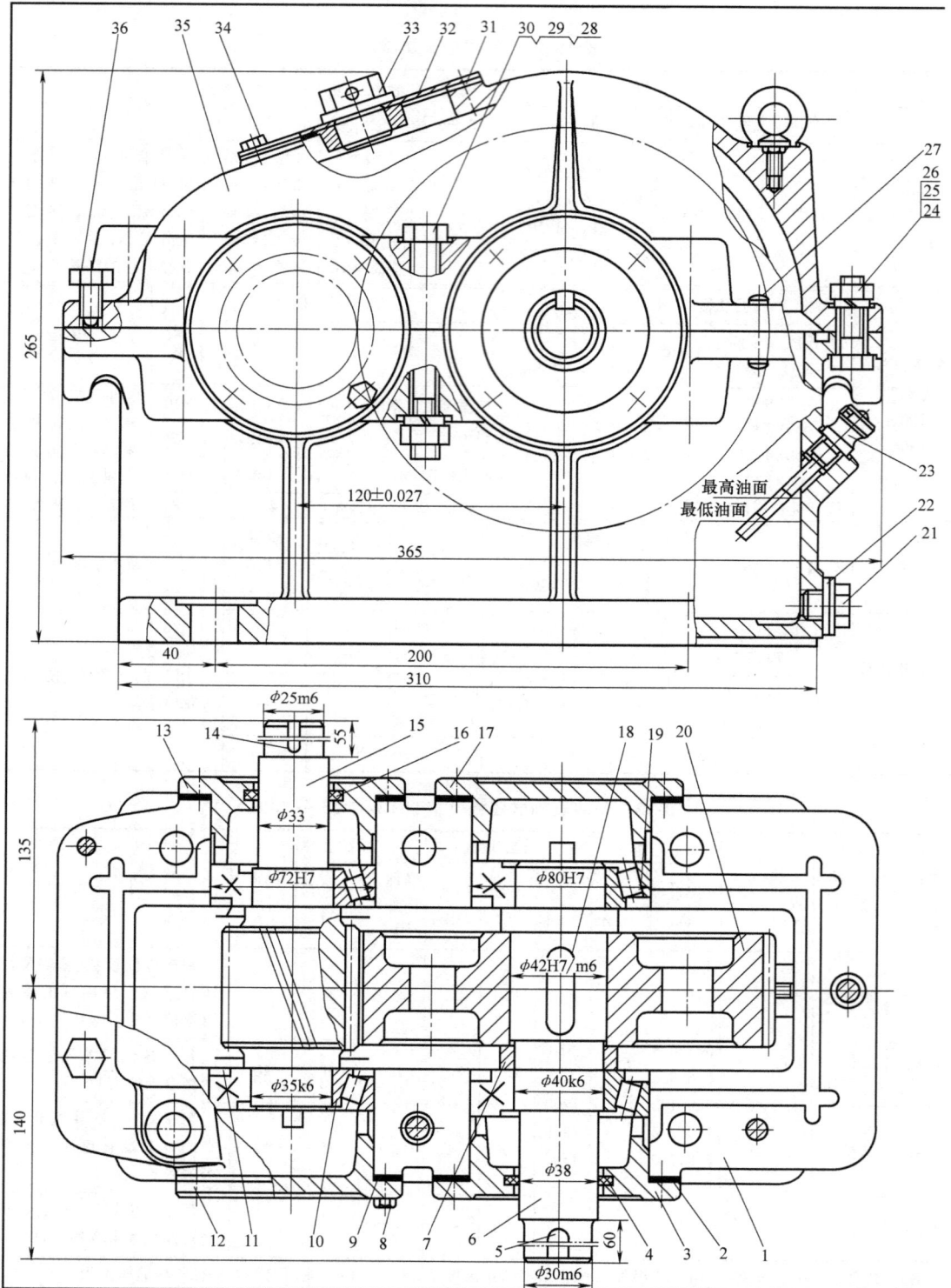

最高油面
最低油面

265

120±0.027

365

40
200
310

$\phi25m6$
55
$\phi33$
$\phi72H7$
$\phi80H7$
$\phi42H7/m6$
$\phi35k6$
$\phi40k6$
$\phi38$
60
$\phi30m6$

135

140

附图1 单级圆

拆去视孔盖部件

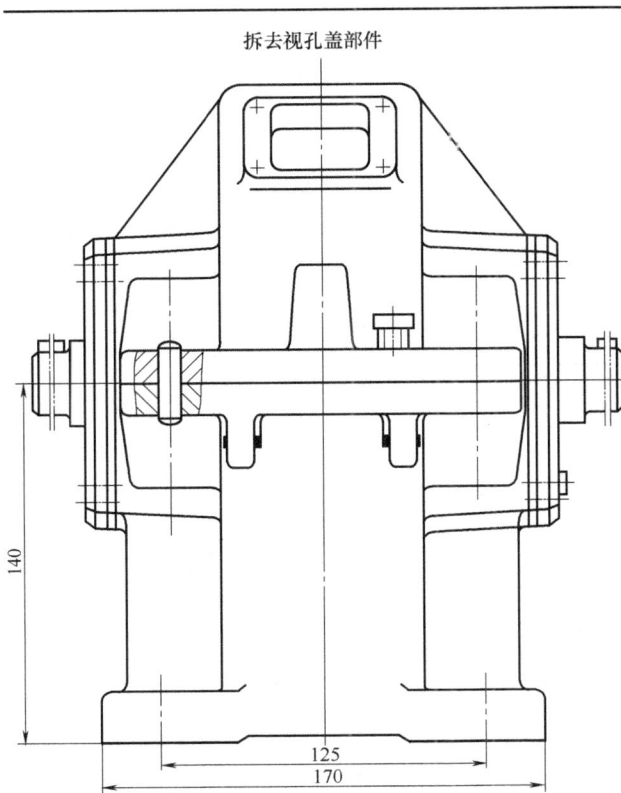

36	起盖螺钉	1	Q235	M10×20	
35	箱盖	1	HT200		
34	螺钉	4	Q235	GB/T 5783—2016 M6×20	
33	通气器	1	Q235		
32	视孔盖	1	Q235		
31	垫片	1	软钢纸板		
30	弹簧垫圈	6	65Mn	垫圈 GB/T 93—1987 12	
29	螺母	6	Q235	GB/T 6170—2015 M12	
28	螺栓	6	Q235	GB/T 5783—2016 M12×10	
27	圆锥销	2	35	销GB/T 117—2000 8×35	
26	弹簧垫圈	1	65Mn	垫圈 GB/T 93—1987 10	
25	螺母	1	Q235	GB/T 6170—2015 M10	
24	螺栓	1	Q235	GB/T 5782—2016 M10×40	
23	游标尺			组合件	
22	封油圈	1	石棉橡胶纸		
21	油塞	1	Q235		
20	大齿轮	1	45	$m_n=2.5$，$z=71$	
19	圆锥滚子轴承	2		30208 GB/T 297—2015	
18	键	1	45	键 12×8×40 GB/T 1096—2003	
17	轴承盖	1	HT200		
16	毡圈	1	半粗羊毛毡		
15	齿轮轴	1	45	$m_n=2.5$，$z=20$	
14	键	1	45	键 C8×7×50 GB/T 1096—2003	
13	轴承盖	1	HT200		
12	轴承盖	1	HT200		
11	挡油盘	2	Q235		
10	圆锥滚子轴承	2		30207 GB/T 297—2015	
9	调整垫片	2	08		
8	螺钉	16	Q235	GB/T 5783—2016 M8×25	
7	轴套	1	45		
6	轴	1	45		
5	键	1	45	键 C8×7×55 GB/T 1096—2003	
4	毡圈	1	半粗羊毛毡		
3	轴承盖	1	HT200		
2	调整垫片	2	08		
1	箱座	1	HT200		
序号	零件名称	数量	材料	规格及标准代号	备注

技术特性

输入功率/kW	输入轴转速/ r·min⁻¹	传动比 i
4.5	960	3.55

技术要求

1. 装配前，滚动轴承用汽油清洗，其他零件用煤油清洗，箱体内不允许有任何杂物存在，箱体内壁涂耐油注漆。
2. 齿轮副的侧隙用铅丝检验，侧隙应不小于0.14mm。
3. 滚动轴承的轴向调整间隙均为0.05～0.1mm。
4. 齿轮装配后，用涂色法检验齿面接触斑点，沿齿高不少于45%，沿齿长不少于60%。
5. 减速器剖分面涂密封胶或水玻璃，不允许使用任何填料。
6. 减速器内装L-CKC150号工业闭式齿轮油(GB/T 5903—2011)，油量应达到规定高度。
7. 减速器外表面涂灰色油漆。

单级圆柱齿轮减速器		比例			图号	
		数量			质量	
设计		年月	机械零件		(校名)	
审核			课程设计		(班号)	

柱齿轮减速器

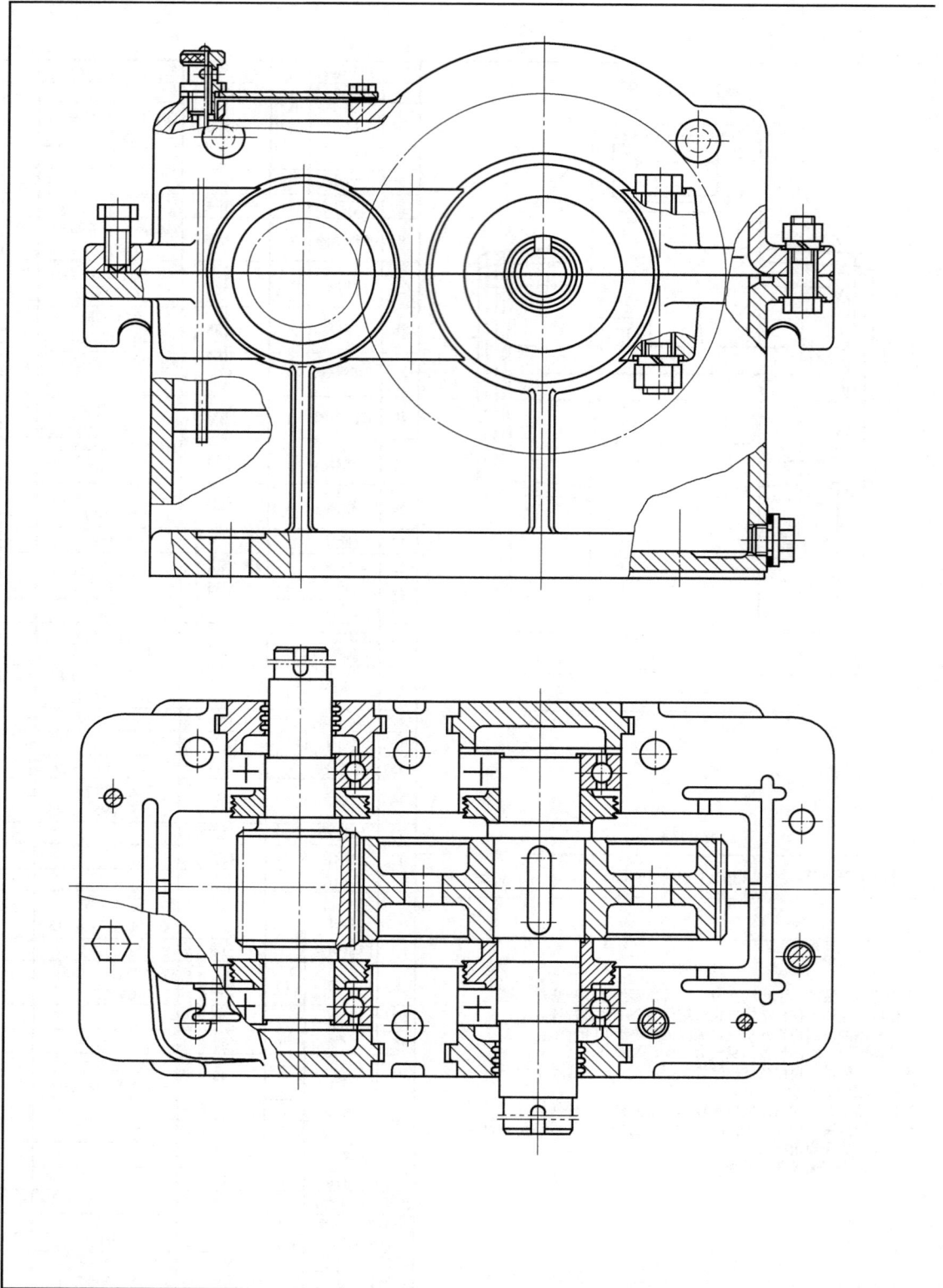

附图2 单级圆

拆去视孔盖部件

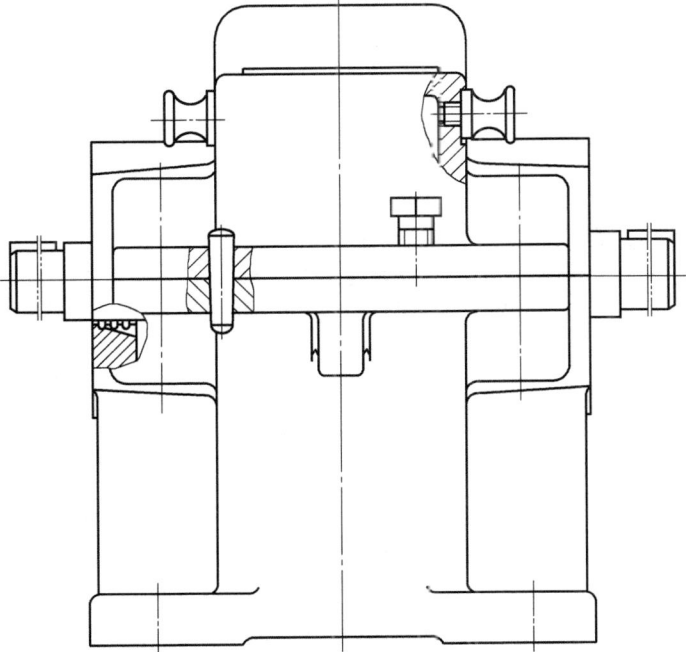

一对圆锥滚子轴承组成正装，轴向游隙的调整是通过槽形螺塞和调整环来实现的。其特点是：支承刚度好，拆装方便，但调整较麻烦，适用于径向和轴向载荷都较大而转速较低的场合。

采用一对深沟球轴承组成两端单向固定支承。凸缘式轴承盖调整轴向游隙比较方便，适用于转速较高、载荷较小的场合，这种轴承也可承受不大的轴向力。

采用外肋式、嵌入式端盖结构，轴承用脂润滑。

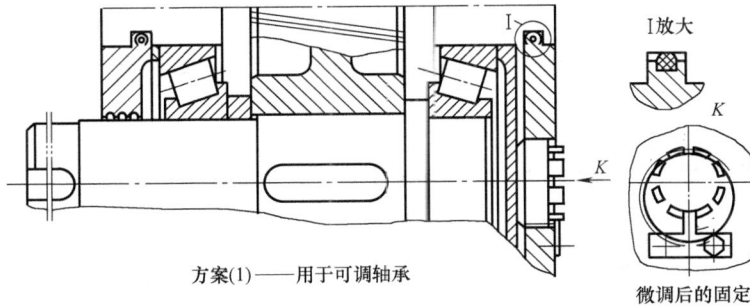

方案(1)——用于可调轴承

I放大

微调后的固定

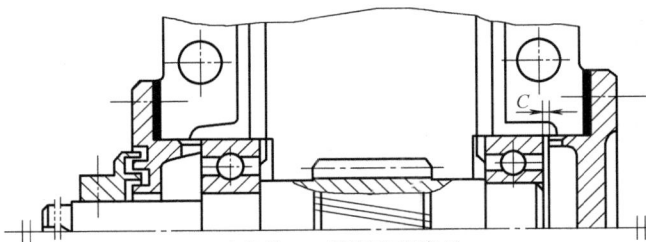

方案(2)——用于不可调轴承

柱齿轮减速器

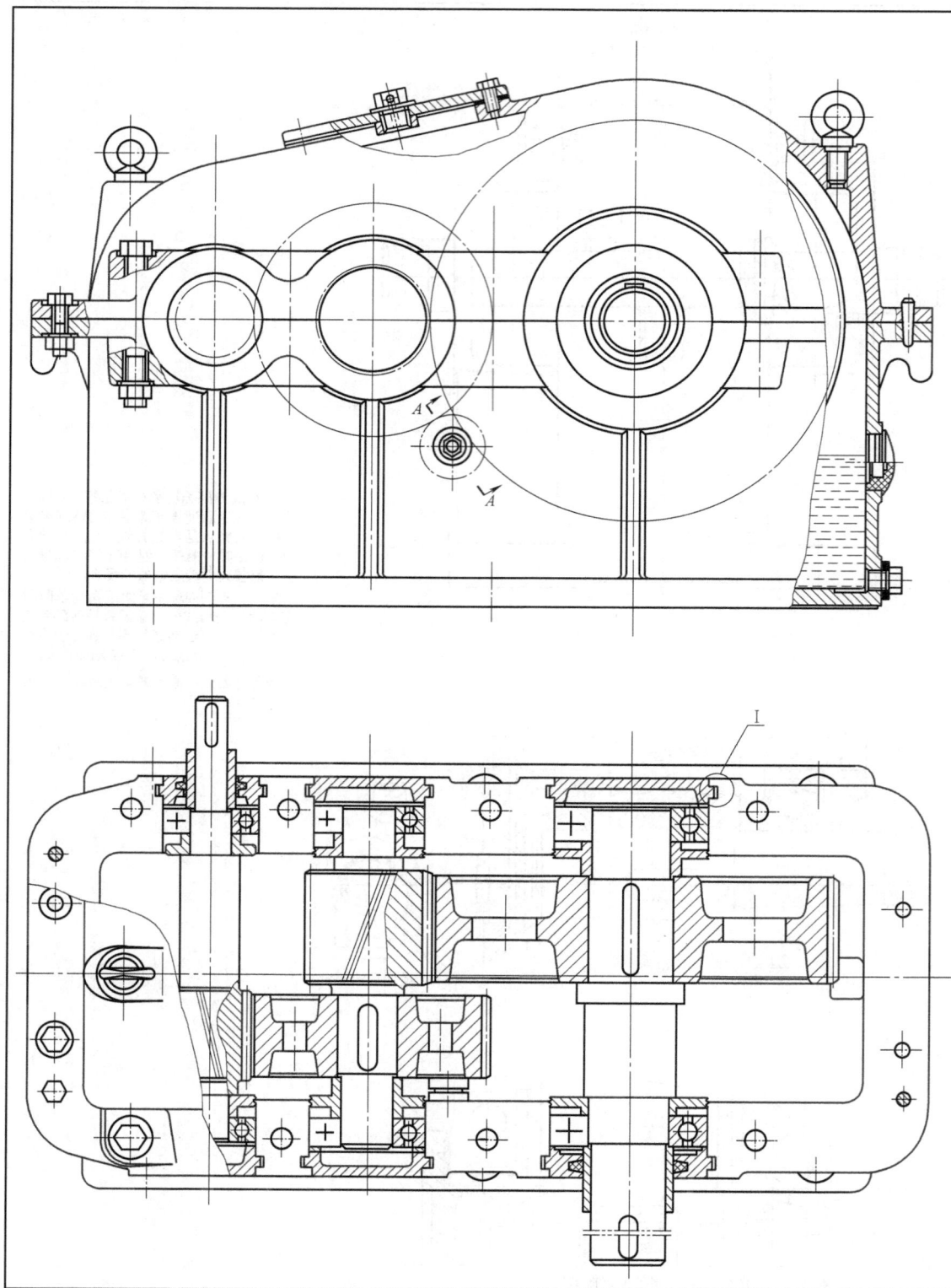

附图3 双级圆柱

拆去视孔盖部件

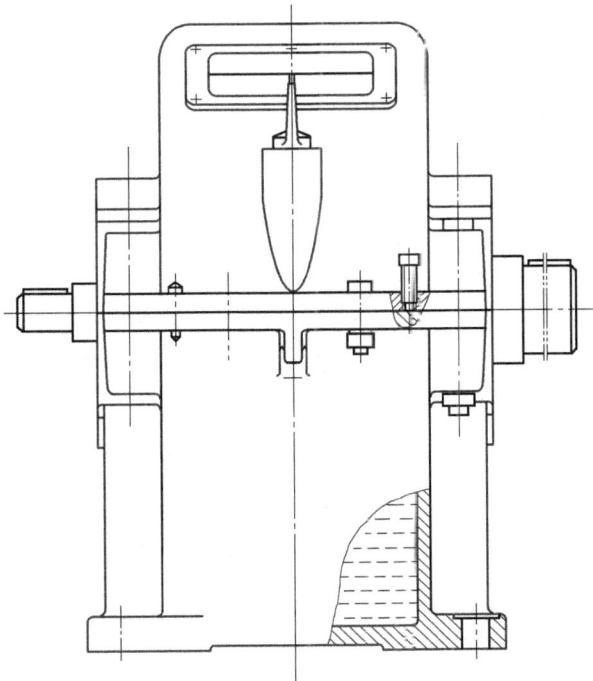

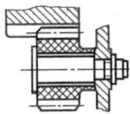

$A—A$ $\dfrac{I}{2:1}$

结构特点

本图所示为展开式双级圆柱齿轮减速器结构图。双级圆柱齿轮减速器的不同分配方案,将影响减速器的贡量、外观尺寸及润滑状况。本图所示结构能实现较大的传动比。$A—A$剖视图上的小齿轮是为第一级两个齿轮的润滑而设置的。采用嵌入式端盖,结构简单。用垫片调整轴承的间隙。各轴承采用脂润滑,用挡油盘防止稀油溅入轴承。

齿轮减速器（展开式）

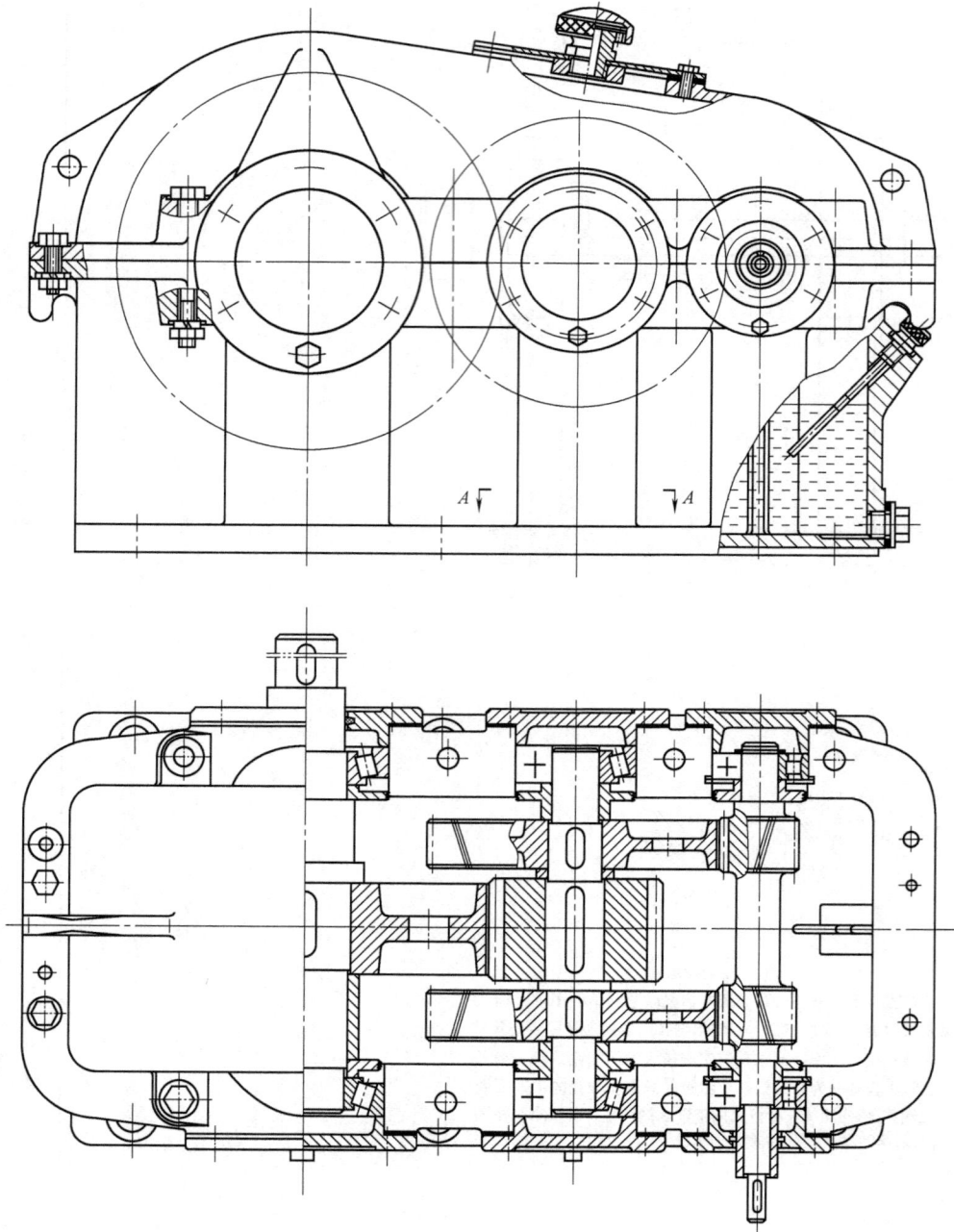

附图4 双级圆柱

拆去视孔盖部件

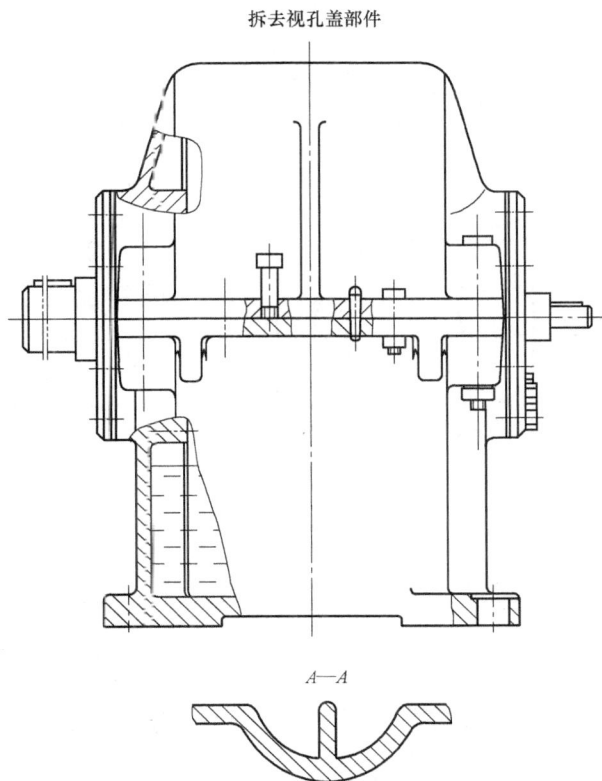

A—A

结构特点

　　本图所示为分流式双级圆柱齿轮减速器结构图。其中第一级传动为分流式双斜齿轮传动，这种传动轴向受力是对称的，可以改善齿的接触状况和轴的受力状况。在双斜齿轮传动中，只能将一根轴上的轴承做轴向固定，其他轴上的轴承做成游动支点，以保证轮齿的位置正确。本图中将中间轴固定，高速轴游动。轴承采用脂润滑。为了防止油池中稀油的溅入，各轴承处都加上了挡油盘。

齿轮减速器（分流式）

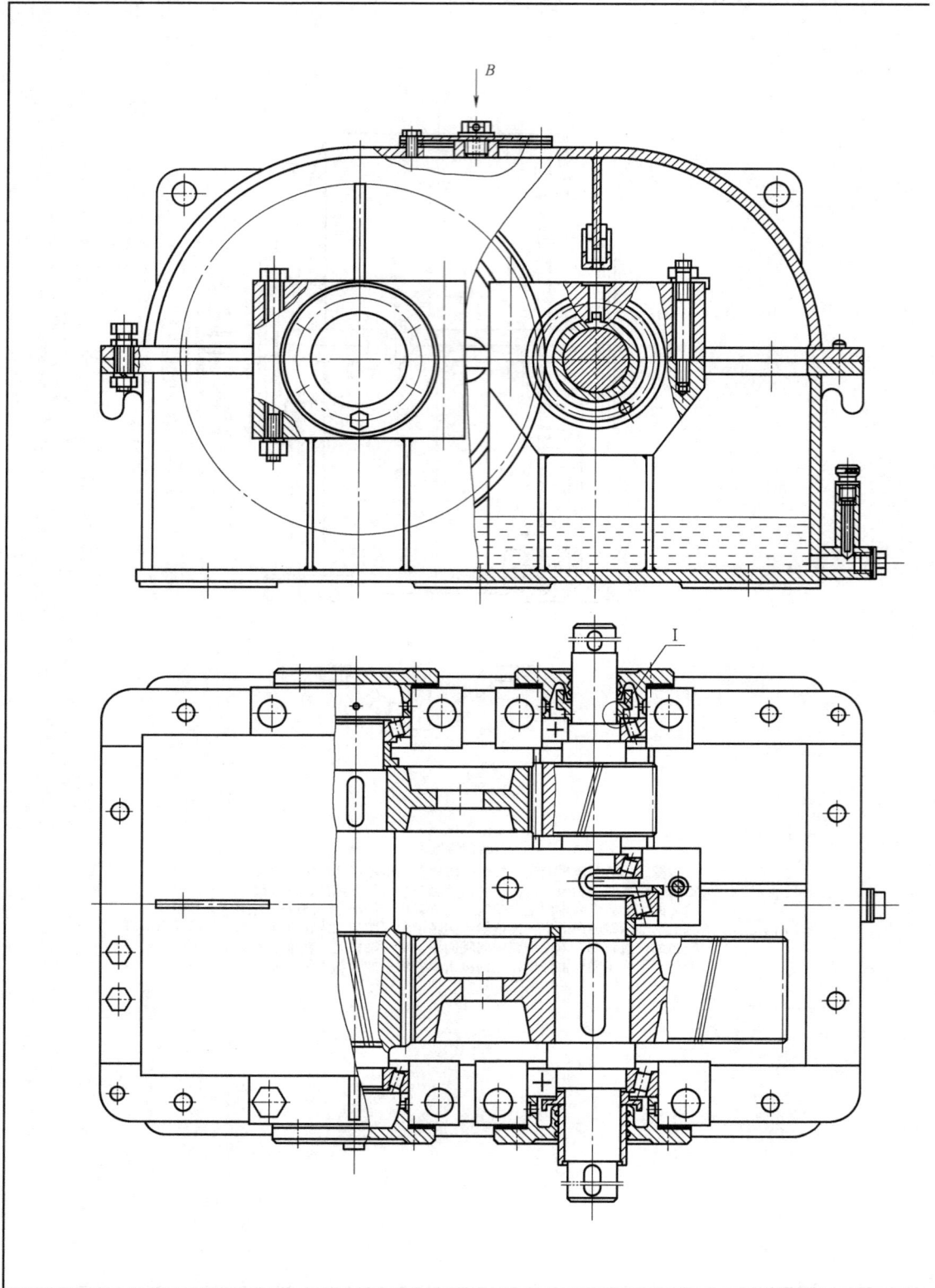

附图5　双级圆柱

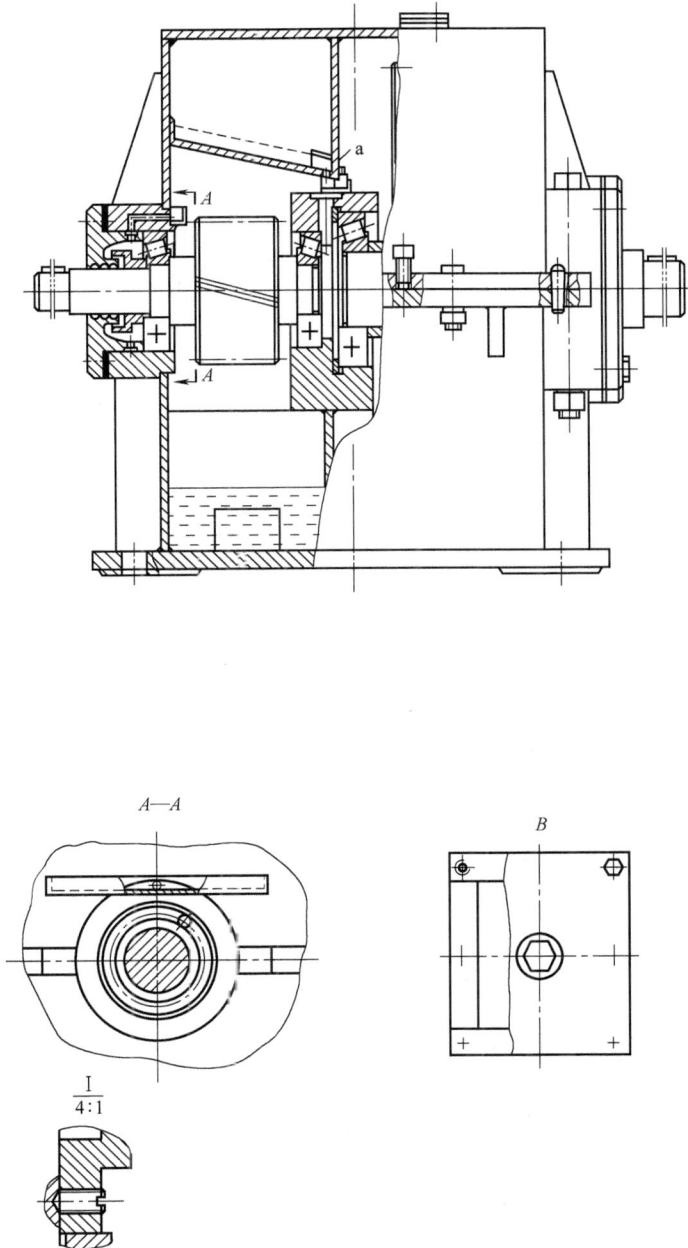

$A—A$

B

$\dfrac{I}{4:1}$

结构特点

本图所示为同轴式双级圆柱齿轮减速器结构图，采用焊接箱体结构。重量轻，适合于单件生产。中间轴承的润滑依靠油池中的油，由齿轮飞溅入特制的油槽中，再流入轴承，如图中a所示。其他轴承的润滑也靠齿轮飞溅的油，经内壁流入油斗进入轴承，如$A—A$视图所示。轴端采用迷宫式密封。轴承座锻造，经机加工后焊接在箱体上。

齿轮减速器（同轴式）

$\dfrac{\mathrm{I}}{2:1}$

I

左视图、俯视图均拆去视孔盖

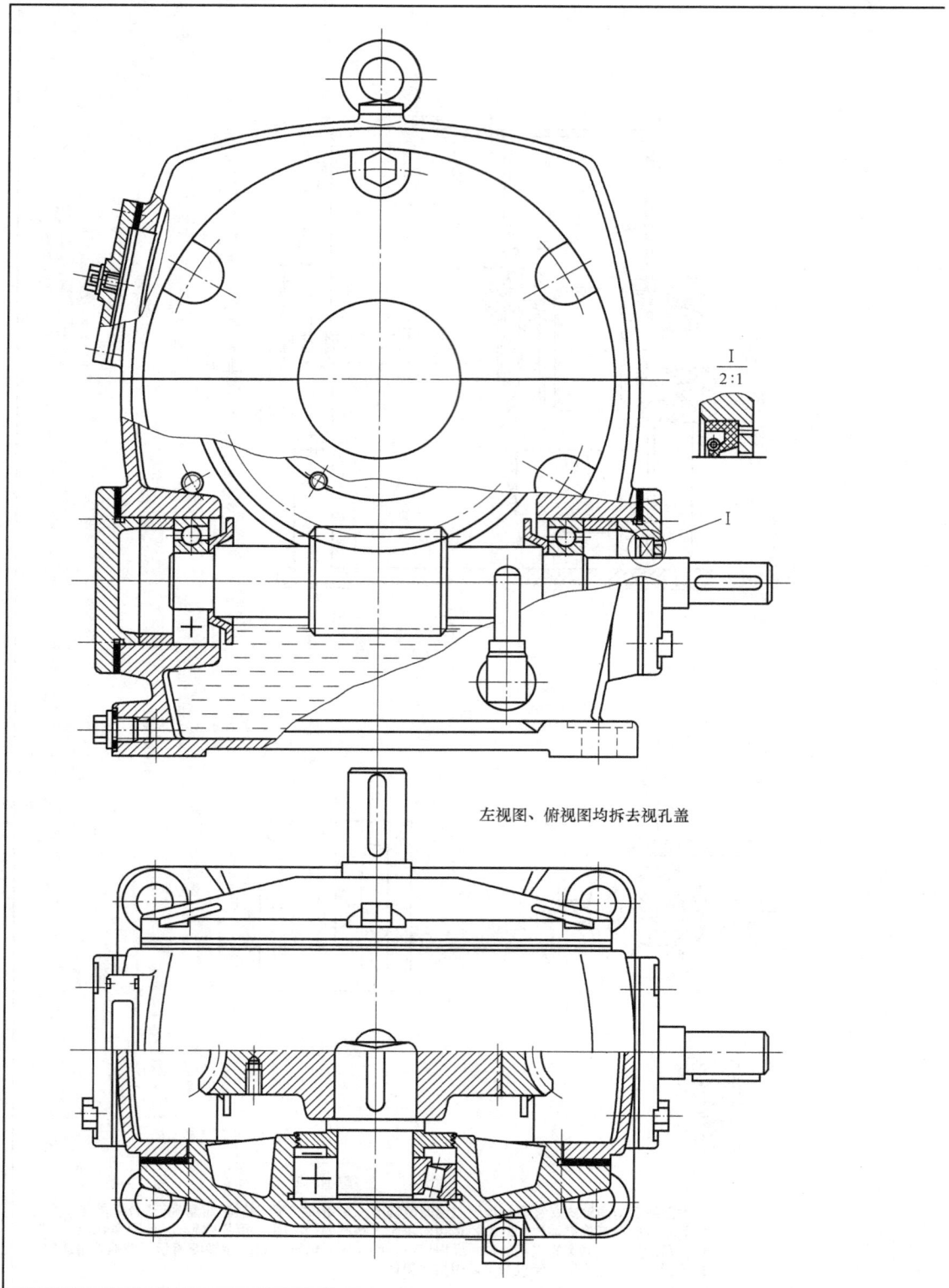

附图6　蜗杆减速器

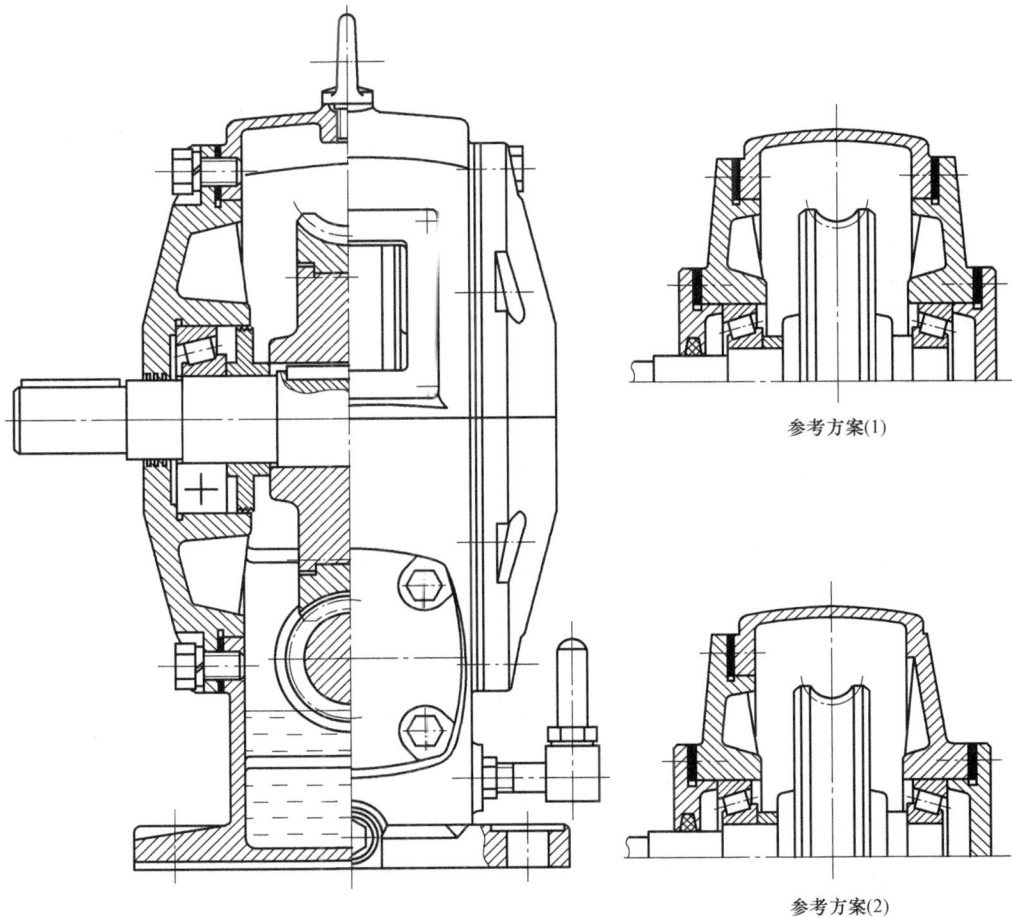

参考方案(1)

参考方案(2)

结构特点

图示为整体式蜗杆减速器结构图，特点是线条流畅，造型美观，结构紧凑。蜗轮轴的轴承安装在两个大端盖上，蜗轮轴的轴向位置及轴承间隙的调整是通过大端盖与机体间垫片来实现的。蜗轮与机体顶部之间必须有足够的距离，以利于安装时抬起蜗轮。由于导入稀油较困难，因此蜗轮轴的轴承通常采用脂润滑。参考方案(1)中增加了两个轴承盖，便于调整轴承间隙，但零件增多，结构较复杂。参考方案(2)中只有一个大端盖，结构简单，但安装较困难。

（下置式）装配图

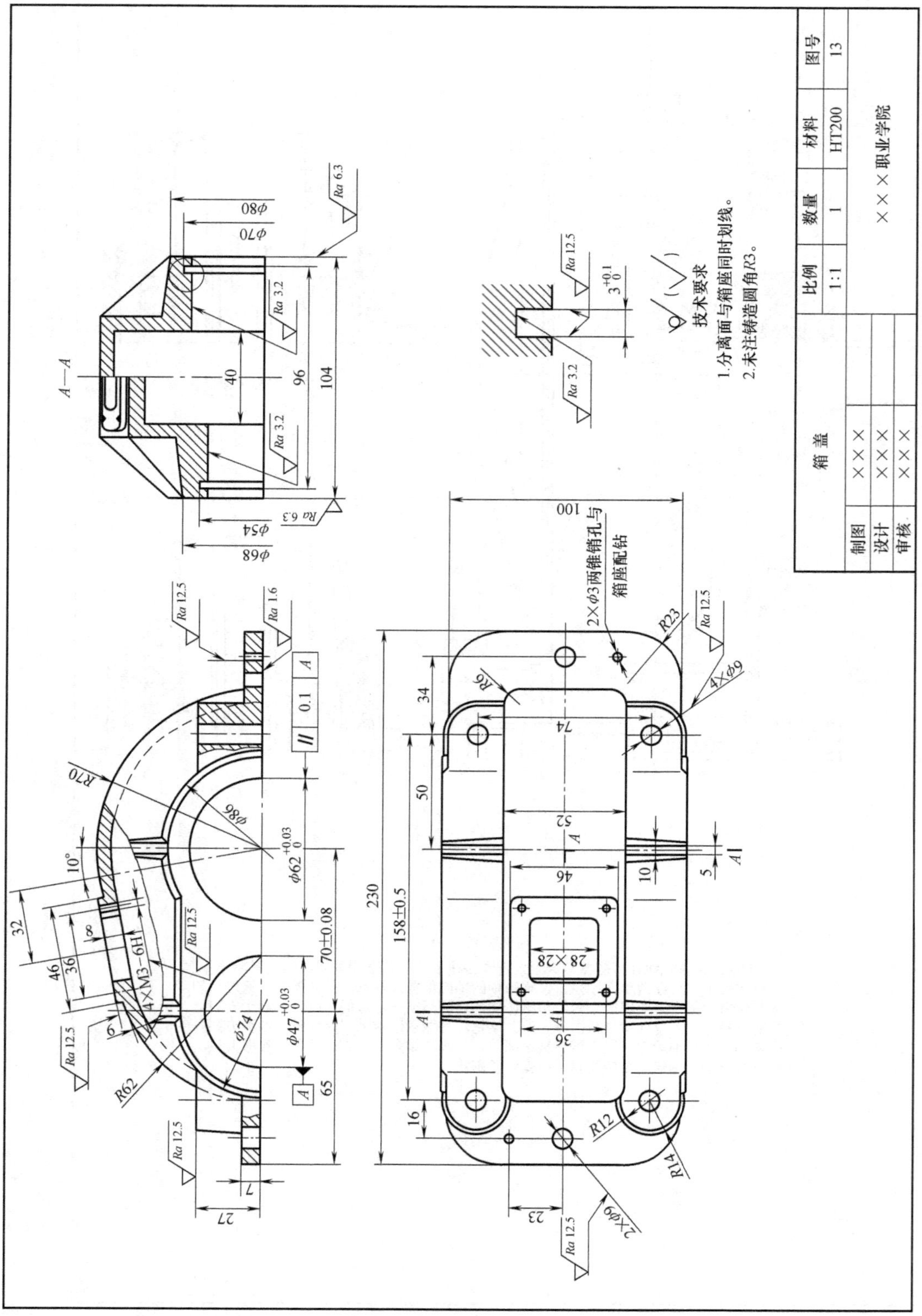

附图 7　箱盖零件工作图

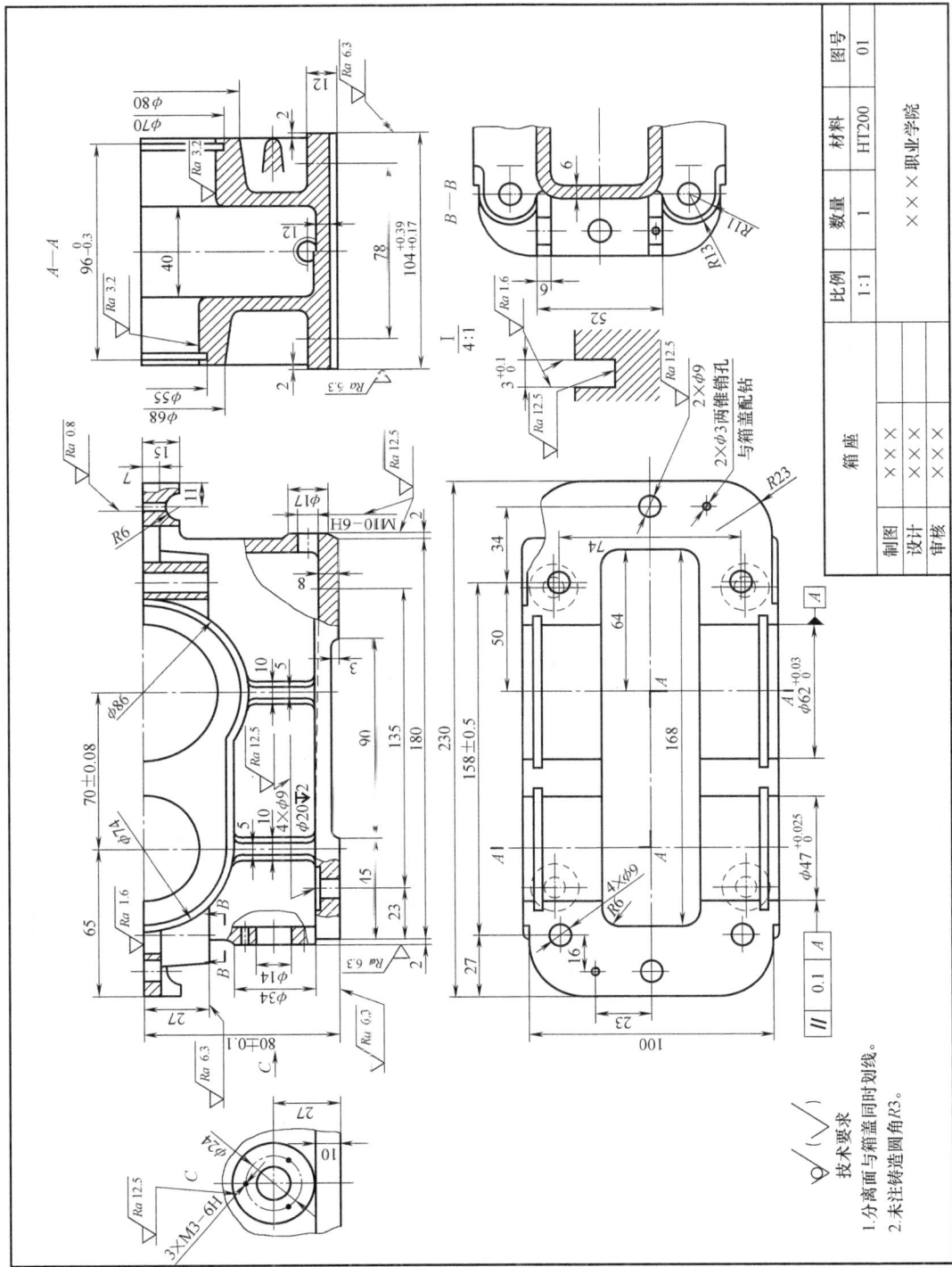

附图 8　箱座零件工作图

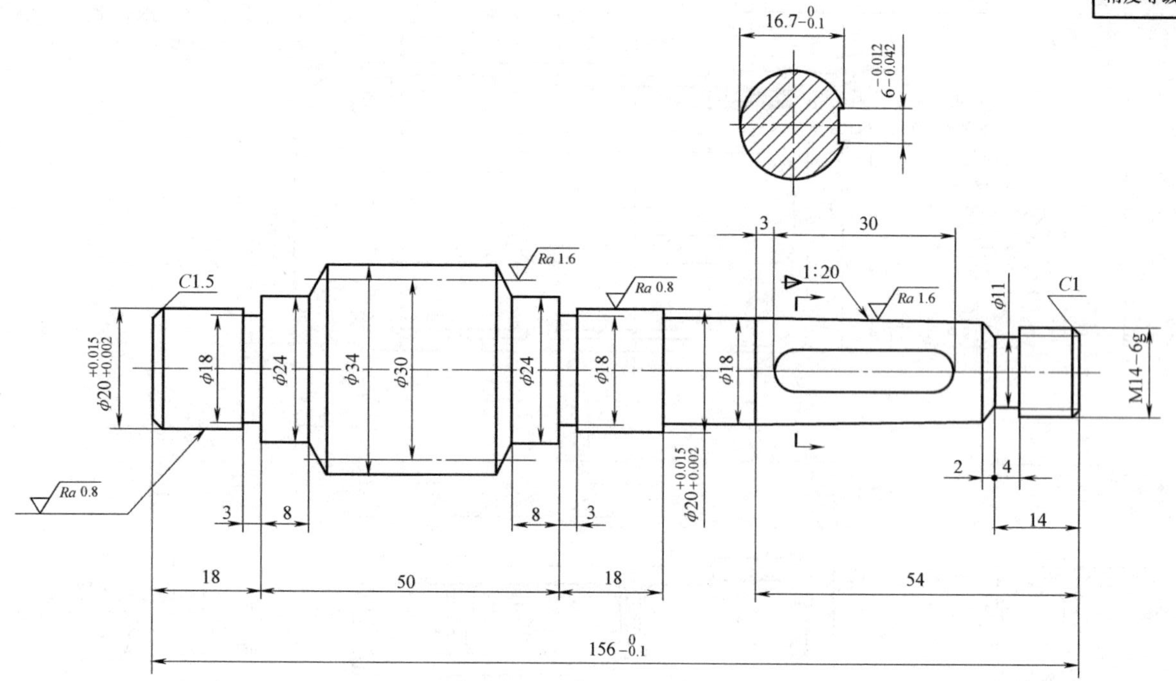

模数	m	2
齿数	z	15
齿形角	α	20°
精度等级		8-7-7 GM

材料		45	比例	1:1
数量		1	图号	29
齿轮轴			×××职业学院	
制图				
审核				

技术要求
1. 调质处理220~250HBW。
2. 齿面淬火50~55HRC。

$\sqrt{Ra\,12.5}\,(\sqrt{\ })$

附图 9 齿轮轴零件工作图示例

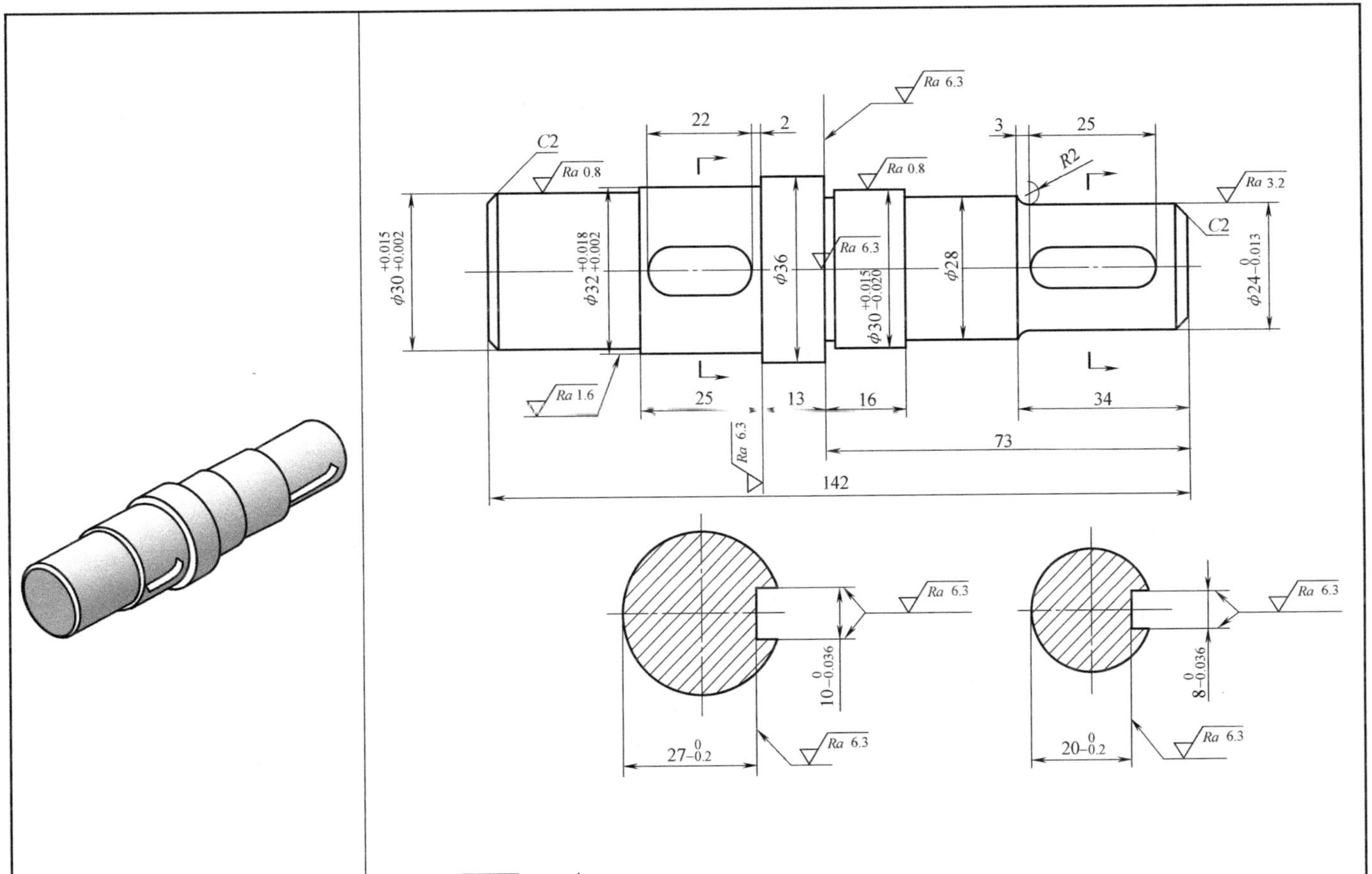

技术要求
1. 调质处理220～250HBW。
2. 齿面淬火50～55HRC。

$\sqrt{Ra\ 12.5}$ （ $\sqrt{}$ ）

附图 10　输出轴零件工作图示例

材料	45	比例	1:1
数量	1	图号	32

输出轴

×××职业学院

制图			
审核			

模数	m	2
齿数	z	15
齿形角	α	20°
精度等级		8-7-7GM

材料	45	比例	1:1
数量	1	图号	35
齿轮		××职业学院	
制图			
审核			

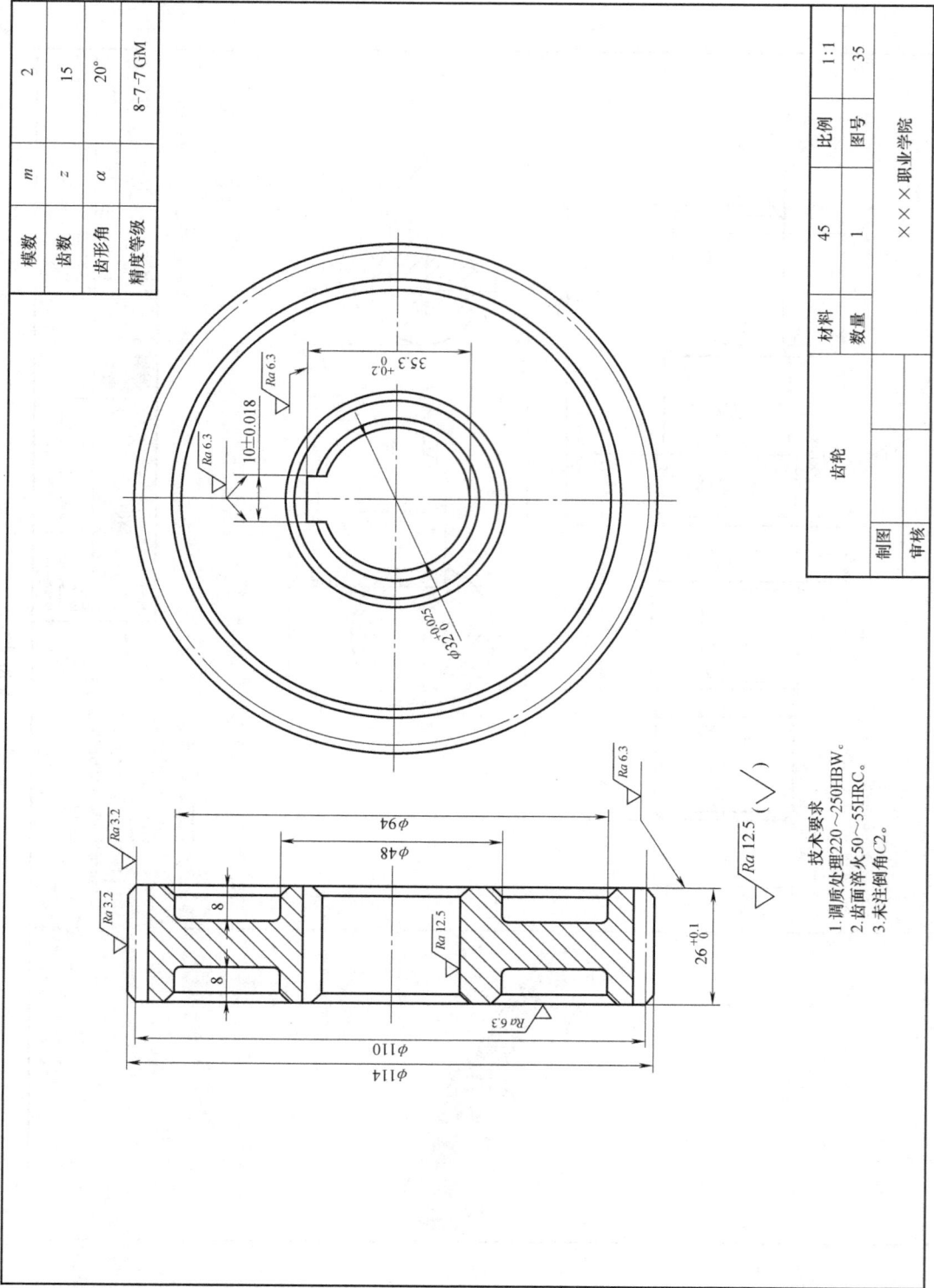

$35.3^{+0.2}_{0}$

$Ra\,6.3$

10 ± 0.018

$\phi 32^{+0.025}_{0}$

$\phi 94$

$\phi 48$

$26^{+0.1}_{0}$

$\phi 110$

$\phi 114$

$Ra\,3.2$

$Ra\,12.5$

$Ra\,6.3$

8

8

$\sqrt{Ra\,12.5}$（$\sqrt{}$）

技术要求
1.调质处理220~250HBW。
2.齿面淬火50~55HRC。
3.未注倒角C2。

附图11　齿轮零件工作图示例

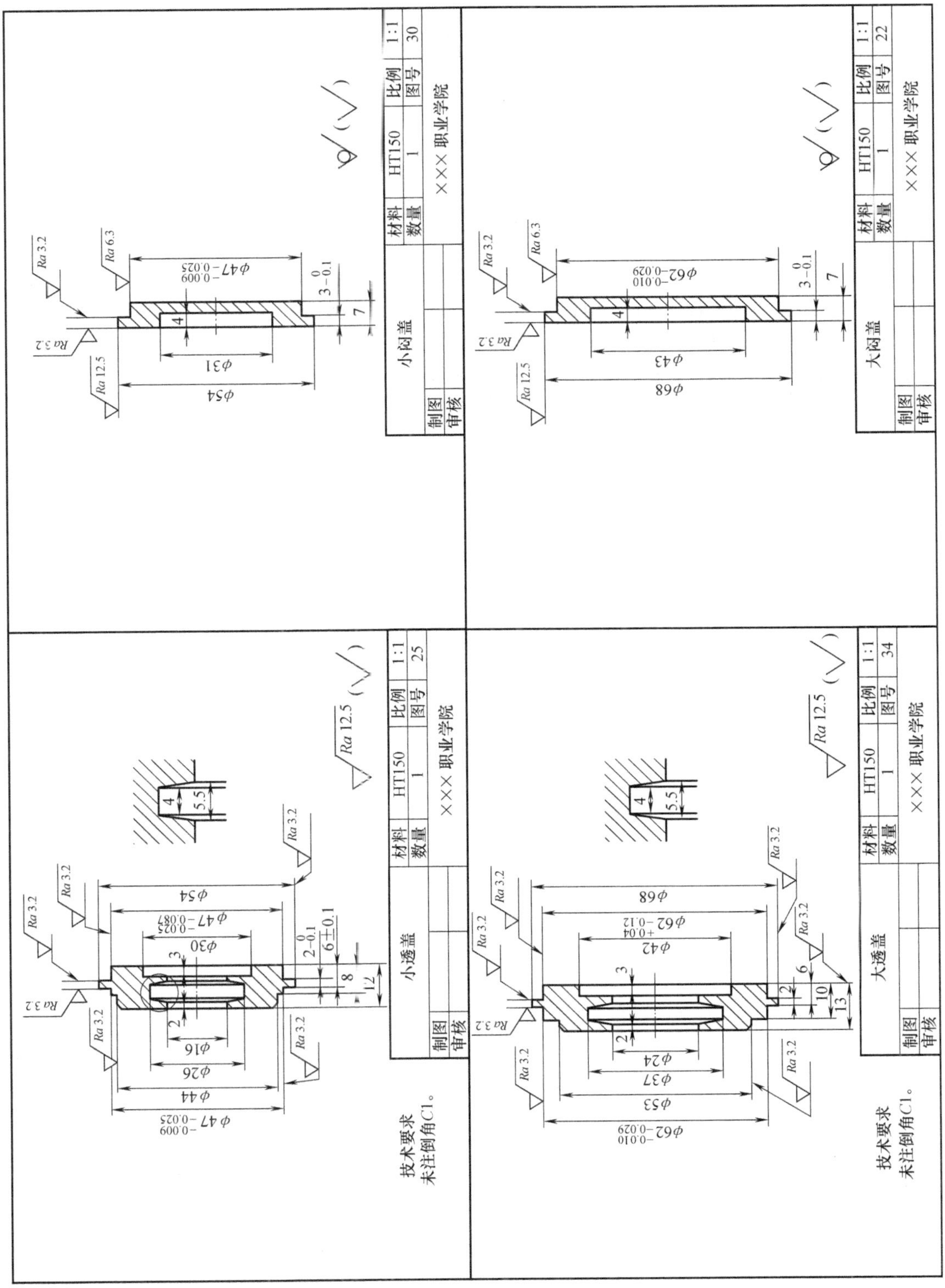

附图 12　透盖与闷盖零件工作图示例

参 考 文 献

［1］ 黄晓荣. 机械设计基础课程设计指导书 ［M］. 2 版. 北京：中国电力出版社，2009.

［2］ 唐增宝，常建娥. 机械设计课程设计 ［M］. 5 版. 武汉：华中科技大学出版社，2017.

［3］ 陈立德. 机械设计基础课程设计指导书 ［M］. 5 版. 北京：高等教育出版社，2019.

［4］ 林承全，闻瑞涛，刘广辉. 机械设计基础课程设计及题解 ［M］. 2 版. 武汉：华中科技大学出版社，2017.

［5］ 于兴芝. 机械零件课程设计 ［M］. 北京：机械工业出版社，2009.

［6］ 张建中. 机械设计基础课程设计 ［M］. 徐州：中国矿业大学出版社，1999.

［7］ 崔金磊，刘晓玲. 机械设计基础课程设计 ［M］. 北京：北京理工大学出版社，2017.